lado C

a trajetória
musical de
caetano veloso
até a reinvenção
com a bandaCê

© **Luiz Felipe Carneiro** e **Tito Guedes**, 2022
Direção: **Bruno Thys** e **Luiz André Alzer**
Capa, projeto gráfico e diagramação: **Renata Maneschy**
Revisão: **Luciana Barros**
Foto da capa: **Fernando Young**
Fotos dos autores: **Francisco Rezende**
Tratamento de imagens: **Sidnei Sales**

Dados Internacionais de Catalogação na Publicação (CIP)
(eDOC BRASIL, Belo Horizonte/MG)

C289l Carneiro, Luiz Felipe.
Lado C: a trajetória musical de Caetano Veloso até a reinvenção com a bandaCê / Luiz Felipe Carneiro, Tito Guedes. – Rio de Janeiro, RJ: Máquina de Livros, 2022.
256 p. : foto. ; 16 x 23 cm

Inclui bibliografia
ISBN: 978-65-00-48333-8

1. Veloso, Caetano, 1942- – Crítica e interpretação. 2. Música popular – Brasil – História e crítica. I. Guedes, Tito. II. Título.

CDD 782.421

Elaborado por Maurício Amormino Júnior – CRB6/2422

Grafia atualizada segundo o Acordo Ortográfico da Língua Portuguesa de 1990, em vigor no Brasil desde 2009.

1ª edição, 2022

Todos os direitos reservados à **Editora Máquina de Livros LTDA**
Rua Francisco Serrador 90/902, Centro, Rio de Janeiro/RJ – CEP 20031-060
www.maquinadelivros.com.br
contato@maquinadelivros.com.br

Nenhuma parte desta obra pode ser reproduzida, em qualquer meio físico ou eletrônico, sem a autorização da editora.

**luiz felipe carneiro
e tito guedes**

ladoC

a trajetória
musical de
caetano veloso
até a reinvenção
com a bandaCê

LUIZ FELIPE CARNEIRO
*Para Gabriela, que assistiu a tantos shows do Caetano comigo,
inclusive aquele com a bandaCê no Morro da Urca. Te amo.*

TITO GUEDES
*Para a minha mãe, Adriana, que me apresentou à obra
de Caetano Veloso quando eu ainda estava em sua barriga;
À minha irmã, Eva, que foi gestada quase simultaneamente a este livro.
Espero que também se apaixone pela Música Popular Brasileira quando crescer.*

Os livros são objetos transcendentes
Mas podemos amá-los do amor táctil
Que votamos aos maços de cigarro
Domá-los, cultivá-los em aquários
Em estantes, gaiolas, em fogueiras
Ou lançá-los pra fora das janelas
(Talvez isso nos livre de lançarmo-nos)
Ou – o que é muito pior – por odiarmo-los
Podemos simplesmente escrever um

Livros
Caetano Veloso

índice

apresentação 11
introdução – a história da bandaCê pede coragem 13
capítulo 1 – as primeiras bandas de caetano veloso 16
capítulo 2 – bicho baile show e a outra banda da terra 26
capítulo 3 – da banda nova a jaques morelenbaum 36
capítulo 4 – a cena alternativa do rock carioca nos anos 90 50
capítulo 5 – o embrião da bandaCê 62
capítulo 6 – a gravação do primeiro disco 76
capítulo 7 – a bandaCê chega às lojas 94
capítulo 8 – a estreia nos palcos 108
capítulo 9 – catarse no circo voador 122
capítulo 10 – gravação do dvd e turnê internacional 132
capítulo 11 – o segundo ciclo com a bandaCê 142
capítulo 12 – o show e o blog obra em progresso 150
capítulo 13 – a gravação de zii e zie 166
capítulo 14 – o transamba cai na estrada 176
capítulo 15 – gal costa e o entreato de uma trilogia 186
capítulo 16 – o último disco com a bandaCê 198
capítulo 17 – os primeiros shows de abraçaço 214
capítulo 18 – a despedida da bandaCê 224
epílogo – e eu vou, por que não? eu vou 236
depoimentos 251
veículos consultados 252
bibliografia 253
outras fontes 254
créditos das imagens 255

apresentação

Em maio de 2021, em meio a conversas sobre a Música Popular Brasileira e a obra de Caetano Veloso, tivemos a ideia de escrever um livro que abordasse a fase do cantor com a bandaCê — grafada assim mesmo, como Caetano idealizou. Um período mais recente e pouco falado de sua carreira, mas que, temos certeza, é um dos mais ricos. Durante quase dez anos, foram três discos de estúdio (todos com canções inéditas) e mais três ao vivo, além de longas turnês, tanto pelo Brasil como ao redor do planeta, que ajudaram a renovar o seu público.

Para contar essa história, pesquisamos centenas de reportagens e resenhas em veículos de comunicação do mundo todo. Também entrevistamos mais de 40 pessoas diretamente envolvidas em diversas épocas da vida de Caetano, além do próprio compositor, que nos ajudou com valiosos depoimentos.

É importante frisar que este livro não aborda apenas o período com a bandaCê — embora seja o assunto principal. Isso porque seria impossível falar sobre esta fase sem contextualizar a a carreira artística de Caetano até os dias de hoje. Tudo em sua obra está interligado.

Um agradecimento especial a Pedro Sá, Ricardo Dias Gomes e Marcelo Callado, os três integrantes da bandaCê, que embarcaram no projeto desde o primeiro momento. Sem a ajuda deles, este livro não existiria.

Agradecemos também a Alex Werner, Arthur Dapieve, Arthur Nobre, Fernando Neumayer, Francisco Rezende, Inti Scian, Irene Bosisio, James Gavin, Javier Scian, Leonardo Moreira (Shogun), Lucas Nunes, Mauro Refosco, Marcelo Fróes, Melvin, Moreno Veloso, Oswaldo Riguetti (Lello), Ricardo Alexandre, Salwa Benloubane, Zé Ibarra e Zé Luis, que nos ajudaram um bocado durante todo o processo.

Muito obrigado a Giovana Chanley (pelos quilos e mais quilos de material cedido e pelos fundamentais conselhos), a Octavio Guedes (pela escolha do título), a Fernando Young (pela foto da capa) e a Arto Lindsay (pelo texto da orelha).

E, finalmente, agradecemos a Bruno Thys e a Luiz André Alzer, nossos editores, que acreditaram no livro desde quando era apenas uma ideia.

Luiz Felipe Carneiro e Tito Guedes

introdução

a história da bandaCê pede coragem

— Eu quero chamar ao palco a bandaCê, para a gente terminar a nossa noite. Já passou da hora — disse Caetano Veloso à multidão que se aglomerava em frente à Estação Júlio Prestes, em São Paulo, naquela noite de domingo, 21 de junho de 2015. Com o retorno ao palco de Pedro Sá, Marcelo Callado e Ricardo Dias Gomes, depois de um breve momento solo de voz e violão, muita coisa estava prestes a se encerrar ali. Seria o fim daquela edição da Virada Cultural paulista e da turnê *Abraçaço*, que estreara mais de dois anos antes, em março de 2013, no Circo Voador. Mais importante, seria a despedida de Caetano ao lado da sua bandaCê, com a qual se juntou em fins de 2005 para uma ruptura radical na carreira, que resultou em três discos de estúdio, três DVDs ao vivo e três turnês mundiais. Mais ainda, a fase que o devolveu à linguagem experimental do rock e o reconectou com uma nova juventude, que passou a cultuá-lo, lotando noites arrebatadoras em palcos importantes do Brasil ou nos mais clássicos teatros ao redor do mundo.

Naquele domingo de junho de 2015, Caetano, Pedro, Marcelo e Ricardo subiram ao palco da Virada Cultural de São Paulo às 18h15, com apenas 15 minutos de atraso, para encerrar o evento que pouco antes recebera Nando Reis, Emicida, Martinho da Vila e João Donato. Foi uma apresentação bem diferente da estreia no Circo. Como era um show compacto, feito para uma plateia maior, o roteiro foi adaptado. *Um comunista*, por exemplo, canção dedicada a Carlos Marighella, de quase dez minutos, foi limada do *setlist*.

Por outro lado, houve espaço para a inclusão de hits que normalmente não entravam no roteiro, como *Sozinho*, *Desde que o samba é samba* e, claro, *Sampa*, em homenagem ao público paulistano. Essas foram apresentadas somente por Caetano, em um bis de voz e violão, outra novidade no show, já que originalmente *Abraçaço* dispensava o momento "um banquinho e um violão", tradição na carreira de Caetano. Os figurinos também não eram os mesmos e não havia o imponente cenário que acompanhou a turnê, o museu futurista idealizado por Hélio Eichbauer, com reproduções de obras do russo Kazimir Malevich.

Mas outras coisas continuavam iguais. Os quatro entraram no palco já sob o impacto da porrada *A bossa nova é foda*, faixa que abria o disco e todos os shows da temporada. *Homem*, *Eclipse oculto*, *Reconvexo* e *Você não entende nada*, pontos altíssimos do show desde a estreia, também não foram dispensadas e continuaram animando a plateia. Aliás, isso foi outra coisa que não mudou: a resposta eufórica do público à sinergia musical que tomava conta do palco enquanto Caetano e bandaCê performavam juntos. Os quatro haviam atingido uma intimidade musical insuperável, e àquela altura os arranjos praticamente se desenhavam sozinhos a cada noite. Era tudo muito conciso, quase minimalista. Tocavam apenas o indispensável para produzir um som diferente, poderoso, estranho no melhor sentido do termo.

Na plateia, alguns fãs não deixaram de trazer à tona a mais recente polêmica, que envolvia o anúncio de um show que Caetano faria com Gilberto Gil em Israel. No meio da multidão, pipocavam cartazes em que se lia "Israel não". Caetano esperou até o fim do show para se manifestar. Depois de ganhar um coro avassalador em *Sozinho*, música de Peninha que fez sucesso em sua voz na gravação do disco *Prenda minha* (1999), ele comentou o assunto.

— Àqueles que estão dizendo "Israel não", o que eu digo é "Palestina sim". "Israel não" é empobrecedor. Fora isso, um beijo para todo mundo que está aqui — disse o cantor, antes de chamar a bandaCê novamente ao palco.

Em retrospecto, esse show da Virada Cultural era mesmo um rito de passagem, em que Caetano pouco a pouco se desprendia da fórmula de *Cê* para se reencontrar com outras abordagens de sua obra. Muita gente morria de curiosidade de saber o que sucederia a fase que já durava quase dez anos. O próprio cantor dizia em entrevistas que lhe parecia inimaginável tocar sem Pedro, Ricardo e Marcelo. Tudo estava em aberto, mas aquele show, todos sabiam, era o ponto final da história iniciada em 2006, que uniu Caetano, então com pouco mais de 60 anos, vindo de uma carreira consagrada no Brasil e no exterior, aos três jovens cariocas ligados ao rock e à música experimental, na faixa dos 30 anos, para formar uma banda de garagem. Afinal, *Abraçaço* encerrava a trilogia *Cê*. Portanto, o último show da turnê significava também o último da banda — ao menos naquele formato.

No camarim, pouco antes de subir ao palco, Caetano comentou com o grupo, no meio de uma conversa:

— As pessoas não param de pedir o *Abraçaço*, querem mais e mais shows. Mas está na hora de terminar isso. Está na hora de terminar! — falou, categórico.

Para Pedro Sá, o líder da banda, que o ajudou a concatenar tudo aquilo desde o início, foi a senha de que a aventura estava mesmo chegando ao fim. "Eu tinha até dúvidas se não haveria um quarto disco com a bandaCê, mas depois daquele comentário percebi que seria difícil", diz o guitarrista.

Naquela noite de junho de 2015, depois que Caetano chamou a banda novamente ao palco com um reticente e sugestivo "já passou da hora", tudo terminou em festa com *A luz de Tieta*. A música frequentava o bis de *Abraçaço* desde a estreia e era um surpreendente momento de apoteose do show. Surpreendente porque lá na fase *Cê* ou *Zii e zie* muita gente achava que ela não tinha nada a ver com a sonoridade do grupo, mas àquela altura qualquer canção do repertório de Caetano poderia ser traduzida perfeitamente por aquele power trio. E *A luz de Tieta* era infalível. O público erguia os braços, dançava no ritmo que referenciava a Bahia e entrava em coro no refrão chiclete: "Eta, eta, eta, eta/ É a lua, é o sol, é a luz de Tieta/ Eta, eta!". No fim, a banda interrompia a música bruscamente, mas os versos continuavam ecoando entre as pessoas, que cantavam até Caetano sinalizar que, sim, tinha acabado. E naquela noite, quando o show encerrou, os quatro músicos saíram do palco, se cumprimentaram e deram tchau. Caetano entrou no carro e partiu em direção ao hotel.

Não houve jantar de despedida, abraços melodramáticos, lágrimas, discursos emocionados de adeus, nada disso. O último encontro de Caetano com a bandaCê foi despojado, conciso e *cool* como a sonoridade de seus discos. Pairava no ar a certeza de que um momento importante da vida de todos os quatro chegara ao fim. "Não tinha como ficar triste. Eu nunca imaginei que fosse tocar com Caetano, e fiquei quase dez anos com o cara! Então não dá para ter tristeza", comenta Marcelo, expressando a forma como todos pensavam naquele momento.

Mais de dois anos antes desse último show, quando os quatro ainda ensaiavam para a estreia da turnê *Abraçaço*, Caetano disse em entrevista ao jornal O Globo: "A história da bandaCê pede coragem". De fato, não poderia haver melhor definição. Antes de tudo, para fazer o que fizeram, foi preciso muita coragem.

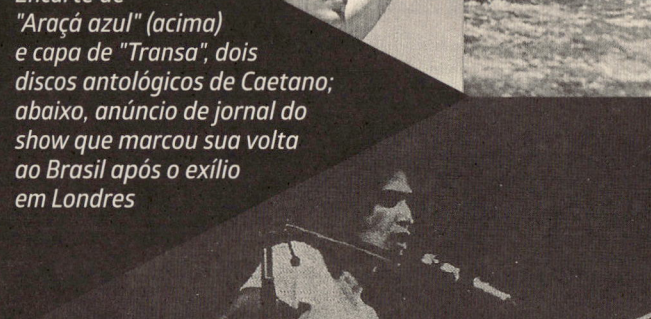

Encarte de "Araçá azul" (acima) e capa de "Transa", dois discos antológicos de Caetano; abaixo, anúncio de jornal do show que marcou sua volta ao Brasil após o exílio em Londres

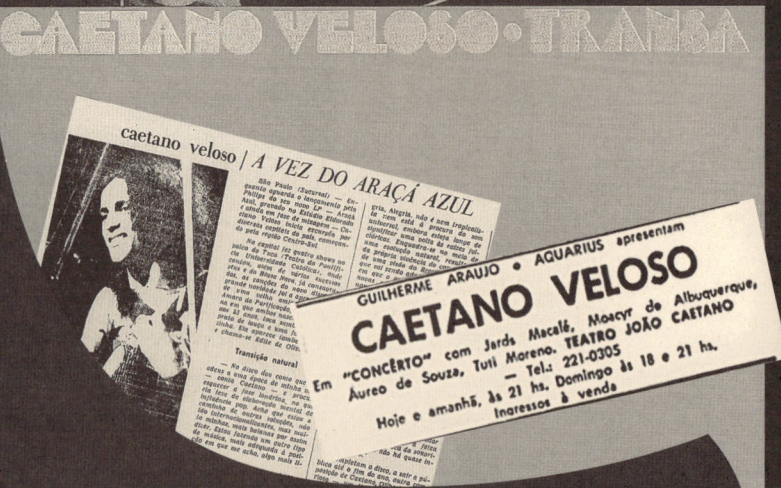

capítulo **1**

it´s a long way
as primeiras bandas
de caetano veloso

Nos shows da primeira turnê com a bandaCê, Caetano Veloso costumava homenagear músicos importantes para sua trajetória. Depois de cantar *Nine out of ten*, enquanto já adiantava os primeiros acordes de *Um tom*, ele dizia:

— Essa música que a gente acabou de tocar é do disco *Transa*. Eu sempre a dedico a Jards Macalé, Tutty Moreno, Áureo de Souza e à memória de Moacyr Albuquerque. E essa, que eu estou começando a tocar agora, é do disco *Livro*, e eu sempre a dedico a esse extraordinário e generosíssimo músico brasileiro, sem o qual eu não teria perdido tanto quanto perdi o medo da música: Jaques Morelenbaum.

Com isso, ele parecia indicar um paralelo entre aquele novo trabalho com outras duas fases específicas de sua carreira: o disco *Transa*, gravado em 1971, no exílio londrino, e a fase que produziu sob a direção do violoncelista e arranjador Jaques Morelenbaum. Mas entre as experiências de *Transa* e o início da parceria com Morelenbaum, muita coisa aconteceu. Houve o radicalismo de *Araçá azul*, a sonoridade *clean* de *Joia*, um polêmico encontro com a Banda Black Rio, o despojamento da Outra Banda da Terra, a criação da Banda Nova, dois trabalhos com Arto Lindsay, enfim, uma carreira inteira. Para se chegar ao formato enxuto e conciso do *Cê* foi preciso, de alguma forma, atravessar todas essas experiências, como num ritual antropofágico. É impossível contar a história da bandaCê sem relembrar o que veio antes.

* * *

A fase mais comparada às experiências da bandaCê, inclusive pelo próprio Caetano e pelos integrantes do grupo, é a do disco *Transa*. Não à toa, em quase todos os shows que fizeram juntos havia sempre uma canção desse álbum no *setlist*. Isso porque *Transa* foi o primeiro trabalho de Caetano com o formato de uma banda idealizada e criada por ele. Ao longo de 2006, enquanto ensaiava no Rio de Janeiro com Pedro Sá, Marcelo Callado e Ricardo Dias Gomes as canções que aludiam ao rock, com arranjos que se desenvolviam a partir do seu modo de tocar violão, Caetano lembrava vividamente dos ensaios em Londres com Macalé, Tutty, Áureo e Moacyr, que também produziram uma sonoridade própria, de unidade, a partir de suas composições.

Isso aconteceu em 1971, em um período especialmente conturbado na vida e na carreira de Caetano. O artista despontou profissionalmente no cenário nacional em 1967. Depois de um disco em conjunto com a também iniciante Gal Costa, ele idealizou, ao lado de Gilberto Gil (e de Tom Zé, Os Mutantes, a própria Gal, Torquato Neto, Rogério Duprat, Nara Leão...), o movimento conhecido como Tropicália, ou Tropicalismo. Na época, a música brasileira dividia-se numa guerra estética, ideológica e musical entre a chamada MPB, que tinha entre os expoentes Elis Regina, Geraldo Vandré e Edu Lobo, e a Jovem Guarda, ou "música jovem", liderada por Roberto Carlos, Erasmo, Wanderléa e outros artistas que bebiam diretamente do rock'n'roll dos anos 1950 e do pop internacional.

A Tropicália surgiu como um comentário crítico e provocativo de que a disputa era limitante e pouco produtiva. Por que não poderia haver uma música que fosse pop, moderna, sintonizada com o que acontecia no mundo, mas que também refletisse as questões do Brasil?

Com essas ideias, Caetano, Gil e seus parceiros passaram a produzir canções, discos e figurinos que uniam Beatles, João Gilberto, Jimi Hendrix, Vicente Celestino, Banda de Pífanos de Caruaru, Andy Warhol, Hélio Oiticica, Roberto Carlos, Oswald de Andrade, Tom Jobim, José Celso Martinez Corrêa, Glauber Rocha e o que mais coubesse. O marco inicial do movimento foi o III Festival de Música Popular Brasileira da TV Record, no qual Caetano apresentou *Alegria, alegria* ao lado dos Beat Boys, argentinos que costumavam fazer *covers* dos Beatles, enquanto Gil mostrou *Domingo no parque* com os Mutantes, conjunto de rock formado pelos jovens paulistanos Sérgio Dias, Arnaldo Baptista e Rita Lee.

No ano seguinte, a Tropicália dominou as discussões do cenário cultural do Brasil e colocou seus integrantes como as novas estrelas da música brasileira. Mas isso foi em 1968, um dos períodos mais sombrios da ditadura militar. O teor cada vez mais provocativo e radical do movimento ganhou contornos políticos explícitos. Em dezembro daquele ano, poucos dias depois da promulgação do AI-5, após uma polêmica temporada de shows na boate Sucata, Caetano Veloso e Gilberto Gil foram presos. Em 1969, como boa parte dos artistas que se tornaram alvos da repressão, os dois partiram para o exílio. Primeiro em Paris e depois em Londres, onde se estabeleceram.

Lá, Caetano viveu momentos de tristeza e angústia profundas, que se refletem no disco lançado em 1971, intitulado apenas *Caetano Veloso*, mas conhecido até hoje como o "disco do exílio". Na capa, ele está com os cabelos longos e cavanhaque, envolvido por um enorme casaco de pele, com o olhar sério, tristíssimo, fitando o vazio. O repertório era, em sua maioria, de canções autorais em inglês, que expressavam o momento de depressão, como *A little more blue*, *Maria Bethânia* e o clássico *London, London*. A única canção em português era *Asa branca*, de Luiz Gonzaga e Humberto Teixeira, gravada como um pungente grito de saudade do Brasil.

O disco foi produzido por Ralph Mace, então diretor artístico da Famous Music, que tinha em seu currículo trabalhos com estrelas como David Bowie. O contato foi através de uma carta de André Midani, diretor da Philips no Brasil, em que pedia a Ralph que conhecesse seus dois contratados. O inglês se empolgou com o som dos baianos e aceitou produzi-los.

O disco serviu como uma injeção de ânimo, e Caetano voltou a compor e a pensar no próximo trabalho, também com Ralph Mace. Para isso, formou sua própria banda, com quem desenvolveria a sonoridade e os arranjos coletivamente, a partir do seu modo de tocar violão: convidou os bateristas Áureo de Souza e Tutty Moreno, que estavam em Londres e já tocavam com Gil. Para o baixo, lembrou-se de Moacyr Albuquerque, velho conhecido dos tempos de Salvador. E para o violão, só poderia ser um nome: Jards Macalé, que conhecia desde 1959 através de amigos em comum. Pouco antes, no V Festival Internacional da Canção de 1969, ele se destacara com sua tão polêmica quanto antológica apresentação de *Gotham City*, que de certa forma bebia na fonte dos ensinamentos tropicalistas.

Com o ok dos músicos, Macalé e Moacyr se juntaram à turma em Londres. Embora fosse um trabalho coletivo, desenvolvido a partir das ideias de Caetano, a Jards foi entregue a direção musical, função que anos depois seria confiada também a Jaques Morelenbaum e a Pedro Sá. "Meu trabalho era limpar as canções em seus arranjos finais, dar uma arredondada às ideias de Caetano, mas tudo era pensado coletivamente", conta Macalé.

Os primeiros ensaios foram na casa de Caetano, onde os músicos ganharam intimidade com as composições e criaram em torno delas a sonoridade que resultaria no disco. Para aproveitar a agradável primavera londrina, eventualmente ensaiavam ao ar livre, em espaços como o descampado de Hampstead Heath. Nessas ocasiões, levavam suas esposas e namoradas e faziam piquenique, enquanto o repertório de *Transa* ia ganhando corpo. A fim de criar mais envolvimento artístico, o empresário Guilherme Araújo (que na época também residia em Londres) arranjou para o grupo uma vaga no centro artístico underground Arts Labs, um espaço amplo e coletivo, onde artistas de todas as frentes desenvolviam seus trabalhos. A experiência não foi das mais agradáveis. Acostumados à descontração dos ensaios caseiros ou à privacidade dos estúdios, como acontecia no Brasil, os músicos estranharam tocar em meio a outros artistas ingleses que não conheciam. Para piorar, um sujeito estava desenvolvendo ali uma obra de fibra de vidro, que liberava uma substância com odor desagradável. Para não se intoxicar, os músicos ensaiavam de máscara e tomavam leite.

A situação ficou insustentável e eles se mudaram para o salão de uma igreja, próxima ao Camden Market. Atrás da igreja ficava o cemitério de Highgate, onde estão sepultadas figuras históricas, entre elas Karl Marx e George Eliot. Áureo de Souza morria de medo de assombração. Segundo Macalé, o amigo temia que o fantasma do pensador alemão, pai do comunismo, puxasse seu pé como castigo por ele estar envolvido num projeto associado ao imperialista rock'n'roll.

Contudo, não há registros de qualquer experiência mística, e as gravações aconteceram em pouquíssimas sessões no Chappell´s Recording Studios, como se fosse um show ao vivo. Além da regravação de *Mora na filosofia*, samba de Monsueto e Arnaldo Passos com nova roupagem, o repertório de *Transa* era composto por outras seis canções de Caetano, a maioria misturando o inglês e o português. A lista hoje é uma sequência de clássicos: *You don't know me*, *Nine out of ten*, *Triste Bahia*, *It's a long way*, *Neolithic man* e *Nostalgia (That's what rock'n'roll is all about)*.

Caetano parecia unir o rock, então vivendo uma ebulição criativa em todo o mundo, a referências da cultura afro, sobretudo da música baiana ouvida desde criança em Santo Amaro. Isso aparece de forma clara, por exemplo, em *Triste Bahia*, faixa de quase dez minutos que une os versos do poeta barroco Gregório de Matos, o "Boca do Inferno", com citações de afoxé e sambas de roda tradicionais do Recôncavo. Já *Nine out of ten* (a preferida de Caetano até hoje) faz menção ao então incipiente reggae, gênero jamaicano que ouvia enquanto passeava na Portobello Road, rua de Londres, na época reduto de imigrantes jamaicanos e africanos. Os versos iniciais — *"Walk down Portobello road to the sound of reggae/ I'm alive..."* — são considerados pioneiros no Brasil pela citação ao novo estilo musical. Mas a referência não é apenas na letra: no início e no fim da canção há uma espécie de vinheta, em que Moacyr Albuquerque reproduz no baixo a levada do reggae.

Em suas músicas, *Transa* fazia citações diretas a outras canções brasileiras. Além dos sambas de roda em *Triste Bahia*, *It's a long way* reproduz trechos de *A lenda do Abaeté*, de Dorival Caymmi, e de *Consolação*, afro-samba de Baden Powell e Vinicius de Moraes. Já *You don't know me* incorpora os versos de *Maria Moita*, de Carlos Lyra e Vinicius. Caetano parecia antecipar a cultura dos *samplers* e *mashups*, que só se estabeleceria entre os anos 1980 e 1990.

O disco ainda ganhou algumas participações. De visita a Londres para rever os amigos e colher repertório, Gal Costa emprestou seus vocais em *You don't know me* e *Nostalgia*. Em *Neolithic man* é ela quem toca os dois pedaços de madeira que marcam o ritmo da canção. *Nostalgia* também contou com a presença, na gaita de sopro, de uma jovem brasileira de 20 e poucos anos que morava em Londres e se apresentava ao piano em alguns pubs: Angela Maria Diniz, uma linda menina de olhos esverdeados, que ainda levaria alguns anos para se lançar como cantora e adotar o nome Angela Ro Ro.

Antes que o disco estivesse pronto, Caetano e sua trupe já saíram em uma pequena turnê pela Europa para testar o novo repertório. Na França, participaram de programas de TV e tocaram para duas mil pessoas na Maison de la Mutualité, em Paris. No dia 2 de novembro, lotaram o Queen Elizabeth Hall, em Londres. Em agosto de 1971, após um telefonema encorajador de João Gilberto, Caetano visitou rapidamente o Brasil, para gravar um especial para a TV Tupi ao lado de seu mestre e da amiga Gal Costa. De volta a Londres, a empolgação com os trabalhos de *Transa* aprofundou-lhe a sensação de que era hora de voltar. Em janeiro de 1972, Caetano Veloso e Gilberto Gil desembarcaram no Brasil. Caetano já tinha inclusive apresentações marcadas no Rio e em São Paulo, Salvador e Recife.

Havia uma grande expectativa da imprensa e do público sobre o retorno. Em 14 de janeiro, mais de 1.500 pessoas compareceram ao Teatro João Caetano, no Rio — e outras centenas ficaram de fora —, para receber o ídolo de volta. Caetano surgiu no palco com uma calça amarela, tamanco e uma jaqueta aberta no peito. Sentou-se em uma cadeira, pegou o violão e cantou *Bim-Bom*, de João Gilberto. Depois, com Macalé, Tutty, Áureo e Moacyr, deu sequência ao show, basicamente o mesmo apresentado na Europa, só que mais longo, porque entre uma música e outra Caetano sentia necessidade de conversar com a plateia. Além do repertório de *Transa*, havia coisas da Tropicália, Dorival Caymmi, Novos Baianos e Roberto Carlos. Era uma espécie de resumo do que acontecera em sua carreira e na música brasileira de 1967 até aquele momento. No meio da apresentação, a polícia resolveu abrir as portas do teatro e deixou o público que estava do lado de fora ficar no hall para ouvir Caetano cantar. E tudo terminou com um *medley* de marchinhas de carnaval, seguido pelo clássico *Eu e a brisa*.

Dias depois, em São Paulo, no Tuca (Teatro da Universidade Católica de São Paulo), o Corpo de Bombeiros foi acionado para dispersar a multidão que tumultuava a entrada do teatro, devidamente multado por vender 300 ingressos além da lotação. No livro *Verdade tropical*, Caetano lembra a primeira apresentação na Bahia depois do exílio em Londres: "Em Salvador, a plateia do Teatro Castro Alves cantou comigo *Eu e a brisa* de Johnny Alf (cuja harmonia me tinha sido ensinada por Moacyr Albuquerque) de modo tão bonito que até hoje lembro disso como um dos momentos mais altos de minha vida na música".

A alta voltagem desses shows e o entrosamento explosivo de Caetano com os músicos provou que ali estava a apresentação de uma banda, não apenas de um cantor e seus acompanhantes. Quase todas as resenhas da época destacavam a unidade do conjunto e elogiavam o desempenho de cada músico. Era uma mistura que tinha tudo para durar, mas terminou cedo.

Transa foi lançado no Brasil alguns meses depois desses shows, em maio de 1972. Mas o ousado projeto gráfico de Álvaro Guimarães, que fez com que a capa e o encarte, ao serem abertos, formassem um triângulo, não incluiu a ficha técnica das gravações nem os créditos com os nomes dos músicos. Verdade que, naquela época, não era raro as gravadoras deixarem de registrar os nomes dos músicos nos encartes dos vinis ou das fitas K7. Mas Macalé, arranjador e diretor musical, ficou profundamente magoado e desligou-se da banda, decidido a partir para carreira solo. "Eu sempre dei muita importância aos créditos. É o lugar onde você bota o seu trabalho e abre a porta e a janela pra que as pessoas saibam que você está fazendo aquilo. O crédito é sagrado. Eu fiquei puto. Pô, a gente passa um ano praticamente nesse trabalho, mergulhando com toda a nossa dedicação e carinho, chega no Brasil, onde a gente precisa de crédito, e não tem uma menção a isso tudo, à nossa dedicação, à nossa amizade", desabafa Jards Macalé, que anos mais tarde reataria com Caetano. "Ele é meu amigo. A gente briga, diz tanta coisa que não quer dizer, briga pensando que não vai sofrer, que não faz mal se tudo terminar... Mentira! Todos nós ficamos preocupadíssimos uns com os outros", diz Macalé, citando versos de *Castigo*, de Dolores Duran.

Se não fosse esse incidente, é bem provável que Caetano seguisse com a mesma banda em trabalhos futuros. Quem sabe *Transa* não se transformasse também em uma trilogia? Impossível dizer, até porque o que veio na sequência foi um disco com outra linguagem, totalmente radical.

* * *

Em março de 1972, Caetano foi convidado pelo diretor de cinema Leon Hirszman para criar a trilha sonora do filme *São Bernardo*, baseado no livro de Graciliano Ramos. O prazo era curto: quatro dias. Ele se trancou num estúdio, assistiu às cenas já filmadas e compôs uma trilha experimental, utilizando apenas de barulhos, sons guturais, ruídos e grunhidos extraídos de seu próprio corpo.

Empolgado com a experiência, decidiu repeti-la em seu disco seguinte. Discutiu a ideia com André Midani, presidente da Philips, que permitiu que o músico produzisse o álbum de forma solitária, apenas com a presença de um técnico e seu assistente, sem visita de quem quer que fosse da gravadora. Assim, em fins de 1972, ele se fechou no estúdio Eldorado, em São Paulo, para gravar *Araçá azul*, sem nenhuma música esboçada: foi tudo feito em apenas uma semana. As ideias iam surgindo naturalmente. A faixa *De conversa*, por exemplo, não tem letra ou melodia, apenas gemidos e grunhidos sobrepostos a trechos ininteligíveis de conversas, com uma percussão ao fundo, que Caetano tocou no próprio corpo.

Ao longo do processo surgiram outras novidades, como o bolero *Tu me acostumbraste*, de Frank Domínguez, e *Eu quero essa mulher assim mesmo*, mais uma criação de Monsueto transformada em rock. Alguns músicos foram convidados a participar pontualmente. Dona Edith do Prato, sua vizinha de Santo Amaro, que tocava louça com faca nas rodas de samba, foi uma das primeiras. Ela aparece em *Sugar cane fields forever*, que também ganhou trechos orquestrais assinados por Perinho Albuquerque, irmão mais novo de Moacyr Albuquerque. Participaram ainda Perna Fróes, Tuzé de Abreu, Lanny Gordin e Rogério Duprat, autor do arranjo orquestral da faixa *Épico*.

Araçá azul foi lançado no início de 1973, com uma capa ousada, que retrata Caetano, rosto coberto pelos cabelos, apenas de tanga, fitando-se através de um espelho no chão. No interior do encarte duplo vinha o slogan criado por ele: "Um disco para entendidos", brincando com a dubiedade do termo "entendido", que podia também significar "gay". Muita gente se assustou com o que ouviu e o LP foi recorde de devolução nas lojas. "No disco dou como que um adeus a uma época de minha vida e procuro esquecer a fase londrina, no que ela teve de elaboração mental de influência pop", escreveu Caetano na época, em texto publicado no *Jornal do Brasil*. Anos depois, ele acrescentaria, em depoimento a Charles Gavin e Luís Pimentel: "O *Araçá azul* foi uma retomada dos pensamentos que vinham à minha cabeça antes de ser preso, que de uma certa maneira me aproximava da poesia concreta, do experimentalismo, das letras de poucas palavras".

O disco ganhou um show que rodou o Brasil entre 1972 e 1973, com uma banda formada por Perinho Albuquerque, Tuzé de Abreu, Perna Fróes, além de dois remanescentes do *Transa*: Moacyr e Tutty Moreno. Com parte desse grupo, ele gravou os discos seguintes, *Joia* e *Qualquer coisa*, lançados simultaneamente em 1975. Na verdade, era para ser um disco único, mas o repertório ficou extenso e Caetano resistiu à ideia de fazer um álbum duplo. Assim, foram lançados dois trabalhos distintos, porém complementares. Em *Joia* entraram canções de arranjos mais limpos, sem bateria, em sua maioria autorais, com letras de tom singelo e quase bucólico, como *Canto do povo de um lugar*, *Asa* e *Lua, lua, lua, lua*. Em *Qualquer coisa* ficaram as músicas de sonoridade mais pop e regravações. Houve espaço para Chico Buarque, Jorge Ben e Beatles (três faixas assinadas pela dupla Lennon/McCartney). Na época, ele explicou o conceito à repórter Emilia Silveira, do *Jornal do Brasil*: "A polaridade parece um caminho para entender meu trabalho. O movimento Bossa Nova é um movimento *Joia* e o Tropicalismo é um movimento *Qualquer coisa*. Em ambos, o dado mais importante é um respeito contrito à ideia de inspiração. Alegria. Saber a calma para ir perder a pressa para estar".

No fim de julho daquele ano, Caetano iniciou uma turnê de divulgação dos dois discos, acompanhado do grupo baiano Bendegó e do percussionista Djalma Corrêa, que tinham participado da faixa *Canto do povo de um lugar*. A imprensa reagiu friamente ao show. Em uma crítica publicada na revista *Veja*, Renato de Moraes cobrava uma postura mais provocativa: "Tranquilo, espontâneo, ele se afasta definitivamente da imagem de agente modificador da música popular brasileira. Despretensioso, pretende se manter somente como um fino poeta lírico, distante do comentário provocante da crítica inquieta que o caracterizaram em outras épocas".

Se o que os jornalistas queriam de Caetano era provocação, isso não faltaria em um trabalho futuro. E mesmo assim eles continuariam sem gostar.

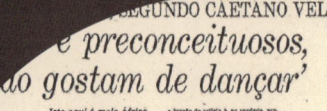

Ao lado da Banda Black Rio, Caetano lançou o espetáculo "Bicho baile show", que percorreu discotecas e virou CD nos anos 2000. "É para fazer todo mundo dançar", dizia

capítulo 2

pro mundo ficar odara
bicho baile show e
a outra banda da terra

"Vou lançar um disco pra fazer todo mundo dançar. Eu acho bacana essa coisa de dançar, gosto muito. Talvez eu não seja capaz de fazer esse tipo de música, mas, pensando bem, esse não é um disco pra dançar, só feito por alguém que gosta de dançar. Entendeu?". Foi assim que Caetano antecipou o conceito de *Bicho* para o *Jornal do Brasil* em abril de 1977, um mês antes de seu lançamento.

"Um disco feito por alguém que gosta de dançar". A ideia começara a se formar no início daquele ano, durante uma viagem à Nigéria. Depois de percorrer o Brasil com o show *Doces Bárbaros* em 1976, ao lado de Gilberto Gil, Maria Bethânia e Gal Costa, ele e Gil passaram 12 dias no continente africano para assistir ao 2º Festival Mundial de Arte e Cultura Negra. Ambos foram fortemente impactados pela viagem, que influenciaria seus futuros trabalhos. Ao regressar ao Brasil, Gil lançaria o antológico *Refavela* (1977), no qual revisitava suas raízes africanas e que fez parte da sua trilogia "RE", formada também por *Refazenda* (1975) e *Realce* (1979).

Já Caetano, como ele próprio contou ao *JB*, ficou impressionado com o gosto dos africanos pela dança, característica associada aos brasileiros, sobretudo naquele momento. Vivia-se então a febre da disco music no Brasil, um estilo dançante extremamente pop, que unia elementos do rock, da música eletrônica, da black music e até da música clássica. A isso se deve, sobretudo, a criação da Frenetic Dancing Days, discoteca fundada por Nelson Motta em agosto de 1976 no Shopping da Gávea, no Rio de Janeiro. O lugar reuniu descolados anônimos da época e muitos famosos, que varavam a noite na pista de dança à base de cerveja, champanhe, mandrix e hits de Donna Summer e Bee Gees. As Frenéticas, grupo que se tornou principal expoente do gênero no Brasil, surgiram na Dancing Days. Elas eram as garçonetes do estabelecimento, mas também atrizes e cantoras que, em determinado momento da madrugada, subiam no palco.

O clima borbulhante e hedonista da Dancing Days foi uma válvula de escape de uma geração exausta da repressão ideológica e comportamental da ditadura militar. Nos anos seguintes, muita gente lançaria álbuns com estética disco, incluindo Rita Lee, Tim Maia e Ney Matogrosso. Caetano, de certa forma, adiantou essa tendência com *Bicho*, embora não fosse um trabalho de disco music propriamente, mas que refletia o gosto pela dança, dos cariocas "prafrentex" habitués da Dancing Days aos nigerianos que compareceram ao Festival de Arte Negra.

Bicho saiu em maio de 1977, em meio a polêmicas. O nome decorre da recorrência de músicas sobre o reino animal: *A grande borboleta*, *O leãozinho* e

Tigresa. Esta última até hoje levanta teorias sobre a identidade de sua musa inspiradora, mas é sobretudo um retrato das mulheres liberadas que frequentavam a Dancing Days. Havia também *Um índio*, que já era cantada por Maria Bethânia no show *Doces Bárbaros*, e *Two naira fifty kobo*, inspirada pela viagem à África.

Mas a principal, e que foi motivo de muito barulho, era *Odara*, que abria o disco. Termo que na língua africana significa "bonito", "bacana", a canção era uma ode ao prazer corporal através da dança: "Deixa eu dançar/ Pro meu corpo ficar odara/ Minha cara/ Minha cuca ficar odara/ Deixa eu cantar/ Que é pro mundo ficar odara...". Na época, a música foi mal recebida por setores ligados à esquerda tradicional (a crítica musical incluída), que a consideraram uma postura alienada e descompromissada com as questões do Brasil naquele momento. Como cantar, em plena ditadura, que se deveria dançar para ficar tudo "joia-rara"? Caetano rebateu as críticas de forma veemente. Disse que os críticos tinham que obedecer ao mesmo tempo a Roberto Marinho e Luís Carlos Prestes, chegando a citar nomes de alguns jornalistas. Mas na época o Partido Comunista ainda era ilegal, e Caetano foi acusado pelo célebre cartunista Henfil de "dedo-duro". "Sempre tive esse tipo de problema com as esquerdas, e o disco *Bicho* ficou marcado por essas polêmicas", declarou Caetano muitos anos mais tarde, em depoimento a Charles Gavin e Luís Pimentel.

Mas as polêmicas não se encerrariam com *Odara*. Junto com o lançamento do disco, Caetano anunciou uma turnê por discotecas Brasil afora, acompanhado pela Banda Black Rio. O grupo de soul liderado por Oberdan Magalhães havia despontado um ano antes e acabara de lançar o disco de estreia, *Maria fumaça* (1977). A ideia inicial de Caetano era estrear o show justamente na Dancing Days, mas àquela altura a discoteca já tinha fechado. Cogitaram-se outros estabelecimentos, mas precisaram se contentar com o Teatro Carlos Gomes, espaço que nada lembrava o clima das discotecas.

De toda forma, *Maria fumaça – Bicho baile show*, como foi batizado o espetáculo, estreou por lá no dia 7 de julho de 1977, com parte das cadeiras retiradas a pedido de Caetano, para que o público pudesse dançar. O repertório incluía as canções do novo disco, relembrava sucessos passados, como *Qualquer coisa*, *Chuva, suor e cerveja* e até *London, London*, e abria espaço, claro, para a Black Rio brilhar em números solo, como *Na Baixa do Sapateiro* e *Maria fumaça*. Caetano aparecia em cena mais glamouroso do que nunca, com um figurino de cetim cor-de-rosa, cheio de franjas.

No dia 11 de julho, Nelson Motta anunciou em sua coluna no jornal O *Globo*: "*Maria fumaça – Bicho baile show* é um acontecimento genial que não deve ser perdido por ninguém que ainda esteja respirando com batidas naturais do coração". O restante da imprensa carioca não teve a mesma boa vontade, e o show se tornou um dos mais criticados da carreira de Caetano. No *Jornal do Brasil*, a implacável Maria Helena Dutra afirmou: "Este show foi feito para esquecer, já que não atinge mesmo sua desejada finalidade de 'feito para dançar'". Claudio Bojunga, da *Veja*, concordou: "Sob qualquer ponto de vista, é um espetáculo fracassado: o baile foi desanimado, os jovens da Zona Sul não descobriram um novo ritmo, os músicos black não conquistaram um novo mercado e Caetano — que em geral salva tudo com seu talento — perdeu, ao que parece, sua alegria". No *Globo*, Margarida Autran foi ainda mais incisiva: "A Caetano não se dá o direito de não ler jornais, de declarar publicamente nada saber do que se passa em termos políticos — no Brasil ou no exterior e, consequentemente, de apresentar um espetáculo como o que está em cartaz no Teatro Carlos Gomes, irresponsavelmente 'feito pra dançar'. E que, afinal, nem para dançar serve".

Muito do tom negativo das resenhas reverberava o mesmo elemento que causou rejeição a *Odara*. Para as esquerdas e os engajados da época, discotecas simbolizavam o cúmulo da alienação. Fazer um show dançante para celebrar a cultura da discotecagem, sobretudo por parte de um artista associado a uma postura crítica como Caetano, era imperdoável. Isso tudo não deixava de ser uma espécie de reedição de polêmicas enfrentadas por ele na época da Tropicália, quando chocava com suas performances que envolviam roupas de plástico, cabelo desgrenhado, citações à cultura pop, danças com remexer de quadris e até plantar bananeira no palco. O uso sem grilos do próprio corpo como elemento de prazer e manifestação artística (e, por que não, política), o "desbunde", enfim, pegava desprevenidos aqueles que esperavam a contestação através de discursos facilmente reconhecíveis como de "combate à repressão". E Caetano, desde o princípio, sabia confundir essas noções.

Por outro lado, é impossível ignorar que todas as resenhas também apontassem para uma questão puramente musical: a química com a Black Rio não acontecia e o show não empolgava. A reação foi tão intensa que a temporada paulistana teve que ser adiada de agosto para fins de setembro, para acalmar os ânimos. Depois de alguns shows em São Paulo, o *Maria fumaça – Bicho baile show* encerrou sua trajetória.

Anos depois, Caetano ainda não tinha digerido a história. Em janeiro de 1979, quando esteve em Salvador para apresentar o show *Muito* no Teatro Castro Alves, ao ser perguntado sobre o que achava dos críticos musicais no Brasil, ele deu sua opinião sobre o episódio: "Em 77, com o *Bicho baile show*, como eles têm muito preconceito contra discoteca e contra dançar, também têm preconceito contra preto, eles são racistas — esses esquerdistas brasileiros são racistas. Isto aqui é meio África do Sul. São todos brancos contra os pretos. E eu sou meio preto. Então, foi isso, eles vieram com carga total. Aí eu fiquei mais ou menos calado, só falei o que foi indispensável".

* * *

Curiosamente, na sequência imediata de polêmicas tão intensas causadas por *Bicho*, Caetano daria início ao período mais solar de sua carreira, que ele próprio já descreveu como "a fase de maior felicidade de minha vida musical". Estamos falando da Outra Banda da Terra, que o acompanharia até 1983.

Caetano conhecia Arnaldo Brandão desde 1970, quando o baixista fazia parte do conjunto The Bubbles, que tocava com Gal Costa. Arnaldo se mudou para Londres em 1971 e passou a conviver mais com Caetano e Dedé, sua esposa. Na volta ao Brasil, o baixista foi recrutado para integrar a banda de acompanhamento dos Doces Bárbaros. Na época, seu melhor amigo era o baterista Vinicius Cantuária, com quem dividia apartamento. Ele o apresentou a Caetano e os três varavam madrugadas tocando juntos despretensiosamente na casa do baiano. Em 1977, quando compôs *Odara*, Arnaldo e Vinicius foram os primeiros a escutar a canção, e Arnaldo não resistiu à tentação de criar em cima daquilo. É dele o emblemático *riff* de baixo dessa música, que aparece na gravação ao lado da bateria de Vinicius Cantuária, da guitarra de Perinho Santana e do piano de Tomás Improta, que em breve também fariam parte da nova banda.

Essa ideia, aliás, de formar um novo grupo para tocar com Caetano, era sempre ventilada por Arnaldo e Vinicius em seus encontros. Logo após o fracasso do *Bicho baile show*, o cantor topou a ideia e chamou os dois para um show acústico, somente de voz e violões. Nascia assim o *Caetano em concerto*, que estreou em fins de 1977. Era basicamente o que Caetano costumava fazer com Arnaldo e Vinicius em casa, mas agora no palco. Diferentemente do show com a Black Rio, todo mundo amou.

Aos poucos, foram chegando outros músicos. Primeiro vieram Perinho Santana e Tomás Improta, velhos conhecidos e colaboradores. Para a percussão, Arnaldo convidou Bira da Silva, que participou da gravação do primeiro disco, mas por conta de outros compromissos saiu e deixou em seu lugar Eduardo Gonçalves, o Bolão. Estava formado assim o núcleo do grupo que Caetano batizou de A Outra Banda da Terra. Em 1981, a formação cresceu com a entrada do flautista e saxofonista Zé Luis, que fez algumas participações no disco *Outras palavras* e se tornou integrante oficial.

A nova experiência representava uma retomada daquilo que Caetano conquistara com *Transa*. Não seria como tocar com um grupo que já existia, como fizera com a Bendegó ou a Black Rio. Era, sim, uma banda formada por ele, que trabalharia como uma unidade em torno de suas ideias e composições. A diferença é que agora ele já estava mais experiente e confiante em seu trabalho para encarar um projeto como esse. E o clima também era totalmente diferente. Se em 1971, quando gravou *Transa*, ele ainda vivia as angústias da prisão recente e do exílio, em 1977, estava mais alegre e relaxado, compartilhando a sensação de que as coisas no Brasil poderiam melhorar.

Havia também outra mudança. Dessa vez, Caetano não entregou a produção e a direção musical a ninguém especificamente. Desde que voltara do exílio, contara com a colaboração de Perinho Albuquerque em todos os discos, um músico competente, mas também (e talvez por isso) muito rigoroso e exigente. Agora, Caetano queria trabalhar de maneira mais solta, sem a figura de um produtor. Diferentemente do que fizera em *Araçá azul*, no entanto, em que se isolou sozinho no estúdio, iria dividir a produção, os arranjos e tudo mais de forma coletiva com os amigos da Outra Banda da Terra.

Esse clima se reflete nas canções, na sonoridade e na ambientação dos cinco discos que lançou com o grupo: *Muito – Dentro da estrela azulada* (1978), *Cinema transcendental* (1979), *Outras palavras* (1981), *Cores, nomes* (1982) e *Uns* (1983). Todos álbuns solares, com gosto de verão e que exalam sensualidade. Era o tempo em que artistas, intelectuais e descolados em geral se encontravam no Posto 9 de Ipanema para conversar, namorar e até fazer reuniões de trabalho. O Rio de Janeiro fervilhava em sua cena cultural. Havia o pessoal do grupo teatral Asdrúbal Trouxe o Trombone, a geração do Circo Voador, As Frenéticas faziam sucesso de Norte a Sul, todos jovens, bonitos e espertos. A música brasileira estava mais liberada, sensual e bem-humorada, e Caetano, à sua maneira, também refletiu isso.

Vida e obra se misturavam. Quem vivia em torno da Outra Banda da Terra acabava pintando nas canções, uma fase repleta de musas ou musos inspiradores. Algumas eram figuras públicas, como Regina Casé (*Rapte-me camaleoa*), Vera Zimmermann (*Vera gata*), Sonia Braga (que inspirou *Trem das cores*) ou o surfista Petit (*Menino do Rio*). Mas havia também as musas anônimas em canções como *Eclipse oculto*, *Você é linda* ou *Tem que ser você*. Isso sem contar as Solanges, Leilas, Sônias, Patrícias, Terezas, Lúcias, Marinas e Denises que aparecem em *Tempo de estio*. Essa, aliás, é uma das músicas em que mais transparece o clima solar e sensual da Outra Banda da Terra, um reflexo do Rio de Janeiro daqueles anos: "É o amor/ É o calor/ A cor da vida/ É o verão/ Meu coração/ É a cidade…".

Foi também nessa época que Caetano, artista acostumado a resultados comerciais não tão expressivos, começou a obter maior repercussão nas rádios. Com *Outras palavras*, conquistou seu primeiro Disco de Ouro. O feito foi repetido no ano seguinte com *Cores, nomes*, que vendeu cem mil cópias em poucas semanas. É uma fase em que brotaram grandes clássicos e sucessos populares, cantados em coro em qualquer show do artista até hoje: *Terra*, *Sampa*, *Lua de São Jorge*, *Beleza pura*, *Oração ao tempo*, *Cajuína* e *Queixa*, para citar apenas alguns deles. E tudo de forma espontânea, sem estratégias de marketing, como lembra Vinicius Cantuária: "Foi algo inesperado. A gente não tinha ideia do que iria acontecer, mas foi um sucesso incrível. Não só de público, venda ou crítica, mas um sucesso entre nós, que era o mais importante. A gente gostava de estar junto".

Para além do clima de verão e da sensualidade latente nas letras, A Outra Banda da Terra criou uma sonoridade característica, com um estilo diferente do que vinha sendo feito naquela virada dos anos 1970 para os 1980. Na época, as grandes estrelas da MPB gravavam discos superproduzidos, em Los Angeles ou Nova York, com muitos metais, instrumentos eletrônicos e apoio técnico de ponta. Caetano foi para o outro lado. Com o novo conjunto, gravou no Brasil, sem produtor, num clima de descontração; um som bem amparado tecnicamente, mas feito de maneira despojada, como uma banda de garagem.

A grande marca do grupo, porém, foi a "batida ao contrário". Arnaldo Brandão e Vinicius Cantuária percebiam que Caetano tinha uma forma de tocar violão muito específica, com uma batida que lembrava o afoxé, e que aparecia claramente, por exemplo, em *São João*, *Xangô menino*, que compôs para os Doces Bárbaros. Na época, Gilberto Gil também notou isso e apelidou a batida de "marcha caetaneada". Quando foram gravar *Muito*, o primeiro disco da banda,

Arnaldo e Vinicius decidiram aproveitar esse jeito de tocar e estruturaram os arranjos e toda a levada da banda em torno dele, em que o acorde era puxado, mas o baixo só vinha depois, criando um *groove* muito característico.

A "batida ao contrário", marca da Outra Banda da Terra, foi reproduzida por vários artistas. Nos estúdios, os músicos se referiam a esse estilo de tocar como "aquela levada do Caetano". "Eu tenho o maior orgulho de dizer que nós inventamos uma nova levada de violão para a música brasileira. Acho que isso foi a grande contribuição da Outra Banda da Terra", destaca Arnaldo. Quando Djavan compôs *Sina*, que popularizou o termo "caetanear", levou a canção ao estúdio para mostrar ao amigo. Na época, ele preparava o disco *Cores, nomes*, e *Sina* foi gravada na hora, carregada na levada ao contrário. A batida está também em outras músicas, como *Tempo de estio*, *Trilhos urbanos*, *Vera gata*, *Ele me deu um beijo na boca* e, claro, em *A Outra Banda da Terra*, música-tema do grupo. Até na gravação de *Eu sei que vou te amar*, clássico de Tom Jobim e Vinicius de Moraes, a batida foi usada discretamente, em andamento mais lento. Para quem se pergunta o que significa "caetanear o que há de bom", está aí uma pista.

As gravações transcorriam num clima descontraído. Havia, da parte de todos, uma sensação de unidade, de que ali estava um grupo, não só uma banda de apoio. Muitas vezes, Caetano mostrava as novas composições em sua casa (principalmente para Arnaldo e Vinicius); outras, chegava com tudo no estúdio de ensaio, onde, quase sempre, os arranjos eram construídos coletivamente. Na hora de gravar para valer, tudo fluía bem. "A gente ia gravar já conhecendo a música, porque vivia essas canções", recorda-se Vinicius Cantuária.

Tamanho despojamento e liberdade volta e meia geravam estranhamento em quem estava de fora. "Os técnicos de som sempre reclamavam do meu baixo. Eu só gravei daquela forma porque o Caetano gostava. Mas sempre tinha uma reclamação de que estava alto, com ruído. Era uma coisa orgânica, intuitiva. Muitas vezes eu queria refazer o baixo e Caetano não deixava", conta Arnaldo Brandão. A mesma magia dos estúdios de ensaios e de gravação — e que transparecia nos discos — se manifestava de forma potencializada nos shows. Caetano e A Outra Banda da Terra fizeram turnês de divulgação dos cinco discos que gravaram juntos, temporadas concorridas, sucesso de público e, quase sempre, de crítica.

O repertório dos shows era pensado por Caetano com ajuda dos integrantes da banda, que não se furtavam a dar palpites, normalmente aceitos. As sugestões iam até para o clássico momento de voz e violão dos shows. Nessas horas, em vez de descansar, os músicos ficavam atrás do palco, ouvindo-o tocar coisas como *Dans mon île*, de Henri Salvador, que depois foi registrada em estúdio — por insistência dos integrantes da banda, que adoravam aquele número.

O entrosamento de Caetano e seus músicos chamou atenção até de Zózimo Barroso do Amaral, que conferiu a estreia do show *Outras palavras* no Canecão, em maio de 1981, e escreveu em sua coluna no *Jornal do Brasil* que a banda tinha "com Caetano um entendimento perfeito, uma verdadeira simbiose". A jornalista Ana Maria Bahiana, do *Globo*, confirmou a impressão em sua resenha da temporada seguinte, *Cores, nomes*: "Entrosados até o ponto telepático, tocando com uma alegria, um empenho, uma vontade rara em músicos acompanhantes [...] Os seis da Outra Banda conseguem um som cheio, redondo, sanguíneo, como pede o entusiasmo de seu mentor".

Para Vinicius Cantuária, essa mágica só era possível porque havia uma amizade grande entre eles e, no fundo, era um momento especial na vida particular de todos: "Éramos uma banda muito feliz. Tocávamos nos melhores lugares, fazíamos as melhores viagens, ficávamos nos melhores hotéis, ganhávamos bem como músicos, morávamos no Rio, uma cidade linda. Então o palco era uma extensão da nossa vida. Na realidade, éramos felizes e o público também".

Por que, então, pôr fim a essa experiência? Por que acabar com A Outra Banda da Terra? A decisão veio de quem tivera a ideia de criá-la: Vinicius Cantuária e Arnaldo Brandão. Em 1983, a carreira dos dois começava a tomar novos rumos. Após o sucesso de *Lua e estrela*, composição sua registrada por Caetano no disco *Outras palavras*, Vinicius conseguiu um contrato com a RCA-Victor e lançou o primeiro disco solo. Já Arnaldo Brandão montou a banda Brylho, que em 1983 estourou nas rádios com *Noite do prazer*, aquela do verso "tocando B. B. King sem parar…". Perinho Santana também já trilhava carreira solo em paralelo e Tomás Improta estava empolgado com sua escola de música recém-criada. Vinicius e Arnaldo sentiram que era hora de todos seguirem com seus novos projetos. "Eu achava que Caetano estava precisando não só de gente nova, mas de gente que pudesse se dedicar a ele com a energia que todo grande artista demanda naturalmente", lembra Arnaldo.

Isso aconteceu no fim de 1983, quando se encerraram os trabalhos de *Uns*. Curiosamente, é nesse disco que aparece a canção-tema composta por Caetano em homenagem à banda, em que ele canta: "Gozar/ A lida/ Indefinidamente/ Amar". Nada mal para se despedir da fase de maior felicidade de sua vida musical.

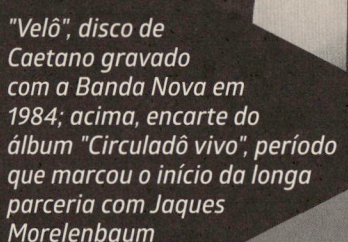

"Velô", disco de Caetano gravado com a Banda Nova em 1984; acima, encarte do álbum "Circuladô vivo", período que marcou o início da longa parceria com Jaques Morelenbaum

capítulo 3

**harmonias bonitas
possíveis sem juízo final**
da banda nova
a jaques morelenbaum

Com o fim da Outra Banda da Terra, era hora de recrutar novos músicos. Caetano queria continuar com o mesmo formato do grupo anterior, que funcionasse como um conjunto, uma unidade. Quando se despediram, Vinicius e Arnaldo deixaram sugestões de substitutos. Arnaldo indicou para o baixo Tavinho Fialho, que tocava com Arrigo Barnabé, enquanto Vinicius sugeriu o nome de Marcelo Costa, que já participara do disco *Cores, nomes*, gravando bateria e percussão nas faixas *Surpresa*, *Queixa* e *Sina*, embora seu nome não conste na ficha técnica desta última. Passado o carnaval de 1984, Caetano conversou com os dois músicos, que toparam de cara. Marcelo Costa sugeriu que chamasse também Marçalzinho, filho de Mestre Marçal, para a percussão. Caetano lembrou-se do pianista Ricardo Cristaldi, que tocara com Ney Matogrosso e Jorge Ben. Para a guitarra, convidou um velho conhecido de Salvador desde os anos 1970: Toni Costa. Zé Luis foi o único remanescente da Outra Banda da Terra. Se antes era o novato do grupo, agora era o veterano. Estava formada assim a Banda Nova.

Com os músicos escolhidos e o repertório fechado, era hora de começar os trabalhos. Dessa vez, Caetano inverteu a lógica: no lugar de gravar o disco, lançar e depois cair na estrada com o show, iria numa linha oposta: estrearia no palco e, só depois de um tempo na estrada, quando a banda estivesse íntima do repertório, entraria em estúdio para registrar o trabalho.

Era um desejo amadurecido nos tempos da Outra Banda da Terra. Na época, quando eles já estavam há dois, três meses na estrada com um show, tocando quase todas as noites o mesmo repertório, percebiam que atingiam o ponto máximo de seu desempenho. Sentiam-se mais íntimos das canções, tocavam tudo de forma natural e pegava fogo. Nos bastidores, Zé Luis e Vinicius Cantuária batiam nessa tecla:

— Imagina se a gente gravasse o disco agora, nesse ponto em que estamos?

A ideia parecia muito cara e arriscada para Caetano, mas tudo foi discutido com Guilherme Araújo, o empresário. Assim, *Velô*, o primeiro show com a Banda Nova, estrearia antes de se pensar em gravação.

Os ensaios aconteciam com a mesma espontaneidade dos tempos da Outra Banda da Terra. Tudo pensado de modo coletivo a partir das ideias principais de Caetano. Um exemplo foi a criação da música *Sorvete*. Quando começaram a ensaiar, não havia título, nem a letra estava finalizada. Caetano só se referia a ela como "a sem nome". O apelido fez Marcelo Costa se lembrar do sorvete Sem Nome, que surgira nos anos 1970 como Hébom, mas em 1979, após uma disputa judicial com a Kibon, perdeu o direito da marca. Veio daí o apelido-protesto Sem Nome, que acabou colando e se tornou popular nos anos 1980. Por causa disso, de brincadeira, o baterista começou a chamar a canção sem título de *Sorvete*. O apelido pegou entre os integrantes do grupo e o próprio Caetano, que usou a ideia para os novos versos que batizaram a canção: "Mas se ela não quis meu sorvete/ Por que gravá-la em videocassete/ Jogar confete...".

Tudo isso parecia empolgante para o cantor. Na época, ele adiantou ao jornal O *Estado de S. Paulo*: "Banda Nova é ao mesmo tempo uma notícia e um nome. E, pelo que eu tenho visto nos ensaios diários, os rapazes da nova banda deverão ser notícia". E foram mesmo. O show *Velô* estreou no Palace, em São Paulo, no dia 24 de maio de 1984, em grande estilo. O jornalista Antonio Mafra relatou no *Globo*: "Caetano Veloso realizou o que dificilmente deixará de ser o melhor show do ano. Repertório recheado de canções cujas letras são verdadeiros manifestos políticos, iluminação das mais perfeitas, cenário simples e funcional e músicos totalmente integrados ao que o compositor quer hoje fazer. *Velô*, nome do show, foi recebido pela plateia de forma apoteótica".

No fim de junho, o espetáculo desembarcou no palco do Canecão, no Rio, com a mesma empolgação de público e crítica. Somente em outubro, cinco meses depois da estreia, é que Caetano e a Banda Nova entraram em estúdio para registrar o novo repertório. Mas dessa vez, diferentemente do que acontecia com a Outra Banda da Terra, Caetano quis resgatar a figura de um produtor e recrutou o tecladista (e membro da banda) Ricardo Cristaldi para dividir o posto com ele.

A decisão teve um motivo importante. Na época em que produzia o disco *Uns*, Caetano recebeu no estúdio a visita do músico inglês Peter Gabriel. O líder do grupo Genesis soube que Caetano havia gravado *É hoje*, samba-enredo da União da Ilha, com sintetizadores, e ficou curioso para escutar. Ao ouvi-la, comentou que gostara, mas tinha achado a gravação suja e desorganizada. Caetano justificou que havia trabalhado sem produtor. O inglês se espantou e deu um conselho incisivo:

— Não faça isso! Eu já gravei sem produtor, é um erro! Você pensa que fica mais livre, mas é o contrário, porque você passa a se responsabilizar por coisas desnecessárias. Com um produtor, ele vai fazer o que tem que ser feito na produção e você terá tempo para cantar, tocar e compor. E assim o disco fica mais bonito e o som, mais responsável — advertiu. Caetano, que já vinha pensando nisso, acatou o conselho e nunca mais dispensou a figura do produtor musical.

E assim *Velô* foi lançado em fins de 1984: um disco desembaraçadamente pop, gravado com muitos instrumentos eletrônicos, sintonizado com as tendências da década. O rock brasileiro vivia seu auge, com o chamado BRock e o sucesso de bandas como Blitz, Titãs e Barão Vermelho. *Velô* alude a todo esse movimento já na abertura, com o rock contestador de *Podres poderes*. *Nine out of ten*, do *Transa*, ganhou uma regravação atualizada, talvez para indicar que tal experiência não era novidade em sua discografia. A ambientação típica da época aparece em outras faixas, como *Comeu*, *Grafitti*, *Sorvete* e, claro, *Shy moon*, com a participação de Ritchie, britânico radicado no Brasil que um ano antes tinha estourado com *Menina veneno*. "Caetano queria fazer um disco dançante e pop dos anos 1980 e fez. Se não existisse The Police, por exemplo, não haveria *Shy moon*", resume o baterista Marcelo Costa.

Em setembro de 1985, quando esteve em Nova York para se apresentar no Carnegie Hall com a Banda Nova, Caetano aproveitou para gravar por lá um disco acústico, quase todo de releituras, que seria seu primeiro totalmente voltado para o mercado norte-americano. A ideia era do produtor Bob Hurwitz, que já demonstrava interesse em trabalhar com o baiano nos Estados Unidos desde que assistira aos shows de *Uns* no Public Theater, dois anos antes. *Caetano Veloso*, o nome do álbum, foi gravado em três dias no Vanguard Studio com acompanhamento de três músicos da Banda Nova: Marcelo Costa, Marçal e Toni Costa. Foram feitos três *takes* de cada canção e, no fim, Caetano e Bob decidiram quais entrariam no LP.

No repertório, havia antigos sucessos, como *O leãozinho* e *Coração vagabundo*, versões de Tom Jobim, Cole Porter, Beatles e Michael Jackson, além de duas canções então recém-lançadas em *Velô*: *Pulsar* e *O homem velho*, composta sob inspiração da morte de seu pai, José Telles Velloso, em 13 de dezembro de 1983. O álbum saiu nos Estados Unidos em 1986, mas no Brasil só chegaria em 1990. Na época, Caetano fez uma pequena turnê com os três músicos que trabalharam com ele no estúdio. Antes disso, ainda em 1986, lançou no Brasil outro disco acústico, de grande sucesso: *Totalmente demais*, gravação ao vivo do recital de voz e violão para o projeto *Luz do solo*.

Depois de tudo isso, no seu disco de estúdio seguinte, o músico seguiu à risca o conselho de Peter Gabriel e convidou um produtor experiente: Guto Graça Mello. *Caetano*, o álbum, saiu em 1987, mais uma vez com a Banda Nova, que começou a sofrer modificações. Zé Luis fez suas últimas participações no disco, mas não seguiu em turnê — foi tocar com Lobão. Marçal também deixou seu posto na percussão, assumido por um nome que se tornaria cada vez mais importante: Carlinhos Brown.

Lançado no fim de outubro, *Caetano* é um disco triste, melancólico, que repercutia de alguma maneira sua então recente separação de Dedé. O álbum já abre com *José*, que inicia de cara, sem nenhuma introdução: "Estou no fundo do poço/ Meu grito/ Lixa o céu seco...". Há também o relato angustiado de *Noite de hotel* ("Estou a zero, sempre o grande otário/ E nunca o ato mero de compor uma canção/ Foi tão desesperadamente necessário"), a poesia de *O ciúme*, além da dilacerante regravação de *Fera ferida*, de Roberto e Erasmo Carlos. Ao final da turnê, naquele mesmo ano, o grupo sofreria nova mudança: Marcelo Costa saiu para tocar com Lulu Santos e deixou em seu lugar Cesinha, que Caetano já conhecia da época em que o baterista tocava com Luiz Caldas na Bahia.

Era uma nova fase musical. Sem a Banda Nova original, mas com alguns de seus integrantes ainda orbitando ao seu redor, os próximos trabalhos de Caetano seriam tão inquietantes e densos quanto o de 1987.

* * *

Em 1983, a bordo do disco *Uns*, Caetano Veloso realizou sua primeira grande turnê internacional. Uma das temporadas mais importantes aconteceu no Public Theater, em Nova York. Na ocasião, a produtora do teatro pediu a Arto Lindsay que recebesse Caetano e sua equipe, como uma espécie de intérprete. Arto, criado em Garanhuns, em Pernambuco, era um músico e produtor americano que passou boa parte de sua infância e juventude no Brasil. Nos anos 1970, ao se estabelecer em Nova York, formou diversas bandas e tornou-se figura proeminente da cena underground da cidade. Ele e Caetano se entrosaram de cara e logo passaram a cultivar uma amizade e interlocução profícua sobre música, arte e cultura.

Em 1987, Arto propôs a Caetano produzir seu novo disco. Dividiria os trabalhos com Peter Scherer, seu parceiro no duo Ambitious Lovers. Na época, porém, o baiano já estava comprometido com Guto Graça Mello. Mesmo assim, ele quis, de alguma forma, homenagear os dois músicos no álbum. Por isso, na contracapa de *Caetano*, o K7 que aparece no canto esquerdo sendo oferecido a ele é a fita do que seria o disco *Greed*, dos Ambitious Lovers. Na turnê que estreou naquele ano, Caetano ainda incluiu a música *Copy me* no roteiro do show.

No ano seguinte, encerrada a turnê, era hora de pensar em um novo trabalho e a parceria com Arto e Peter finalmente poderia acontecer. *Estrangeiro*, como o álbum foi intitulado, dá continuidade à sonoridade construída no disco anterior, mas possui uma marca muito forte do estilo dos Ambitious Lovers, que executavam a seu modo as ideias propostas por Caetano. Além da característica guitarra distorcida de Arto, Peter Scherer usou o primeiro teclado programado para tocar *samplers*, uma tecnologia então muito nova, que emprestou ainda mais estranheza e frescor às gravações. O disco foi feito entre Rio de Janeiro e Nova York. A banda brasileira era a mesma de *Caetano*, de 1987: Toni Costa, Carlinhos Brown, Tavinho Fialho e Cesinha. Nos Estados Unidos, chegaram os músicos Tony Lewis, Bill Frisell e Marc Ribot, além da luxuosa participação em cinco faixas de um percussionista brasileiro, na época radicado nos Estados Unidos: Naná Vasconcelos. Apesar da ambientação experimental do disco, houve espaço para um sucesso, que tocou um bocado nas rádios depois de incluído na trilha sonora da novela *Tieta*: *Meia-lua inteira*, composição do percussionista Carlinhos Brown, gravada com arranjo que acenava para a febre crescente do que logo se convencionaria chamar de axé music.

Estrangeiro foi um divisor de águas na carreira de Caetano Veloso, que ajudou a consolidar a presença do artista no mercado internacional e se tornou uma das peças mais emblemáticas de sua discografia. Havia inevitável relação com o movimento da Tropicália, que nos anos 1960 já levantava a discussão desse olhar estrangeiro sobre o Brasil e do olhar brasileiro sobre o que lhe é estrangeiro, tema que percorre as faixas do disco. Não à toa, a capa do LP é uma reprodução do cenário que Hélio Eichbauer produziu para a histórica montagem de 1967 que o Teatro Oficina fez da peça O *Rei da Vela*, de Oswald de Andrade, e que tanto influenciou o movimento tropicalista. A mesma reprodução aparecia também no cenário do show, um dos mais comentados da temporada.

Dois anos depois, quando se encerraram os trabalhos com *Estrangeiro*, Caetano convidou a mesma dupla para produzir seu novo disco. Mas dessa vez só Arto Lindsay pôde participar. Em agosto de 1991, *Circuladô* começou a ser criado. Assim como seu antecessor, também foi gravado entre o Brasil e os Estados Unidos. Agora já não havia a Banda Nova como uma unidade e sim uma série de músicos convidados para tocar no estúdio. Enquanto alguns integrantes da velha Banda Nova se despediram nas gravações desse disco — Toni Costa e Tavinho Fialho —, outros dois marcaram seu retorno: Marçalzinho e

Marcelo Costa. O disco ainda contou com a participação do filho Moreno Veloso, que cantou em *Itapuã*, feita para sua mãe, Dedé, além do músico erudito japonês Ryuichi Sakamoto, que tocou e fez o arranjo de cordas de *Lindeza*. Entre as muitas participações especiais de *Circuladô*, houve a presença de um nome que se tornaria, dali em diante, uma das figuras mais importantes na carreira de Caetano: Jaques Morelenbaum.

Filho de músicos eruditos, Jaques cresceu num ambiente de muita arte. Fez sua primeira aula formal de música com apenas 3 anos. As mais antigas influências, inevitavelmente, orbitavam em torno do instrumental clássico. Na adolescência, através dos amigos, descobriu o rock britânico e virou beatlemaníaco. Logo na sequência passou a admirar artistas brasileiros que de alguma maneira bebiam nessa fonte, como Milton Nascimento e o próprio Caetano. Em 1974, estreou profissionalmente em disco no grupo de rock A Barca do Sol. Tocou com a banda por quatro anos e passou a colaborar com diversos artistas, como Olivia Byington e Xangai. Mas a parceria mais marcante foi com Tom Jobim, com quem tocou violoncelo.

O primeiro encontro de Jaques e Caetano aconteceu em 1986, embora tenha sido breve e pontual. Foi na época do programa *Chico & Caetano*, que o baiano apresentou ao lado de Chico Buarque na Rede Globo. Em um dos episódios, Tom Jobim e Astor Piazzolla participaram juntos, e Jaques esteve lá como integrante da banda. Caetano já o admirava por seu trabalho com Tom e Egberto Gismonti, mas sentia-se inseguro de convidá-lo para algo em conjunto. "Eu achava que minha música talvez não fosse musicalmente interessante suficiente pra ele se animar a trabalhar comigo", recordou Caetano anos depois, em depoimento a Marcelo Fróes.

No entanto, naquele mesmo ano, ficou encantado quando ouviu o arranjo de cordas da música *Flores em você*, que o grupo Ira! lançou no disco *Vivendo e não aprendendo* (1986). Aquilo lhe pareceu extraordinário, de nível internacional. Quando soube que o autor do arranjo era Jaques Morelenbaum, sentiu-se encorajado a fazer o convite. "Se esse cara trabalhou com o Ira!, vai querer tocar comigo também", disse Caetano.

Na época do *Circuladô*, Caetano comentou sobre seu desejo com Marcelo Costa. O baterista, que tocara com Jaques nos tempos da Barca do Sol, passou-lhe o telefone do amigo. E foi assim que Caetano o convidou para iniciar uma parceria que se repetiria pelos anos seguintes, de forma cada vez mais intensa. De início, queria um arranjo de cordas para a faixa *Itapuã*. Jaques pensou num quarteto de cellos, mas, faltando dois dias para a gravação, achou que o primeiro instrumento estava muito agudo, destoando da suavidade da música. Substituiu, então, por uma viola de braço, e *Itapuã* foi gravada com violoncelos e uma viola. Além disso, Jaques ainda teve o prazer de tocar na faixa *Circuladô de fulô*, com letra baseada em um poema de Haroldo de Campos.

Em março de 1992, poucos dias depois do nascimento de Zeca, seu primeiro filho com Paula Lavigne, Caetano estreou no Canecão a histórica turnê *Circuladô*. O show tinha cenário de Hélio Eichbauer, que a partir dali se tornaria também um colaborador constante. A banda era formada por Marcelo Costa na bateria, Luiz Brasil na guitarra, Marcos Amma e Wellington Soares na percussão e Dadi Carvalho no baixo. Jaques Morelenbaum aparecia com destaque nos créditos, como "participação especial". O show, inclusive, começava com um solo improvisado de Jaques no violoncelo, que às vezes chegava a durar cinco minutos, até que desaguasse nos acordes iniciais de *Os mais doces bárbaros*, a deixa para a entrada da banda e de Caetano. O repertório misturava as músicas do disco novo com canções de fases passadas, como *Um índio*, *Queixa*, *Coração vagabundo* e *O leãozinho*, esta tocada apenas com o acompanhamento do muso inspirador da canção, Dadi Carvalho. "Eu era fã do Caetano desde os tempos dos festivais da canção. Quando ele me chamou pra fazer esse show, eu não tive como recusar", conta o baixista, que deixou o Barão Vermelho para tocar com o baiano. Havia espaço ainda para algumas versões, como as de *Black or white*, de Michael Jackson, e *Jokerman*, de Bob Dylan.

Assim como *Estrangeiro*, o show de *Circuladô* foi um dos mais comentados (e elogiados) da época, marcou a carreira de Caetano e ganhou um registro ao vivo, produzido ao lado de Jaques Morelenbaum. Era a virada para uma nova fase de sua trajetória, que teria no centro a presença e a assinatura musical do violoncelista.

* * *

Para o próximo trabalho solo de Caetano (que aconteceu depois do projeto *Tropicália 2*, com Gilberto Gil, em 1993), Jaques ganhou uma espécie de promoção: deixou de ser "participação especial" e se tornou diretor musical e produtor, além de arranjador de quase todas as faixas.

A ideia do novo disco surgiu de uma conversa com Bob Hurwitz, produtor norte-americano que comandara, em 1986, o projeto acústico. Ele sugeriu a Caetano gravar *standards* americanos que fizessem parte da sua memória afetiva. O cantor gostou, sentiu vontade de fazer, mas em outro momento. Antes, teve outra ideia a partir daquela: produzir um disco em espanhol, com clássicos do repertório latino-americano que ouvia desde a infância pelo rádio, em Santo Amaro. Assim nascia *Fina estampa*.

A Polygram se mostrou disposta a arcar com os custos ambiciosos da empreitada, que envolvia uma banda enorme, além de orquestra em quase todas as faixas. Para o repertório, Caetano selecionou canções que ouvia desde os anos 1940 e 1950, como *Rumba azul*, *Pecado*, *Capullito de aleli* e *Mi cocodrilo verde*. Tangos, boleros, guarânias e rumbas consideradas na época o ápice da cafonice, mas que ele envolveria em uma roupagem moderna e sofisticada.

Fina estampa marcaria o auge de sua parceria com Morelenbaum. No release que escreveu para o lançamento do disco, ele celebrou o trabalho do maestro: "A seriedade, a competência, o carinho e a carga de emoção que ele colocou nos arranjos dizem mais sobre o empenho de dignificação da postura cultural latino-americana do que milhões de palavras ou atos políticos".

Jaques, por sua vez, sentiu-se estimulado pela nova carga de confiança que lhe era depositada. "Quando fomos gravar o *Fina estampa*, Caetano continuou incentivando minha criatividade, mas agora a partir da minha escrita, e não do meu improviso. Me senti muito prestigiado por ele depositar toda essa confiança em mim. Ao mesmo tempo, minha responsabilidade aumentou, porque ele passou certas decisões para as minhas mãos, e eu sabia o alcance que a música dele tinha no mundo àquela altura", conta o maestro.

Foi nesse momento que se consolidou a química entre os dois e se estabeleceu o método de trabalho que guiaria as produções seguintes. Na hora de pensar nos arranjos, Caetano chegava com uma ideia mais ou menos formulada do que pretendia. Conversava com Jaques Morelenbaum, expunha o que imaginava, às vezes de forma mais objetiva, outras de maneira totalmente abstrata. Jaques, por sua vez, anotava as ideias e as colocava no papel, processando-as com suas próprias referências.

Um exemplo dessa alquimia aconteceu na criação do arranjo de *Un vestido y un amor*, sucesso de 1992 do cantor pop argentino Fito Páez. Caetano deu uma única orientação para o arranjo: "Quero gravar apenas com cordas".

Com essa indicação, Jaques começou a pensar em como subverter a canção e transformá-la em algo totalmente novo. Pensou em Fito Páez, em Caetano, na Argentina e na sua ligação com o Brasil. Pensou em Astor Piazzolla, o lendário músico argentino, e em Egberto Gismonti, o lendário músico brasileiro, com quem também trabalhava. E se lembrou de que Egberto era fã de Piazzolla e tinha um modo muito específico de interpretá-lo. Decidiu, então, seguir por esse caminho. "Eu fiz esse arranjo pensando no jeito do Egberto de tocar Piazzolla", resume. E assim *Un vestido y un amor* surgiu em *Fina estampa*.

Mas, além da inteligência de dois músicos que agora uniam talentos, há um outro motivo para a parceria ter funcionado de forma tão harmoniosa e bem-sucedida: um enorme respeito mútuo, que os estimulava igualmente. Caetano, que sempre se considerou um músico menor, de talentos rudimentares, admirava a intimidade de Jaques com o universo formal da música e seu contato próximo com mestres do ofício, como Tom Jobim e Egberto Gismonti. Sentia-se envaidecido por tê-lo agora por perto, dedicando tanta atenção e respeito ao seu trabalho. Mas Jaques, claro, não se considerava maior que Caetano, muito pelo contrário, era fã do trabalho dele há muitos e muitos anos. "Eu ouvia Caetano bem antes de ele sonhar em me conhecer", conta.

Assim, os dois sentiam-se igualmente prestigiados e motivados a criar um trabalho que fosse cada vez mais afinado — e que cada um considerasse à altura um do outro. E a primeira indicação de que a parceria realmente funcionava foi a repercussão positiva de *Fina estampa*, que vendeu mais de 250 mil cópias no Brasil.

A princípio, o disco não ganharia divulgação na estrada. Isso só aconteceu graças ao jornalista, produtor musical e diretor de televisão Fernando Faro. Em 1995, Caetano tinha apresentado o repertório de *Fina estampa* brevemente durante uma passagem pela Europa, e mesmo assim em formato reduzido, acompanhado apenas por Jaques Morelenbaum, Mingo Araújo e Luiz Brasil. Faro, na época, dirigia a casa de espetáculos paulistana Tom Brasil e convidou Caetano a se apresentar lá com o repertório do novo disco, mas o baiano resistia. Contudo, o produtor tinha uma carta na manga: deu de presente a Caetano uma fita com duas gravações raríssimas de João Gilberto, de 1952, do período pré-Bossa Nova, quando ele ainda cantava sob a influência de Orlando Silva. Além disso, garantiu a presença de uma orquestra do tamanho que eles quisessem. "Ficou difícil dizer não", confessou Caetano à imprensa.

Em 24 de agosto de 1995, mais de um ano após o lançamento do disco, o show *Fina estampa* estreava no Tom Brasil, onde permaneceu em temporada de três semanas, de quinta-feira a domingo. Mas não era simplesmente um show. Caetano aparecia vestido elegantemente, de terno e brilhantina no cabelo, acompanhado por uma orquestra e uma big band, que somavam mais de 40 músicos no palco. Tudo isso emoldurado pelo suntuoso cenário assinado por Hélio Eichbauer, que se baseara no mural Pan American Unity, do pintor mexicano Diego Rivera.

Caetano abria com *O samba e o tango*, do repertório de Carmen Miranda, que simbolizava todo o conceito do espetáculo: "Chegou a hora, chegou, chegou/ Meu corpo treme, ginga qual pandeiro/ A hora é boa e o samba começou/ E fez convite ao tango pra parceiro". Era a união do Brasil com a América Latina, formando um retrato de nossa identidade hispânica. Além das canções de *Fina estampa*, havia também músicas de seu repertório autoral, como *O leãozinho*, *Pulsar*, *Haiti* e *Itapuã*, e outras pérolas como *Você esteve com meu bem*, de João Gilberto, dos anos 1950, e *Lábios que beijei*, do repertório de Orlando Silva. Ele incluiu ainda canções hispânicas que não apareceram no disco, como *La barca* e *Cucurrucucú Paloma*, que mais tarde ficaria mundialmente conhecida em sua voz ao figurar na trilha do filme *Fale com ela* (2002), de Pedro Almodóvar.

Ao ganhar os palcos, a sofisticação da dupla Caetano e Morelenbaum se consolidava diante dos olhos do público. Ela já tinha sido adiantada no show de *Circuladô* e na sonoridade do disco *Fina estampa*. Mas agora, ao tomar forma física naquele palco enorme, acrescida da imponência da cenografia de Eichbauer, oficializava-se como um novo (e alto) momento na carreira de Caetano. "Elegância", "requinte" e "suntuosidade" eram os termos mais empregados nas resenhas de jornais. No *Globo*, Antônio Carlos Miguel destacou o papel do maestro: "O trabalho de Jaques Morelenbaum realmente merece aplausos pela elegância dos arranjos. Sem cair na grandiloquência, através do show ele dosa as entradas das cordas, dos sopros e de seus solos no cello". Depois de São Paulo, o show se mudou para o Rio de Janeiro, no Metropolitan, onde foi gravado e transformado no disco *Fina estampa ao vivo* e em um especial de TV para a HBO dirigido por Monique Gardenberg. Em seguida, pegou a estrada e ganhou o mundo ao longo de 1996.

Foi nessa turnê que começaram a brotar as primeiras inspirações que desaguariam no disco seguinte. Durante uma passagem da excursão por Turim, na Itália, Vavá Furquim, o técnico de PA do show — o responsável pelo som que chega ao público —, visitou uma feira de discos na cidade, onde encontrou uma coleção de CDs de Miles Davis, o célebre criador do *cool jazz*, da fase que ele produziu ao lado de Gil Evans. Vavá se lembrou de que Caetano costumava falar dessas obras em suas conversas sobre jazz, e resolveu comprar os CDs. A aquisição se transformou na grande atração da excursão. Nas longas viagens de ônibus e nos quartos de hotel, músicos, Caetano e equipe se reuniam para escutar tudo. Quando chegaram ao álbum *Quiet nights*, de 1963, logo reconheceram *Prenda minha*, a música tradicional do folclore gaúcho, que no disco de Davis aparecia com o título *Song Nº 2*, como se fosse uma composição própria.

Caetano já vinha pensando em criar canções mais percussivas desde que produzira, no fim de 1995, ao lado de Jaques, a trilha de *Tieta do Agreste*, de Cacá Diegues. Teve, então, a ideia: em seu próximo trabalho, gostaria de fazer uma resposta a Gil Evans, utilizando-se de sua linguagem de big band, com muitos sopros, e acrescentaria o ritmo da percussão baiana. Assim nasceu o conceito de *Livro*, disco lançado em novembro de 1997. Quase simultaneamente saiu *Verdade tropical*, misto de memórias e ensaio sobre Tropicalismo escrito por Caetano.

Em abril do ano seguinte, o cantor estreou a nova turnê. O show, que mais uma vez contaria com a tríade Caetano-Morelenbaum-Eichbauer, tinha a mesma marca do anterior: o cenário era formado por um grande móbile, que se dividia em quatro peças e se movimentava lentamente, o tempo inteiro, tomando formas distintas. Caetano permaneceu de terno e brilhantina. No palco, com seus movimentos ágeis e lânguidos, ainda parecia o próprio *caballero de fina estampa*. A banda, dirigida por Jaques, também era grande, formada por 11 músicos. Do lado esquerdo do palco, ficavam os percussionistas Orlando Costa, Márcio Victor e os gêmeos Eduardo Josino e Josino Eduardo, que brilhavam em diversos momentos ao longo do show. Do lado direito, ficava a banda "tradicional", formada, além do próprio Jaques no cello, por Luiz Brasil na guitarra, Jorge Helder no baixo, Ronaldo Silva na bateria e Rowney Scott, Roberto Silva e Joatan Nascimento nos sopros.

O repertório incluía, além de canções do disco e antigos sucessos, uma interpretação de *Prenda minha*, com arranjo que referenciava diretamente ao que Gil Evans fizera para Miles Davis. Na tradicional parte voz e violão do show, Caetano interpretava *Sozinho*, canção de Peninha que já tinha sido gravada por Tim Maia e Sandra de Sá. Não era a primeira vez que ele dava nova roupagem a uma canção de Peninha com seu violão. Em 1982, um dos sucessos do disco *Cores, nomes* foi sua versão de *Sonhos*, também de autoria do compositor. Mas nada se compara à repercussão de *Sozinho*. "Às vezes no silêncio da noite/ Eu fico imaginando nós dois...". Quando saiu o disco *Prenda minha*, registro do show *Livro vivo*, a música conquistou o país e tocou dia e noite nas rádios FM. Como consequência, um feito inédito na carreira de Caetano: um disco seu alcançava a marca de um milhão de cópias vendidas.

Aquele era um Caetano bem diferente do de anos atrás. No lugar das apresentações despojadas e sem muita produção, verdadeiros espetáculos, bem trabalhados e conceituados em todos os pormenores. No lugar de bandas de sonoridade experimental ou pop, big bands comandadas pela sofisticação de Morelenbaum. E em vez do Caetano quase hippie, de cabeleira vasta e roupas extravagantes, um senhor elegante e vestido comportadamente, embora ainda jovial nos gestos e nas ideias. Tudo isso embalado pelo sucesso radiofônico de uma canção romântica e ultrapopular.

Parecia o começo de uma nova fase, a criação de um formato diferente para a sua carreira dali para a frente. Mas não era. Em breve, ele daria uma guinada para o lado oposto. Depois de *Prenda minha*, a parceria com Jaques Morelenbaum ainda duraria alguns anos. Mas, aos poucos, Caetano começaria a perder o seu "medo da música", que o levaria a uma urgência de criar algo novo, que apontasse para uma nova direção. A primeira faísca se acenderia em seu próximo disco de estúdio, e pouco depois explodiria de vez.

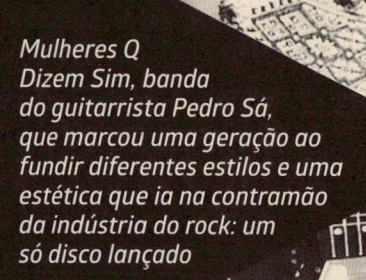

Mulheres Q Dizem Sim, banda do guitarrista Pedro Sá, que marcou uma geração ao fundir diferentes estilos e uma estética que ia na contramão da indústria do rock: um só disco lançado

capítulo 4

todo mundo que comprou o disco foi lá e formou uma banda
a cena alternativa do rock carioca nos anos 90

Tudo começou no dia 17 de setembro de 1994. Marcelo Callado tinha 15 anos e o primo mais velho usava com frequência uma camiseta com os dizeres "Mulheres Q Dizem Sim", banda de um colega da faculdade. "Eu olhava aquilo e perguntava: que porra é essa?", conta Marcelo. Não demorou para descobrir. Primeiro, assistindo a um videoclipe na MTV, depois, quando o amigo Gustavo Benjão comprou o CD nas Lojas Americanas. A sonoridade diferente, os integrantes da banda vestidos com roupas femininas... Aquilo tudo deixou Marcelo intrigado. O álbum do Mulheres Q Dizem Sim não saía do seu aparelho de som.

E foi na tarde daquele 17 de setembro que Marcelo, acompanhado de alguns amigos, saiu de casa, deu a volta no quarteirão e escutou um som que já lhe era íntimo. Entrou no Lugar Comum, bar com música ao vivo, na Rua Álvaro Ramos 408, em Botafogo, e se espantou com tamanha coincidência: era a banda Mulheres Q Dizem Sim. O baterista Domenico Lancellotti ficou cismado com o rapaz tão interessado no grupo. Os dois bateram um papo e Marcelo foi convidado a voltar mais tarde, quando rolaria o show. Algumas horas depois, lá estava ele.

— Esse cara viu a passagem de som, é nosso fã — disse Domenico ao colega de banda.

— Prazer, eu sou o Pedro Sá — apresentou-se o guitarrista a Marcelo.

O jovem fã estava acompanhado por sua turma, formada, entre outros, por Gabriel Bubu. Além do show do Mulheres, no mesmo dia haveria apresentação da banda Juliete, composta por BNegão, Jr Tostoi, Bruno Migliari e Marcelo Vig. Bubu era ex-colega de Vig no colégio Espaço Educação. Matriculado agora na escola Edem, ele formou um novo círculo de colegas, que também estavam no show. Um deles era Ricardo Dias Gomes. Antes do Mulheres Q Dizem Sim subir ao palco, Marcelo e Ricardo já tinham se tornado amigos.

Domenico dedicou a noite "pra galera que viu a passagem de som". Dentre tantos shows que o Mulheres fez em lugares como Parque Lage, Jazzmania e Espaço Cultural Sérgio Porto, talvez esse tenha sido o mais importante.

* * *

Com o fim da década em que o Rock Brasil viveu seu auge comercial, a morte de Cazuza, e bandas como Legião Urbana e Os Paralamas do Sucesso tomando rumos mais serenos, os anos 90 surgiram no horizonte como uma incógnita. Será que o rock brasileiro sobreviveria com os lampejos de genialidade de um Renato Russo ou um disco bom aqui, outro ali do Ira! ou dos Titãs? Apesar da ascensão da axé music e do sertanejo, a trilha de tempos obscuros na Casa da Dinda do então presidente Fernando Collor de Mello, o rock brazuca aproveitaria a ressaca da década anterior e sobreviveria através de uma nova geração que, além de se inspirar nos ídolos dos anos 80, incorporaria novos elementos ao gênero.

Em Minas Gerais, o Skank misturou rock, reggae e dancehall, rodou o circuito de bares e festinhas de Belo Horizonte e surgiu para o Brasil no mercado independente — lançou um CD numa época em que o vinil ainda imperava, apenas para chamar a atenção. Aliás, no início dos anos 90, o grande barato era ser independente. Selos como Chaos, Tinitus, Banguela e Plug despontavam vinculados às grandes gravadoras, numa aposta à música jovem ora nascente. Quando os mineiros, já contratados pela Sony Music, lançaram a música *Jackie Tequila* e venderam mais de 1,2 milhão de cópias de seu segundo álbum, o negócio ficou mais sério do que se imaginava.

Diretamente de Brasília, os Raimundos misturaram punk e hardcore com forró, em um som original recheado de letras geniais como "Meu ódio por automotores começou cedo/ Depois que eu tranquei os dedo/ Na porta dum opalão/ Meu pai de dentro se ria que se mijava/ Achou que o filho festejava / Era dia de Cosme e Damião". Os "caranguejos com cérebro" do Chico Science & Nação Zumbi e do Mundo Livre S/A levaram além do Brasil o manguebeat, movimento contracultural surgido no Recife e que misturava música regional com rock, hip-hop, funk e eletrônica. Já os paulistas Mamonas Assassinas enfiaram no liquidificador rock, pagode, música brega, sertanejo e vira, o gênero musical português, para se transformar em fenômeno de vendas até a magia ser estilhaçada a bordo de um avião.

"Foram várias cenas locais no Brasil nos anos 90. Tudo criativamente rico e livre. Era uma molecada que gostava de rock, mas não era presa ao gênero e, de certa forma, acabou fazendo o que queria", explica o pesquisador Pedro Montenegro, especialista na cena roqueira da época. Domenico Lancellotti vai além: "Essas bandas, algumas desde os anos 80, já possuem um filtro brasileiro, têm uma característica de mistura de coisas, mas não de uma forma cerebral". Para o músico Kassin, o rock brasileiro dos anos 80, salvo exceções, não tinha tanta ligação com a música nacional, e, na década seguinte, isso mudou: "O João Donato, por exemplo, participou de gravações do [seu grupo] Acabou La Tequila".

Apesar do sucesso, a adesão do rock a ritmos tipicamente brasileiros causou certa celeuma. A matéria "Os frutos da mixagem de chiclete com banana", assinada por Antônio Carlos Miguel e publicada no jornal O *Globo* em abril de 1994, abordava a mistura de ritmos nacionais com a música estrangeira. O compositor Aldir Blanc espinafrou a nova tendência. "Isso vem de longe. Nos anos 60, quando começamos a participar dos festivais, tinham aqueles que faziam samba ou bossa nova e os que não sabiam nada e se metiam a misturar, a inventar. A péssima onda eclética sempre existiu", afirmou. Marisa Monte rebateu o autor de O *bêbado e a equilibrista*: "Nunca achei o termo 'ecletismo' pejorativo. A MPB só teve a ganhar com isso. Trabalho com a mesma coisa que vocês, jornalistas, comunicação e informação, e não vejo por que devo ficar presa a um gênero só".

A verdade é que o rock brasileiro ganhou uma nova dimensão na década de 1990. Muitas bandas se aproveitaram de fazer parte da última leva que viveu a indústria fonográfica no modelo antigo e venderam um bocado. Além do mais, como o rock é dependente da revolução elétrica e eletrônica, a geração 90 foi a primeira a se beneficiar de instrumentos importados e de um nível de qualidade de gravação mais satisfatório, por conta do advento do Pro Tools, um software que revolucionou os estúdios. "A ideia de o estúdio ser um instrumento se misturou com a ideia de banda", afirma o músico Jonas Sá.

No Rio de Janeiro, as coisas correram de uma forma um pouco diferente. Apesar de ser o principal centro da indústria fonográfica e das emissoras de televisão — e berço de tantas bandas importantes nos anos 80, como Barão Vermelho, Blitz e Os Paralamas do Sucesso —, parecia que os grupos da década de 90 não faziam muita questão de alcançar o *mainstream*. Nomes do reggae como Cidade Negra e O Rappa estouraram, mas, se tivessem sido criados na Bahia ou em Porto Alegre, certamente fariam sucesso da mesma forma. Difícil mesmo seria grupos como Gangrena Gasosa e Piu-Piu & Sua Banda atingirem o estrelato. O primeiro, ao som de seu "saravá-metal", arremessava durante os shows galinhas podres nos fãs, que jogavam futebol com elas. Farofa, cabeças de porco, fubá e ovos também não faltavam. O segundo lançava "acarajés de merda" na plateia durante as apresentações no Garage Art Cult, a mítica casa de shows na Rua Ceará, na Praça da Bandeira. O próprio Mulheres Q Dizem Sim também tinha lá as suas esquisitices. "A rapaziada da banda resolveu inventar moda: para abrir o show de oito músicas, detonou uma sequência de gols do Flamengo extraída do disco *Mengão tricampeão*, com narração de Jorge

Curi e Waldir Amaral", relatou Luiz André Alzer em matéria para o jornal O *Globo*, em dezembro de 1993.

"A galhofa parecia ser a pretensão máxima daquela turma. Suspeito que isso tenha surgido num movimento de repúdio ao *mainstream* que se arvorava tão próximo. O que implica, necessariamente, seu pequeno alcance", escreveu o jornalista Ricardo Alexandre no livro *Cheguei bem a tempo de ver o palco desabar*. Outras bandas como Poindexter, Sex Noise, Soutien Xiita, Zumbi do Mato, Chatos e Chatolin (que vestiam roupas de Chapolin e de personagens do Chaves dois anos antes de os Mamonas Assassinas surgirem e cantavam músicas como *Morte de Chiquinha* e *Chaves é punk*), PELVs, Funk Fuckers, Suínos Tesudos e Formigas Desdentadas fizeram com que o Rio ganhasse a alcunha de "Seattle brasileira", uma alusão à cidade dos Estados Unidos berço da explosão do Nirvana e do movimento grunge. Além do Garage, todas elas se apresentavam em festivais como o SuperDemo e o Humaitá Pra Peixe, produzido por Bruno Levinson, além de espaços como Empório, Ballroom, Casa da Matriz e Casarão Amarelo. "O Rio tinha uma loucura que talvez fosse um pouco além de outros lugares, mas, em termos de diversidade, era provavelmente o lugar mais rico", explica Pedro Montenegro.

E por que um movimento tão rico não obteve sucesso nacional? O jornalista Ricardo Alexandre explica: "Era uma geração que tomou para si essa responsabilidade, que não conseguiu ser muito articulada no Rio de Janeiro, já que a proximidade com a indústria era real. Havia artistas próximos da indústria, que era uma descaracterização dessa ideia da independência. Ou você estava muito alinhado com essa coisa do estrelato ou combatendo ferozmente ele, falando sobre maconha, umbanda. Eu vejo que o Rio ficou nesse impasse". O Planet Hemp pode ser considerado um caso à parte, ao aglutinar rap ao rock para berrar a favor da legalização da maconha. Muita gente não gostou e os músicos chegaram a ser presos, acusados de apologia às drogas, mas o grupo de Marcelo D2 fez imenso sucesso Brasil afora. Se no tempo de vacas magras D2 morou no palco do Garage, muito em breve sua banda faturaria alto.

Ao que parecia, no Rio havia um desejo de busca por novos sons, de uma forma mais tropicalista e menos cerebral. "Eu vi essa geração com um desejo de ruptura com a MPB e, ao mesmo tempo, uma grande celebração da MPB. Aquela turma estava redescobrindo e ressignificando estéticas de gravação e de imagem", diz Jonas Sá. E ninguém representou melhor essa turma do que as bandas

Acabou La Tequila e Mulheres Q Dizem Sim, que arquitetaram, de certa forma, o indie rock brasileiro, segundo Ricardo Alexandre. "O som do Mulheres era um som novo, que ainda não tinha ouvido. Achei incrível, bem carioca, um samba, mas na atitude era rock. Tinha um frescor", afirma Rodrigo Amarante, integrante do Los Hermanos. No futuro, a sua banda teria muito a agradecer a elas.

* * *

Quando Domenico Lancellotti foi expulso do Colégio Andrews, ele mal imaginava o quanto a sua vida mudaria. No primeiro dia de aula na Escola Senador Corrêa, avistou um rapaz com short Adidas, sandália de dedo, uma camiseta e uma capa de chuva de plástico. Chovia muito e, por algum motivo, o sujeito parou debaixo da chuva e abriu os braços. "Eu imaginei que tivesse o som da chuva batendo na capa de plástico e ele ficou hipnotizado por aquilo e ficou curtindo. Pensei: 'Tenho que ser amigo desse cara'", conta Domenico.

A partir desse dia, ele e Pedro Sá, ambos com 13 anos, passaram a se encontrar para tirar um som. "Eu venho de uma casa em que meu pai [Ivor Lancellotti] é compositor muito ligado à MPB, ao samba do Rio. A turma dele era Mauro Duarte, Clara Nunes, João Nogueira. Então quem me apresentou ao rock foi o Pedro", lembra Domenico, que começava a se interessar pela bateria, estimulado por Ignez Perdigão, professora de música da escola. Mais tarde, Pedro o apresentou ao amigo de infância Moreno Veloso e também a Kassin, que estudava no Centro Educacional da Lagoa. Moreno, por sua vez, nas carteiras escolares do Bahiense, conheceu Maurício Pacheco e Rodrigo Cebrian, o Palito.

Pedro, Domenico, Palito e Maurício começaram a tocar de forma despretensiosa na garagem da casa do último, na Rua Barão de Jaguaripe. Moreno Veloso também participava e, anos depois, tocaria em diversos shows. Quando sacaram que aquele som era diferente, resolveram montar uma banda de verdade, só não sabiam qual seria o nome. O problema foi resolvido quando Domenico falou sobre um filme de sacanagem que um amigo encontrou na prateleira de uma locadora no Leme. O título? *Mulheres que dizem sim*. O problema do nome da banda estava resolvido e, para dar um charme, o "que" foi trocado por um "Q", que remete ao espelho de Vênus, símbolo feminino. Explicar o conceito da banda não é das tarefas mais fáceis, mas Pedro tenta: "É um embrião dos coletivos, não tem líder na banda, a gente era instrumentista mesmo, com polivalência e noção de grupo. Nos anos 80, teve um racha, ou você era rock ou MPB. E o Mulheres não tinha compromisso nem com uma coisa nem com outra. O que importava era o que a gente achasse bom". O primeiro show foi em um sarau na Senador Corrêa, em que os músicos estrearam os seus figurinos: roupas do armário de suas mães.

A lista de influências era imensa: de Arto Lindsay a Paralamas do Sucesso, passando por Jimi Hendrix, Tropicália, *Transa* (álbum que Caetano Veloso lançou em 1972), *Fa-tal* (disco de Gal Costa de 1971), Stevie Wonder, James Brown e Jorge Ben. "O Mulheres tinha o papel de olhar para o jeito que as coisas foram feitas até então e explodir essas coisas, em vez de tentar ser uma cena de rock. Liberdade, samba, rock, maracatu e reggaeton... estava tudo junto", explica Jonas Sá. A banda funk de Nova Orleans The Meters também foi fundamental para os rapazes. Dela, o grupo se inspirou no processo de composição. O quarteto norte-americano inventava suas músicas na hora e logo em seguida as gravava no estúdio. A banda carioca fazia algo semelhante. E foi dessa forma que nasceu a primeira fita-demo, com a ajuda do produtor e tecladista Fábio Fonseca.

Ao mesmo tempo em que o grupo gravava um videoclipe para a música *S.O.S.* (sob a direção de Arthur Fontes e Andrucha Waddington, e com participação da atriz Regina Casé), a demo foi parar na mesa de algum diretor da Warner. Aquelas canções indefiníveis viraram moda nos corredores da gravadora e logo um contrato foi assinado para o álbum de estreia. *O Globo* reportou o acontecimento em sua edição de 17 de fevereiro de 1994: "O Mulheres Q Dizem Sim, grupo nascido em festivais estudantis, grava seu primeiro disco, produzido por Guto Graça Mello para a Warner. Misturando rock, samba, punk e salsa, os músicos do grupo dizem que seguem um estilo 'pop contemporâneo'".

O álbum chegou às lojas na última semana de julho. O jornalista Mauro Ferreira avaliou o trabalho em resenha publicada no mesmo jornal. "Na contramão dos grupos de mauricinhos que assolam o pop nacional, o quarteto carioca faz questão de desprezar a música 'certinha' e convencional que domina as paradas. Mas o fato é que a 'feiúra' de uma música não garante a sua boa qualidade. No seu disco de estreia, o Mulheres oferece um punhado de ideias interessantes na forma de composições nem sempre à altura das ideias".

A produção do disco, de fato, não era das melhores e não retratava nem de longe a catarse dos shows da banda, que queria Arto Lindsay na produção, mas acabou tendo Graça Mello empurrado goela abaixo pela gravadora. "O Guto foi respeitoso. Acho que ele teve bastante sensibilidade para várias coisas", afirma Pedro. Curioso notar que o veterano produtor fora o responsável pelo disco de estreia do Barão Vermelho em 1982. E pode-se dizer que o álbum da banda de Cazuza está para os anos 80 assim como o dos Mulheres está para os anos 90. São trabalhos despojados, verdadeiros, polaroides dos seus respectivos tempos.

"O disco tem muito pouco do Mulheres. A gente era imaturo, ainda mais em estúdio. Não sabíamos como alcançar aquela sonoridade que tínhamos em mente", reconhece Domenico. Pedro também admite que o álbum não foi gravado para alcançar o grande mercado: "Palito e Maurício queriam algo mais pop. E dava para ser. Acabou sendo mais cult do que pop". O álbum, de fato, não aconteceu. Os tempos eram outros e o mercado fonográfico, implacável. Na década de 90, os executivos da música não estavam preocupados em investir na carreira de bandas novatas. Se nos anos 80 a gravadora tentava fazer com que um artista acontecesse em até três discos, na década seguinte era na base do "ou vai ou racha", mais loteria do que mercado. "Se fosse uma banda boa, você podia ter uma tentativa. E eu acho que o Mulheres não tinha um *single* perfeito para o mercado", explica o músico Melvin, que tocou (e ainda toca) em dezenas de bandas independentes do Rio de Janeiro. Jonas Sá acrescenta: "Era uma banda fora dos moldes clássicos, sem um cantor principal. E as gravadoras não tinham bons olhos para essa ideia. Havia ainda uma busca por um sucesso rápido".

Apesar do clipe de *Eu sou melhor q você* ter rodado na MTV, o CD não vendeu. As paradas não estavam preparadas para tanto. "Eu não queria saber muito de *mainstream*. Eu queria tocar, era uma coisa ingênua", assume Domenico. De toda forma, o Mulheres Q Dizem Sim ganhou fãs leais. No dia 21 de outubro, no show no Parque Lage, teve gente pulando os muros para entrar. No bis, meninas tiraram a roupa e se jogaram na piscina. Mas a Warner não estava nem aí. Insatisfeita com a vendagem do álbum, dispensou o grupo no ano seguinte.

No entanto, a importância da banda é imensa. O Mulheres Q Dizem Sim, assim como o Acabou La Tequila, apresentou um novo caminho e desbravou praticamente um idioma, dando permissões aos artistas que viriam adiante. "Nos anos 90, tudo era mistura, rock com rap, hardcore com forró, e essas bandas foram além na mistura. Não era uma coisa com outra, elas eram 15 coisas ao mesmo tempo. Os integrantes se alternavam nos vocais, pulavam de um instrumento para o outro, e isso era muito revigorante", diz Melvin, antes da conclusão inevitável: "É tipo o Velvet Underground. Não vendeu muito, mas todo mundo que escutou aquele disco precisou fazer uma banda depois. E talvez seja por isso que ela existiu. Eles cumpriram a sua função e cederam os seus músicos ao mundo".

A liberdade que essas bandas tiveram para arriscar foi seu maior legado. "O Rodrigo Amarante [do Los Hermanos] me falou, no auge de *Anna Júlia*, que o disco mudou a vida dele. Muita gente até hoje me fala isso", diz Pedro Sá. Marcelo Callado também é grato. "O Mulheres foi seguramente um dos responsáveis por estar aqui hoje tocando. Além de ser uma banda que estava muito ao meu alcance (...), a musicalidade me pegou de jeito. O que eles faziam traduzia o que eu pensava em fazer em 1994. Ouvindo Mulheres Q Dizem Sim, começou minha vontade de ter banda", disse o baterista em entrevista postada no blog Obra em Progresso, que Caetano Veloso manteve entre 2008 e 2009.

E, de fato, o som não parou. O Gold Nyte Warszawa foi formado com a junção de integrantes do Mulheres e do Acabou La Tequila. "O Mulheres tinha uma linguagem, gravou um disco, e a gente não sabia onde colocar as outras ideias. Aí, montamos o Gold Nyte, muito também por conta do encontro com o Kassin", explica Domenico. Os shows tinham participações que iam de Moreno Veloso a Arto Lindsay. Eles beiravam a anarquia. "O vocalista Maurício Pacheco entrou de chuteiras, gorro de lã, casaco de nylon e óculos de lentes vermelhas, cantando em tcheco, ou alguma língua irmã", reportou André Luiz Barros, no *Jornal do Brasil*, em maio de 1995. Na apresentação, no evento Humaitá Pra Peixe, no Espaço Cultural Sérgio Porto, o coletivo tocou composições do Mulheres e do Tequila, além de *covers* de canções do The Clash e The Police, para uma plateia formada por, entre outros, Caetano Veloso e Edu Lobo. O show terminou com uma versão de *Legalize já*, do Planet Hemp, com Marcelo D2 e Chico Science. "Eles fizeram um show anárquico, bonito. Não é como na minha época. Eles têm um jeito deles, são diferentes", aprovou Caetano.

Tudo era teatral e regado à fanfarronice. Releases enviados à imprensa informavam tratar-se de uma banda de "dinossauros do rock polonês". Cada integrante ganhou um pseudônimo. Maurício Pacheco se transformou em Rick Friedman, Pedro Sá era Mike Balloni, o baterista Léo Massacre virou Priscilla Vanilla, ao mesmo tempo que Moreno se transmutou em Nino De La Patta, Kassin em Pit Petrs, Domenico em Renzo Micheline, e Palito em Yurio. "A importância desse projeto é que não tinha compromisso, era uma zoação, o Maurício inventava um polonês quase *Zorra total*, e a gente só tocava em buraco", lembra Pedro.

Além do Gold Nyte, houve mais um coletivo, o +2, formado por Moreno Veloso, Domenico Lancellotti e Kassin. O projeto começou de forma inusitada: Moreno foi convidado para se apresentar no MAM de São Paulo. Como o palco era pequeno, só pôde chamar mais dois músicos, Kassin e Domenico, sendo que esse último nem ia tocar qualquer nota: ele pintaria um quadro na apresentação. "Na época eu era mais artista plástico do que músico", recorda. Domenico acabou tocando MPC (um pequeno aparelho eletrônico que simula uma bateria). O músico estava encantado com a novidade porque, nos ensaios de madrugada em um apartamento em Copacabana, ele não podia tocar bateria por causa do volume. "As limitações fizeram tudo aquilo aparecer, a sonoridade ficou incrível e, a partir desse show, a gente decidiu gravar o disco", afirma Domenico.

Para Kassin, o +2 era uma continuação do Gold Nyte: "A gente teve a ideia de montar um trio que mudasse de cantor, e que cada um tivesse que cantar a cada disco, de forma que a gente se adaptasse a cada episódio do trio". Pedro Sá explica o conceito: "O Moreno pegou essa coisa do grupo, essa colaboração que a gente tinha entre a gente, e montou uma fórmula para poder apresentar aquilo. Ele percebeu que não precisava de líder, cada um tinha o seu protagonismo. É entre o conceito de uma banda de rock e de uma banda de jazz, que é sempre algo mais mutante. Foi um momento de maturidade. Entramos na fase adulta". A banda lançou três álbuns e rodou o mundo. O primeiro, *Máquina de escrever música* (2000), conta com uma versão acústica de *Eu sou melhor q você*, do álbum *Mulheres Q Dizem Sim*. *Das partes*, do mesmo disco, também é do repertório do Mulheres, assim como *Te convidei*, presente em *Sincerely hot* (2003), o segundo álbum. Pedro Sá participava dos shows do grupo. Até ser convocado por Caetano Veloso para tocar na turnê *Noites do Norte*.

* * *

Voltando ao dia 17 de setembro de 1994, quando o Mulheres Q Dizem Sim se apresentou no Lugar Comum, Jonas Sá buscava um baterista para sua banda, a Jonas Sá & O Forte da Classe, que contava ainda com Ricardo Dias Gomes, Gabriel Bubu e Bruno Levy. Marcelo Callado acabou convidado para fazer parte. "A gente teve uma ligação imediata, ele virou nosso irmão", conta Jonas. Ricardo recorda esse período com carinho. "A banda ensaiava muito, era uma energia juvenil de botar pra fora, e a cacofonia criava uma certa harmonia. Quando isso acontecia, era um momento de epifania musical. Todo mundo que tocou com Jonas teve uma escola, um período forte de formação".

E a partir dali tudo se sincronizou. Apesar de ser quase sete anos mais jovem que o irmão Pedro, Jonas foi o agregador de uma turma que faria história. "Quando eu era criança, a gente colocava músicas para servir de trilha para filmes. E meu irmão me mostrava muita coisa nessa brincadeira. A música de Jimi Hendrix virava trilha de uma cena numa corrida no deserto. Eu escutei muitos discos com o Pedro tirando guitarra do Lanny Gordin ou do Jimi Hendrix. Ele me botou pra escutar essas músicas todas", recorda Jonas.

Na casa da família Sá, na Praça Baden Powell, no Leblon, todos eram bem-vindos, especialmente aos domingos, dia de uma tradicional pizza. "Era um lugar de encontro potente", nas palavras de Domenico Lancellotti. "Estava todo mundo lá... O Moreno, o Kassin, o Pedro, muitos violões espalhados...", lembra Ricardo. Com o tempo, as gerações se fundiram. Marcelo fez participações em shows do Mulheres, e Pedro produziu um disco do grupo do baterista, o Carne de Segunda, nunca lançado. "O Pedro era um ídolo. Já tinha visto ele tocando com o Caetano, com o Lenine... E o Domenico era a minha referência de baterista. A gente foi tendo uma troca", conta Marcelo.

Ricardo também ensaiou com Marcelo no Carne de Segunda, mas acabou saindo. No início dos anos 2000, os dois tocaram na peça *Eu e meu guarda-chuva*, do titã Branco Mello. Mais tarde, em 2006, formariam a banda Do Amor. Marcelo também tocava no Canastra. Nos shows, ele era apresentado como o "nosso Araçá Azul". Moreno Veloso era dos maiores entusiastas dessa mistura com garotos mais jovens. "Somos todos da mesma geração, mas, para nós, são os garotos mais novos do que a gente, amigos do irmão menor do nosso amigo. O Jonas era uma criança, assim como o Marcelo e o Ricardo. E a gente adorava o Carne de Segunda, uma experimentação sonora e de ideias muito excitante. Adorávamos aqueles garotos e já pensávamos em um dia trabalhar com eles".

Não demoraria muito tempo.

O disco "Noites do Norte", a parceria com Jorge Mautner que resultou no álbum "Eu não peço desculpa" e uma audição do CD "At the BBC", da banda Pixies: tudo conspirou para a trilogia "Cê"

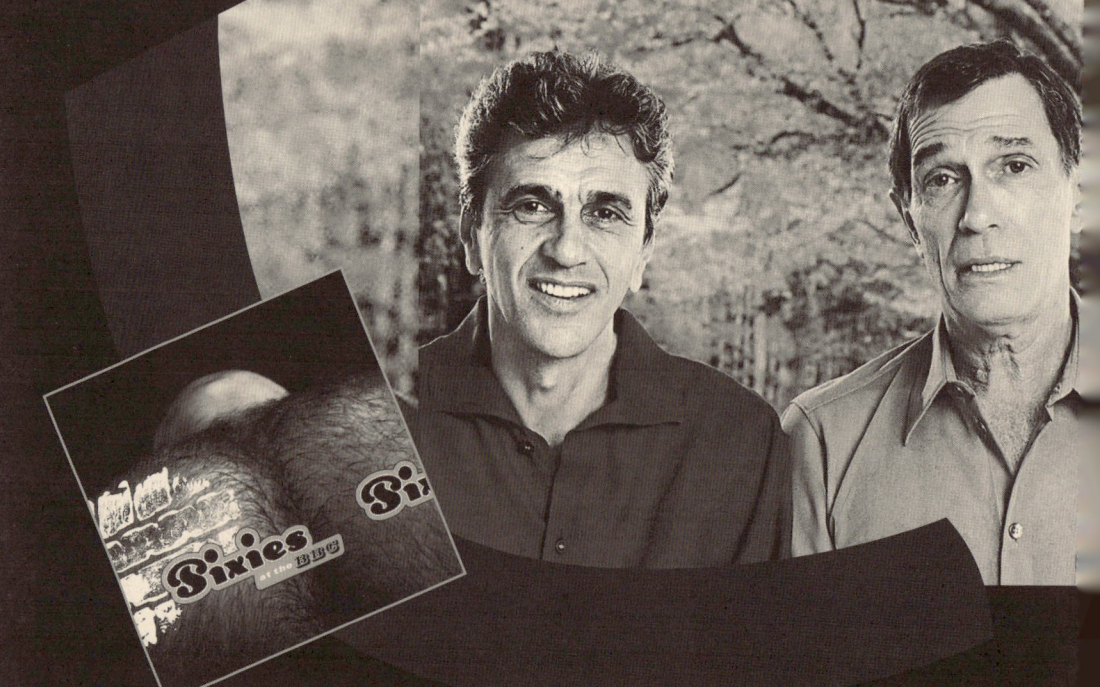

capítulo 5

**uma vontade
féla-da-puta
de ser americano**
o embrião da bandaCê

Às vésperas da virada do novo milênio, enquanto ainda navegava no sucesso de sua gravação de *Sozinho*, Caetano Veloso começava a imaginar seu próximo disco. Pensava em algo nos moldes do experimentalismo de *Araçá azul*, mas com sonoridade atualizada. Antes de desenvolver a ideia, no entanto, foi impactado pelo livro *Minha formação*, de Joaquim Nabuco. "A escravidão permanecerá por muito tempo como a característica nacional do Brasil". A frase o fez musicar aquele trecho de prosa, que se transformou na música *Noites do Norte*. Depois ele lembrou de *Zumbi*, canção de Jorge Ben, um retrato poético-descritivo do Brasil colonial: "Dum lado a cana de açúcar/ Do outro lado o cafezal/ Ao centro senhores sentados/ Vendo a colheita do algodão branco/ Sendo colhidos por mãos negras". A partir daí, começou a criar uma série de canções, quase todas orbitando em torno desse tema. Nascia assim o álbum que se chamaria *Noites do Norte*.

O disco, mais uma vez, foi produzido ao lado de Jaques Morelenbaum. A percussão que apareceu em *Livro* ganharia ainda mais destaque e importância. Márcio Victor e os gêmeos Eduardo Josino e Josino Eduardo foram convocados para dar vida à sonoridade que as músicas pediam. Agora, após as experiências anteriores, o entendimento entre os músicos estava ainda mais afiado. "Quando trabalho com Caetano, todo o ritmo vem do corpo dele. Na expressão dele tocando o violão, a forma como ele canta... E é preciso estar atento para entender esses sinais, porque não é tarefa fácil. Mas desde o disco *Livro*, eu, Caetano e Jaquinho criamos entre nós um entrosamento perfeito; quando junta a percussão com as cordas fica um resultado maravilhoso", explica Márcio Victor. Mas as gravações se arrastavam e Jaques precisou viajar para uma turnê com Ryuichi Sakamoto. Faltavam duas faixas a serem finalizadas. Para *13 de Maio*, Caetano contaria com a ajuda de Moreno, que fez o arranjo de base e tocou quase todos os instrumentos. A outra era *Rock'n'Raul*, ao lado de Pedro Sá.

Não era a primeira vez que os dois tocaram juntos: em 1993, enquanto gravava com Gilberto Gil o disco *Tropicália 2*, convidou o guitarrista, então com 19 anos, para a faixa *As coisas*. Deu tão certo que ele foi chamado para os shows de lançamento do projeto. Mais tarde, quando Caetano gravava o disco *Livro*, o convocou novamente. Ele tinha visto Pedro tocar na banda de Lenine e ficara impressionado com seu estilo percussivo na guitarra. Era exatamente isso que queria para a faixa *Livros*, um maracatu estilizado.

Em 2000, Pedro foi convocado mais uma vez, agora para dar forma a *Ro-*

ck'n'Raul. A música partia de um desejo de Caetano de experimentar de forma mais explícita a sonoridade do rock, algo sobre o qual ele já vinha há um tempo conversando com o guitarrista. Por isso, decidiu entrar no novo terreno, de cara, fazendo referência a um dos maiores nomes do gênero no Brasil: Raul Seixas. Na letra, ele alude a algumas questões históricas que percorrem a temática de *Noites do Norte* ("a verdadeira Bahia é o Rio Grande Sul") e causou polêmica com os versos iniciais "Quando eu passei por aqui/ A minha luta foi exibir/ Uma vontade féla-da-puta/ De ser americano" — muita gente não entendeu a mensagem e confundiu sua homenagem com crítica ou provocação.

Para além da letra inquietante, a faixa é totalmente dominada pela guitarra de Pedro Sá e a bateria de Domenico Lancellotti, parceiro do Mulheres Q Dizem Sim, convidado pelo amigo a participar da gravação. Parecia uma prévia do que ele viria a desenvolver pouco tempo depois com a bandaCê. O próprio Caetano confirmou essa ideia em depoimento a Marcelo Fróes: "Sabe o que é o *Rock'n'Raul*? É o embrião da bandaCê, é fruto de conversas que eu vinha tendo com Pedro Sá. Eu falava com ele sobre fazer algo com rock e esse foi o primeiro que eu fiz para tocar no tema diretamente", explicou. Moreno Veloso, que participou desses dois momentos, confirma: "Se não tivesse o *Noites do Norte*, não haveria a trilogia *Cê*, pelo menos não da forma como aconteceu".

Na gravação de *Rock'n'Raul*, Pedro pediu que Moreno estivesse presente. E ali aconteceu uma cena que se repetiria inúmeras vezes: Caetano, Moreno e Pedro juntos, trocando ideia e discutindo a concepção de um arranjo ou os rumos de um disco. Naquele dia, o tema era a mixagem de *Noites do Norte*. Caetano já havia comentado com Moreno que queria alterar algumas coisas, mas não sabia como fazer na ausência de Jaques Morelenbaum, e o filho se prontificou a ajudá-lo. Ali, enquanto *Rock'n'Raul* nascia, eles voltaram a falar do assunto e ficou decidido que Moreno e Pedro comandariam a nova concepção, executada por Marcelo Sabóia. O resultado é que o disco já se diferencia, em sua ambientação geral, dos trabalhos anteriores de Caetano com Jaques. "*Noites do Norte* não seria o disco que é se não fosse por Pedro e Moreno: eles me esclareceram, me encorajaram, me aconselharam e, com a competentíssima paciência de Marcelo Sabóia, desenharam a sonoridade do disco", afirmou Caetano ao *Jornal do Brasil*.

Hoje, *Noites do Norte* pode ser entendido como um disco de transição. Se faixas como *Michelangelo Antonioni* e *Sou seu sabiá* se enquadram perfeitamente na ambientação sonora explorada com Morelenbaum em *Fina estampa* e *Livro*, outras, além de *Rock'n'Raul*, parecem adiantar elementos que seriam desenvolvidos na fase *Cê*, como *Ia* (também com guitarra de Pedro Sá), *Zera a reza* e *Cantiga de boi*, que lembram os transambas de *Zii e zie*, por exemplo.

Aqui se iniciava uma fase da carreira de Caetano marcada pela aproximação do cantor com uma nova geração de músicos, formada em sua maioria por colegas e amigos de seu filho Moreno. O jornalista Tárik de Souza percebeu isso na época, como consta em sua crítica publicada no *Jornal do Brasil*: "Quem ouviu *Máquina de fazer música*, o disco de estreia de Moreno Veloso, detectou nas faixas o DNA paterno. Mas a recíproca é verdadeira neste *Noites do Norte*, o novo disco de Caetano Veloso. Se no anterior, *Livro*, Moreno contribuía com a sintética *How beautiful could a being be*, neste CD ele coassina as concepções de mixagem e masterização, a produção (arranjo e maioria dos instrumentos) da faixa *13 de Maio*, toca cello em *Tempestades solares*, empresta Domenico Lancellotti, o baterista de sua banda +2, além de aproximar o pai de Pedro Sá (do grupo Mulheres Q Dizem Sim), responsável pelas guitarras distorcidas e o baixo ponteado em várias faixas. Ao contrário de *Livro*, no qual boa parte dos temas era tratada num formato que conjugava a percussão do afoxé baiano com um desenho orquestral linha Gil Evans (por Jaques Morelenbaum), *Noites do Norte* (...) soa mais fragmentário. E avança na direção do experimentalismo".

O novo disco, claro, viraria um show e Pedro Sá por pouco não entrou na banda. A dica foi dada por Moreno. Ele faria uma turnê internacional e convidou o amigo, mas, por compromissos pessoais, Pedro teria que ficar no Brasil. Moreno disse isso a Caetano e incentivou o pai a convidar o guitarrista para a nova turnê. Mas Pedro ensaiava uma volta com o grupo Mulheres Q Dizem Sim e recusou a proposta. Caetano, então, lembrou-se de Davi Moraes, filho de Moraes Moreira, que também participara do disco *Livro* tocando guitarra na faixa *How beautiful could a being be*, e cujo trabalho na recente turnê de Marisa Monte, *Memórias, crônicas e declarações de amor*, havia gostado muito. Davi topou na hora.

Os ensaios começaram com Davi na guitarra, Jaques no cello, Márcio Victor, Eduardo Josino, Josino Eduardo e André Júnior na percussão e Cesinha, que agora retornava como baterista. Mas o novo projeto do Mulheres Q Dizem Sim não foi adiante, e Pedro Sá ficou sem ter aonde ir. Comunicou a Caetano que estava disponível e perguntou se ainda havia um espaço para ele na banda.

Depois de pensar e conversar com Jaques, decidiu-se que Pedro entraria na banda, que passaria a contar com duas guitarras.

A presença de Pedro e Davi nos ensaios do novo show alegrou e estimulou Caetano. Tanto que no dia 15 de junho de 2001, o *Jornal do Brasil* publicou um artigo seu, intitulado "O mundo não é chato", em que ele fala exatamente da alegria de tocar com esses dois músicos, que conhecia desde criança: "São filhos. São meus. Ainda que nenhum dos dois chegasse a tocar comigo, seriam, nessa mesma medida, meus. Davi em cima do caminhão do trio elétrico ou no cenário suntuoso do show de Marisa Monte; Pedro num grupo de rock experimental ou alinhavando o rico tecido sonoro de Lenine: de longe ou de perto, meus. (...) Tê-los ao meu lado, tocando meu repertório, opinando sobre meus arranjos; vê-los todos os dias nos ensaios, nos palcos de show — tudo isso representa para mim uma emoção continuada e renovada. É que os vi nascer. É que ainda os vejo nascer. (...) Mais do que uma vitória, é uma glória pessoal contar com filhos dessa magnitude. O mundo não é chato".

E assim, cercada por essa boa energia, a turnê *Noites do Norte* estreou naquele mês, depois de ensaios abertos no Canecão. O show foi considerado pela imprensa e pelo público um dos mais fortes da carreira de Caetano. Como o disco, o show também era calcado em um som mais eletrificado se comparado às turnês anteriores de *Livro* e *Fina estampa*. Até Jaques Morelenbaum se apresentava tocando baixo e violoncelo elétricos. "Ficou uma banda mais rock and roll e há momentos em que as duas guitarras tocam juntas", disse Caetano ao *Estado de S. Paulo*. "O formato eletrificado é convencional, mas a sonoridade é muito peculiar", completou ele.

O repertório, extenso, tinha mais de 30 músicas. No roteiro, o artista traçava um paralelo entre o novo disco e *Bicho*, lançado em 1977 sob impacto de uma viagem à Nigéria. Por isso, ele abria com *Two naira fifty kobo* e encerrava, antes do bis, com *Gente*, ambas do álbum de 1977. Todo o primeiro bloco era formado estritamente por canções que remetiam à temática central do novo trabalho. Depois da abertura, seguia-se *Sugar cane fields forever* (de *Araçá azul*), *Noites do Norte*, *13 de Maio*, *Zumbi* e *Haiti*, rap feito em parceria com Gilberto Gil para *Tropicália 2*.

Havia também espaço para antigos sucessos, como *Trem das cores*, *Cajuína*, *Língua*, *Tropicália*, *Nosso estranho amor* e *Meia-lua inteira*. E, assim como nos shows de *Transa*, tudo terminava com *Eu e a brisa*, de Johnny Alf. O momento mais polêmico acontecia em *Dom de iludir*, canção de sua autoria gravada com enorme sucesso por Gal Costa em 1982, no disco *Minha voz*. No show, depois dos versos finais, "como pode querer que a mulher vá viver sem mentir?", ele emendava com versos do funk *Tapinha*, que na época fazia sucesso nas vozes de MC Naldinho e MC Beth: "Dói/ Um tapinha não dói/ Só um tapinha!". Coerente no contexto temático de *Noites do Norte*, era uma alusão de Caetano à importância histórica do funk carioca, que naquele momento começava a se popularizar nacionalmente, para fora dos nichos. Mas teve gente que não percebeu isso e vaiou, em especial nos ensaios abertos no Canecão, quando Caetano respondeu cantando os versos de *Noites do Norte*: "A escravidão permanecerá por muito tempo como a característica nacional do Brasil".

No show, ainda mais do que no disco, o destaque eram os percussionistas: eles brincavam com seus instrumentos, faziam coreografias e arrancavam aplausos da plateia em solos, como nos minutos finais de *Tigresa*. Em O *último romântico*, sucesso de Lulu Santos, Caetano cantava ao lado de Jaques Morelenbaum e seu violoncelo elétrico. Em *Magrelinha*, de Luiz Melodia, ficava no violão e acompanhado apenas das guitarras de Pedro Sá e Davi Moraes, cada um posicionado em um lado do palco. Parecia a materialização do que ele escrevera para o *Jornal do Brasil*. Naquele instante, definitivamente, o mundo não era chato.

* * *

Em 10 de setembro de 2001, Caetano estava em Nova York. Nesse mesmo dia, voou para Los Angeles, onde ensaiou com a banda da turnê *Noites do Norte* a apresentação da música *13 de Maio*, na cerimônia de entrega do Grammy Latino, marcada para o dia seguinte. Só que dois aviões colidiram contra as Torres Gêmeas do World Trade Center em Nova York.

O acontecimento chocou o mundo. Nessa época, Caetano estava ainda mais próximo de Jorge Mautner, de quem era amigo desde os anos 1970. O 11 de Setembro se tornou assunto frequente em suas conversas, marcadas pela irreverência de pensamento e humor cáustico de Mautner. A partir daí, os dois começaram a compor juntos, numa tentativa de esvair a angústia que sentiam. A ideia era usar essas novas canções mais tarde para um disco em dupla.

No carnaval de 2002, em Salvador, Caetano assistiu ao amigo cantar o *Hino do carnaval brasileiro*, de Lamartine Babo, em cima de um trio elétrico:

"Salve a morena/ A cor morena do Brasil fagueiro/ Salve o pandeiro/ Que desce o morro pra fazer a marcação...". Naquela hora, sentiu uma urgência de produzir logo o disco com Mautner, pois achou que não poderia ficar para depois. Assim, em abril daquele ano, os dois entraram em estúdio para gravar o álbum *Eu não peço desculpa*. Pedro Sá, Davi Moraes e Domenico Lancellotti, os jovens músicos que participaram de *Noites do Norte*, retornaram para a nova missão. A produção ficou a cargo de Kassin, então jovem, mas já experiente produtor que, assim como Domenico, tocava com Moreno Veloso em seu projeto +2.

Em entrevista ao jornal *O Globo*, Caetano justificou a presença de tantos músicos jovens no projeto: "É claro que poderíamos ter contratado outros ótimos músicos, mais experientes, que tocam seus instrumentos divinamente. Mas esses meninos, além de dominarem as técnicas modernas de gravação como ninguém, encaram tudo naturalmente, sem preconceitos. A música de abertura, por exemplo, *Todo errado*, é uma mistura de rock-balada com música brega, country americano e outras coisas, cheia de autoironia. Eles entenderam perfeitamente até onde deveria ir", disse.

Eu não peço desculpa foi gravado em poucas semanas. O trabalho começava às oito da noite e ia até as seis da manhã, mas a maior parte do tempo era consumida por longas conversas de cunho filosófico, quase sempre conduzidas por Mautner e Caetano. "Até hoje eu tenho mais lembranças dessas conversas do que da gravação propriamente. Aquilo foi muito marcante", conta Kassin. Tudo isso sob a inspiração da musa Luana Piovani, cujo rosto e corpo decoravam o estúdio do Monoaural, onde o disco foi gravado, na forma de um pôster colado na parede. Certa noite, a própria atriz em carne e osso apareceu para uma visita e se divertiu ao notar sua foto pendurada ali. Talvez por isso, tantas faixas do álbum tenham saído com uma grande carga erótica nas letras, como *Manjar de reis*, *Tarado* e *Voa, voa perereca* (de Sergio Amado). Mas, na realidade, o teor sexual do repertório era apenas o outro lado da moeda da pulsão de morte que preenchia parte das outras músicas, a maioria inspirada pelos acontecimentos de 11 de Setembro, como *Coisa assassina*, *Homem bomba* e *Morre-se assim*.

O disco foi lançado no fim de agosto daquele ano, mas, como Caetano ainda estava na estrada com *Noites do Norte*, não houve turnê, apenas alguns shows com a banda formada por Nelson Jacobina, Pepe Cisneros, Domenico Lancellotti, Kassin, Pedro Sá e André Júnior. Para muitos na época, *Eu não peço desculpa* representava um projeto pontual, um trabalho fora da discografia oficial de Caetano. Mas parece ter representado mais. Anos depois, em 2008, o cantor afirmou em uma entrevista ao *Globo* que esse disco simbolizou para ele a "liberação" de suas formas musicais. Mautner o teria ajudado a se virar naquele momento para um tipo de criação mais anárquica, pop e desregrada de formas.

Desde *Noites do Norte*, as cartas já estavam na mesa. O contato com músicos mais jovens, a propensão ao experimentalismo e o flerte cada vez mais explícito com o pop rock alternativo daquele momento pareciam um caminho sem volta. A faísca que o levou a compor *Rock'n'Raul* estava prestes a se transformar em incêndio, e nenhum disco com regravações do cancioneiro norte-americano iria esfriar o processo.

* * *

Se *Noites do Norte* representou (mais uma) guinada estética e sonora na carreira de Caetano, quatro anos depois ele decidiu retomar a ideia inicial do produtor Bob Hurwitz, da gravadora Nonesuch, que desembocara no *Fina estampa*. Era a hora de gravar seu disco com o cancioneiro norte-americano. Nascia assim *A foreign sound*, CD com repertório que ia de Cole Porter a Bob Dylan, de Irving Berlin a Kurt Cobain. Uma seleção "alienígena", nas palavras do baiano.

Na época do lançamento, a maior parte da imprensa preferiu tachar o trabalho de "um disco de *standards*". Parecia ser a forma mais fácil de classificá-lo. O jornalista Artur Xexéo, em sua coluna do jornal *O Globo*, em abril de 2004, no entanto, explicou que há mais coisas entre o céu e a terra do que sonha nossa vã filosofia. "Pode-se dizer que é um disco de *standards*. Se bem que incluir o repertório de Bob Dylan ou do Nirvana ou de Morris Albert entre os clássicos de Irving Berlin, Cole Porter e Jerome Kern é expandir demais o conceito de *standard*. Mas um *standard* de Caetano Veloso teria que ser diferente mesmo. Acaba que a melhor das 23 faixas (!) do disco é o *standard* que não é *standard*: *Come as you are*, de Kurt Cobain". Voltaremos à música do Nirvana mais adiante. Em primeiro lugar, é importante explicar a gênese de *A foreign sound*.

Caetano já pensava em gravar um álbum com repertório anglo-americano desde o exílio em Londres, entre 1969 e 1972. O tempo passou e, já nos anos 90, Bob Hurwitz disse que ele seria o único artista no mundo capaz de gravar Cole Porter e Bob Dylan em um mesmo disco. "Sempre tive grande intimidade com o repertório norte-americano. Sou fã não só do auge dos anos 20, 30, 40 e 50, mas também do pós-rock'n'roll, cujo maior representante é Bob Dylan", disse Caetano ao *Correio Braziliense* em abril de 2004. Quando ele topou a empreitada, Hurwitz sugeriu que o CD fosse gravado com produção de Tommy LiPuma, que já havia trabalhado com Miles Davis, João Gilberto, entre outros. Caetano não topou. Ele queria fazer tudo no Brasil.

Na coletiva de lançamento de *A foreign sound*, explicou: "É o oposto. Aquele [*Estrangeiro*] era um disco de canções brasileiras com músicos estrangeiros, gravado nos Estados Unidos. Aqui eu disse: 'Se vou fazer música americana, vai ter que ser só com músicos brasileiros, gravado no Brasil'". Na mesma entrevista, ele comentou a seleção do repertório: "Não creio que seja um disco conservador. Esse disco é monstro. No mercado estrangeiro não se concebe um disco que tenha ao mesmo tempo Irving Berlin e Nirvana. É meio pretensioso, experimental demais para eles".

A gravação do CD não foi das mais felizes. Caetano estava se separando de Paula Lavigne, o que acarretou em nove longos meses de gravação. "A gente veio de um período terrível na vida do Caetano, quando metade da depressão que eu sentia era reflexo da dele", afirma o maestro e produtor do disco Jaques Morelenbaum. "Ele estava insatisfeito o tempo todo, não cantava direito, gravava e depois voltava, e queria gravar de novo porque não tinha gostado, não sabia que músicas ia gravar, era um Caetano irreconhecível", revela. No total, quase 30 faixas foram registradas, mas tinha dias que Caetano não conseguia gravar nada. À época, Jaques estava maravilhado com o programa Pro Tools, com o qual podia consertar falhas que acontecessem no estúdio. "Eu comecei a afinar a voz dele, e isso o deprimia mais ainda, porque é chato um cara ficar falando que está desafinado. Estava e me incomodava mesmo", confessa o produtor, antes de fazer uma revelação: "Nunca senti insegurança do Caetano no estúdio, só nesse disco".

Quando o álbum chegou às lojas, em abril de 2004, Caetano não se mostrou entusiasmado. Ele escreveu no release: "Fazendo *A foreign sound* sofri muitas vezes por não estar fazendo outras coisas que estava inspirado a fazer. Também virou um pouco lugar-comum para músicos da minha geração revisitar a grande canção norte-americana. Há uma espécie de desafio na feitura deste CD. Gravei-o agora porque posso fazer qualquer coisa. [...] Não supunha que pudesse fazer nada de relevante. Pode ser que minhas gravações suscitem algum interesse enviesado. Não espero mais que isso".

Caetano deu o seu toque pessoal a cada faixa. *The man I love* foi temperada com um arranjo puxado para a marcha-rancho, ao mesmo tempo que *Cry me a river* ganhou um acompanhamento com direito a surdo e tamborim, "porque é igual um samba de Monsueto, em ideia, estilo e música", conforme Caetano explicou na coletiva. O mambo *Carioca* (*The carioca*) foi atualizado com percussão baiana para se transformar num samba-reggae, enquanto *Star dust* ganhou toques de choro, e *Diana*, de bossa nova. Mas a música que mais deu o que falar foi *Feelings*, lançada pelo brasileiro Morris Albert em 1974. Segundo Caetano, trata-se de "uma falsa canção americana feita por um brasileiro, que se tornou um *standard* moderno da música americana". Tanto se tornou que até mesmo a banda californiana de pop-punk The Offspring ousou gravá-la. Apesar de *A foreign sound* contar com um repertório mais tradicional, havia nele algo da música pop. A semente de *Rock'n'Raul* ainda dava frutos. Canções de Elvis Presley, Bob Dylan, Stevie Wonder, entre outros, estavam presentes. E tinha também *Come as you are*, um dos hinos do movimento grunge de Seattle na década de 90.

Quando a banda liderada por Kurt Cobain veio ao Brasil em 1993, Caetano chamou o Nirvana de "lixo". "Declarei que Ivan Lins é música e o Nirvana é lixo. A declaração tem sentido muito preciso. Evidentemente foi uma declaração provocativa e que nasceu de uma constatação óbvia: os críticos de música popular que se voltam preferencialmente para o rock and roll e seus desdobramentos criam uma espécie de novo esnobismo, em que o rock aparece como a expressão mais autêntica, inteligente, respeitável. Tudo mais é considerado cafona. Naquele momento, sacanearam o Ivan Lins que havia participado do Free Jazz. Vários artigos em jornais tentavam ridicularizá-lo. Era o período em que as bandas de Seattle eram a grande novidade. Rock and roll é historicamente lixo. (...) Fã de rock, de nariz empinado, fingindo que é chique, é muito engraçado", fulminou Caetano na coletiva.

No encarte do CD, ele repetiu a frase: "Ivan Lins é música; Nirvana é lixo". Na entrevista de lançamento, justificou a inclusão de *Come as you are* pelo fato de *Nevermind* (1991) ser um dos discos mais lindos que já foram feitos. Um dos hinos do grunge ganhou uma levada de samba, ou melhor, de transamba, com direito a guitarra, violoncelo, surdo e tamborim. A riqueza de *A foreign sound* reside neste ponto. O que pode parecer antagônico é unido e, em sua grande parte, soa brasileiro. Sob um olhar retrospectivo, não soa nem um pouco esquisito o fato de a gravação ter sido coproduzida e arranjada por Pedro Sá e Moreno Veloso.

Parte da imprensa brasileira considerou o álbum longo e o repertório irregular. Caetano não discordou. À *Folha de S.Paulo*, registrou: "O disco já tem esse problema. É comprido, insuportavelmente longo, chato. Ninguém ouve inteiro". No entanto, o crítico Hélio Franco, do *Correio Braziliense*, destacou a "refinadíssima seleção do melhor que a canção norte-americana produziu no século 20". "*A foreign sound* agrada desde a escolha do repertório (...), passando pelos primorosos arranjos de Jaques Morelenbaum para a maioria das faixas e pela seleção de músicos (...). É um álbum de artista maduro, cantor afinadíssimo e dono de rara sutileza interpretativa capaz de imprimir sua marca até em *standards* exauridos pelas versões, como *Summertime*, *Diana* e *Smoke gets in your eyes*. (...) Pois Caetano acaba de estabelecer novos paradigmas para a canção americana", completou.

Um mês depois de seu lançamento, o álbum já tinha vendido 60 mil cópias no Brasil. Lá fora, o CD também foi bem: 30 mil unidades na Europa e 25 mil nos Estados Unidos. A crítica internacional, no entanto, ficou dividida. O *Los Angeles Daily News* apresentou Caetano como "um herói nacional no Brasil". O jornal ainda descreveu o músico como alguém que tem "um apetite musical e intelectual voraz". A crítica escrita por Rob Lowman considerou o álbum "bem mais do que um tributo à música americana". A revista *Entertainment Weekly* definiu como "encantadora" a versão de *Come as you are*. O *New York Times* publicou que o álbum é "uma meditação sobre o exotismo". Já o *Boston Globe* reclamou dos arranjos "pouco brasileiros", e o britânico *The Guardian*, através do crítico Robin Denselow, cravou que "algumas faixas são agradáveis, mas monótonas, enquanto outras são bastante embaraçosas".

A estreia da turnê aconteceu no mítico Carnegie Hall, em Nova York. Às vésperas do show, o *New York Times* publicou longa reportagem sobre Caetano. Nela, o jornalista Jon Pareles diz que o brasileiro é "um dos mais graciosos e inovadores compositores do Brasil e do mundo. Ele é aquela raridade de combinações, um artista profundamente autoconsciente que também segue seus mais alegres instintos. No mais autêntico estilo brasileiro, sua carreira tem misturado sedução e provocação".

O *setlist* contava com 20 músicas em cerca de uma hora e 40 minutos. Dentre algumas canções pescadas do disco (como *The man I love*, *Cry me a river* e *Detached*), ele ainda selecionou alguma coisa de seu repertório (*O estrangeiro*, *Baby*, *Manhatã*), além de canções que fizeram sucesso na voz de Carmen

Miranda, como *Adeus batucada* e *Mamãe eu quero* — essa última encerrava as apresentações.

Após observar Pedro Sá executando um solo de guitarra num ensaio, Caetano cismou que o músico deveria ter um momento solo no show.

— Dá pra fazer daquele jeito, com aquele suingue? — perguntou.

E assim o guitarrista ganhou um momento solitário no palco durante *Brasil pandeiro*, com um solo cheio de distorções, inspirado em Jimi Hendrix. No meio da música, a banda se retirava do palco e o guitarrista brilhava sozinho.

— Pode ficar o tempo que você quiser — liberou Caetano, repetindo a mesma instrução que dera a Jaques Morelenbaum mais de dez anos antes, quando o maestro abria os shows de *Circuladô* sozinho com seu violoncelo. Pedro se surpreendeu com a recepção do público do Carnegie Hall. "Teve um aplauso muito forte que eu não esperava. Tomei um susto", conta.

A imprensa reverberou o momento, quando o show chegou ao Brasil. "A outra boa nova é a presença marcante do jovem Pedro Sá. Sangue novo na veia do senhor de cabelos nevados, o guitarrista faz a diferença entre as cordas dos violinos de orquestra, violões, contrabaixos e o cello do diretor musical Jaques Morelenbaum. Seu momento de maior destaque na estreia foi em *Brasil pandeiro* (Assis Valente), solando batucado e distorcido — uma bem-vinda molecagem na sobriedade dominante", publicou o *Correio Braziliense*. A jornalista Heloisa Tolipan, do *Jornal do Brasil*, também destacou o número. "Sabem quem brilha num belíssimo solo no espetáculo de Caetano? O guitarrista Pedro Sá. Por mais de um minuto (põe um minuto nisso), o músico toca samba na guitarra. Emocionante ver o cara no maior mergulho pelos acordes de *Brasil pandeiro*".

Mas, para o guitarrista, os elogios da imprensa foram o de menos. "Talvez esse momento do show tenha confirmado a vontade do Caetano de trabalhar comigo", revela Pedro. Jaques Morelenbaum teve grande participação nisso tudo. Na hora de montar o show do *A foreign sound*, Caetano lhe pediu que escolhesse o segundo violonista/guitarrista da banda — o primeiro seria Lula Galvão. A opção seria entre Pedro Sá e Davi Moraes, que já haviam acompanhado o baiano na turnê *Noites do Norte*. "Era uma escolha de Sofia. Eu tinha passado dois anos na estrada com os dois, tive uma relação pessoal com eles. Só que esse show tinha alguns momentos que era João Gilberto puro, e o Pedro sabia tocar tanto a guitarra de rock quanto o violão do João Gilberto, coisa que nem o Lula sabia. Então, acabei escolhendo o Pedro", disse Jaques.

Quatro meses antes de A *foreign sound* chegar às lojas, o baiano fez 12 shows beneficentes no Baretto, sofisticado bar e restaurante no Hotel Fasano de São Paulo, para mostrar algumas coisas do disco, antigos sucessos, além da inédita *Diferentemente*. O texto de apresentação do show — lançado em DVD — deixava clara sua intenção. "Além de gostar de cantar num bar da noite, este show tem para mim o valor de me pôr tocando junto com Moreno, Pedro Sá e Domenico e de trazer o grande contrabaixista Jorge Helder, com quem já trabalhei em outras temporadas, para perto destes filhos queridos". Ou seja, quem foi ao Baretto esperando por um Caetano tradicional, nos moldes da turnê de *Fina estampa*, viu algo bem diferente.

O seu próximo projeto então apresentaria um Caetano irreconhecível para alguns velhos fãs. E muito reconhecível para os novos.

A gravação do álbum de estreia foi no estúdio AR, em fitas, numa mesa de som analógica já em desuso. Abaixo, em pé, Marcelo, Pedro, Ricardo e Caetano, com Moreno Veloso à frente

capítulo

6

estou-me a vir
a gravação do primeiro disco

"*Cê* abre dizendo que 'você não vai me reconhecer quando eu passar por você'. Você, como Dylan ou Bowie, acredita que o artista deve ter a liberdade de trair o público? Aos 64, dá gosto ir contra o que esperam?", estas foram as perguntas que o escritor e cineasta argentino-brasileiro João Paulo Cuenca fez a Caetano Veloso em reportagem publicada em junho de 2007, no jornal O *Globo*. A resposta de Caetano é tão concisa quanto o conceito que a sua carreira seguiu durante o período em que foi acompanhado pela bandaCê: "Nunca pensei em termos de 'trair'. Mas acho que o artista não deve procurar ser o que o público pensa que ele é".

Voltemos cinco anos no tempo. No dia 22 de julho de 2002, a turnê de divulgação do álbum *Noites do Norte* parou na Arena Flegrea, em Nápoles, na Itália. Após o show, Caetano confidenciou a Pedro Sá a ideia de gravar um disco "clandestino" ao lado de uma banda fictícia, na qual os dois se revezariam em vocais eletronicamente modificados — algo parecido com o Gorillaz, grupo criado por Damon Albarn, vocalista do Blur, e pelo cartunista Jamie Hewlett. O nome de Caetano nem estaria na capa. A ideia era mostrar algo muito diferente, uma exploração de sons que servisse como ponto de partida das canções, algo completamente fora do padrão.

Dois anos depois, em 8 de novembro de 2004, quando a turnê *A foreign sound* chegou a Milão, Caetano voltou a bater na tecla do tal álbum "clandestino". Ele perguntou a Pedro o que tanto rodava em seu *discman* e, após o show no Teatro Smeraldo, chamou o guitarrista ao seu quarto no Hotel Principe di Savoia, na Piazza della Republica, para escutarem algumas músicas juntos. Pedro tirou da mochila o aparelho de CD, dois pequenos alto-falantes e os posicionou numa mesa em frente à janela. Caetano serviu-se de uma Coca-Cola, enquanto Pedro botou para rodar álbuns de artistas e bandas como Aphex Twin, Wilco, Ween e The Meters. Porém, foi uma versão meio esquisita de *Wild honey pie*, canção de John Lennon e de Paul McCartney gravada pelos Beatles no emblemático *White album*, de 1968, que chamou a atenção do compositor baiano. Informado de que aquele som era o da banda norte-americana Pixies, Caetano quis escutar inteiro o álbum *Pixies at the BBC* (1998), com direito a comentários sobre as faixas, em especial o trabalho de guitarra da banda.

Quando Pedro falou que considerava aquilo tudo "meio João Gilberto, sem bola fora", Caetano concordou e quis conhecer melhor o trabalho da banda. O papo foi tão animado que os dois continuaram por mais de uma hora, em pé, na porta do quarto, até uma vizinha queixar-se do barulho. "Essa redução ao mínimo do *Cê* eu atribuo muito àquele disco do Pixies. Lembro que fiquei tão maravilhado que fui ouvir os discos de carreira do Pixies, que são bonitos, mas nenhum é como aquele", escreveu Caetano no blog Obra em Progresso, em abril de 2009. "O estalo foi nesse dia na Itália, com certeza", confirma Pedro. A partir de então, o baiano pediu mais dicas ao seu parceiro. Television, Gang of Four, Radiohead, Pavement... Esta última, mais especificamente a música *Stereo*, já tinha servido como referência a Pedro na mixagem de *Rock'n'Raul*, do álbum *Noites do Norte*. "O cara do som deu um pulo e falou: 'Que isso, tá muito alta essa guitarra'... Eu disse: 'Tem que ser alta mesmo, esse negócio de MPB, de ficar botando voz na cara o tempo todo... Bota guitarra alta nessa porra, voz é o caralho. Guitarra pode ser protagonista também'".

Naquele período, Caetano e Pedro andavam muito juntos, inclusive pelos pontos turísticos das cidades visitadas. "A gente conversava bastante por causa da separação dele, e eu também estava numa situação balançada. Sempre fomos amigos, mas lá estreitou mais", conta o guitarrista. No release para a imprensa no lançamento de *Cê*, Caetano lembrou tudo isso: "Esse disco é resultado de muitas conversas que tive com Pedro Sá nesses anos em que ele tem tocado comigo. Comentávamos o que ouvíamos, ouvíamos algumas coisas juntos, finalmente falamos em fazer um disco marcando posição na discussão crítica do rock".

Pedro desconfia de que Caetano, naquele ponto de sua carreira, estivesse aprisionado por ele mesmo. "O fato de ele virar um medalhão, não só da MPB, mas com alcance internacional, com o negócio do *Fina estampa*, do *Foreign sound*, a internacionalização da carreira... Tudo isso tomou um vulto muito grande. E eu acho que talvez ele estivesse cansado dele mesmo, de certa forma, cansado de se ver do mesmo jeito, ele é muito inquieto". Segundo Moreno Veloso, era algo pessoal de seu pai, "uma guerra interna dele": "Ele queria fazer algo anônimo para poder experimentar muito mais, sem que tivesse um emblema do músico popular com um público específico", diz. Em entrevista ao jornal espanhol *El Mundo*, Caetano explicou a sua proposta: "Queria fazer algo relevante para as pessoas mais criativas da geração pós-Nirvana no Brasil e não queria que meu nome atrapalhasse a aventura".

Mas não tardou para Caetano desistir do projeto da tal banda "clandestina", muito por causa da pressão de Moreno. "Algumas canções começaram a ser feitas nesse clima. Mas logo as letras passaram a vir cheias de confissões pessoais, temas íntimos — e eu não tenho mesmo vocação para guardar segredo. Moreno, que afinal fez o projeto se realizar, já me dizia com convicção que eu deveria assinar o álbum e cantar com minha voz reconhecível", revela o compositor. O seu trabalho anterior com Pedro direcionou o porvir. "Mesmo no *A foreign sound* ou no *Noites do Norte* há faixas que já poderiam estar aqui. (...) Tem *Come as you are*. (...) Tem *Rock'n'Raul*, com as características do som que a gente fez agora no *Cê*, no *Noites do Norte*. E isso já é o embrião desse trabalho. (...) Já há algumas faixas ali que são o ensaio desse negócio", disse Caetano no documentário que acompanha o DVD *Cê – Multishow ao vivo*.

Mas seus anseios eram mais profundos, conforme explicou na mesma entrevista: "O que tinha pensado em fazer mesmo era um disco propriamente de rock, para criar um som de banda de rock brasileira, que trouxesse alguma diferença, cuja presença fizesse alguma diferença no ambiente da criação de rock no Brasil. Embora eu não seja um músico especificamente de rock, nem o disco viesse a ser um disco específico de rock. Mas a banda tem que funcionar como banda de rock. Quer dizer, funda-se uma banda, mas ao mesmo tempo sou eu meio comentando aquilo, comentando minha relação com o rock ao longo desses anos, e, apresentando uma sonoridade que, na medida que for, contribui para a cena rock brasileira".

* * *

Pedro Sá já nasceu em um ambiente musical. Filho do compositor Ronaldo Tapajós, ouvia o pai tocar violão em casa. Contudo, não pensava em ser músico, principalmente depois de ter cantado, ainda criança, no programa de rádio *Diálogo da terra*, do qual Ronaldo era diretor, locutor e roteirista. Quando escutou a sua voz gravada, escondeu-se debaixo do sofá do estúdio. Foi o seu primeiro trabalho profissional. Com o cachê, comprou um Ferrorama. Cerca de cinco anos depois, Pedro voltou a se interessar pelo assunto. Não demorou para ganhar o seu segundo cachê no coro infantil do álbum *Adivinha o que é* (1981), do MPB4. A canção era *Rosa Branca foi ao chão*, escrita por seu pai e que cita os nomes de Pedro e da irmã: "Rosa Branca foi ao chão, chorou, chorou, acudiu a sua mãe, quem consolou foi Pedro seu irmão". Após a gravação, entrou numa fila cheia de crianças e recebeu uma nota de mil cruzeiros, ou melhor, "um barão", como a cédula era conhecida naqueles tempos.

A partir de então, o garoto começou a se interessar seriamente por música e agendou aulas de violão com o professor Ary Domingues. Foi uma descoberta. "Abriu um mundo para mim ali. Eu descobri que, na verdade, a música já estava dentro de mim, mas não tinha consciência. Passei a ter a partir dessa primeira aula. Aquilo me deu uma luz e comecei a enxergar a música de um jeito de quem faz música". Aos 15 anos, Pedro passou a dar aulas para os amigos e a tocar em festivais. Mas foi quando escutou João Gilberto e Jimi Hendrix que a sua vida mudou. "Foram os caras que me formaram. Na pré-adolescência eu fiquei tomado pelos discos deles. Abriram minha cabeça. Eu pensei música e aprendi a ouvir música ouvindo essas duas pessoas. Na verdade, são dois caras muito diferentes. (...) Agora, os dois têm um suingue, um molejo, um mambo, uma magia que me leva para a música", relatou no blog Obra em Progresso, em abril de 2009.

De Jimi Hendrix, Pedro se encantou pela capacidade de tirar tanto som de um único instrumento. "Eu não acreditava que aquilo ali podia ser possível. Uma pessoa só? Aquilo foi uma meta para mim, e acho que busquei chegar naquilo, tanto que, de fato, eu tirava muitas músicas dele". Com relação a João Gilberto, a descoberta deu-se através do disco homônimo que a lenda da Bossa Nova lançou em 1973, também conhecido como *Álbum branco*. "Eu entendia a letra, e essa experiência de escutar a música canalizou no violão dele também na mesma coisa, na condição de vozes, no ritmo que ele fazia, o contraponto da voz com o violão, a maneira como ele harmonizava", diz. Segundo ele, a música de João é uma espécie de arco-íris, "como um caminho colorido, um caminho feito para a voz, como um sol. Um arco-íris com um sol, eu pensava isso". Durante dias, meses, anos a fio, Pedro escutava os discos dos dois tentando acompanhar nota por nota, acorde por acorde.

Depois de Jimi e João, Pedro escutou de tudo um pouco: João Donato, Gil, Jorge Ben Jor, Gal (em especial o disco *Cantar*, de 1974) e The Police. Ele ficou louco ao ouvir o álbum *Ghost in the machine* (1981), da banda britânica, na casa de um amigo do pai. "Eu entrei na música. Nunca tinha acontecido isso de eu realmente escutar a música. Acho que foi a minha primeira experiência adulta de ouvinte. O negócio de parte A, parte B, as frases, como elas se intercalavam, o próprio discurso musical, o discurso da composição musical", recorda. "Até hoje, quando faço alguma coisa, sempre remete a esses três [João Gilberto, Hendrix e Police]", diz.

A partir dali, o rapaz começou a frequentar os estúdios como se fosse a sua casa — e, de certa maneira, pode-se dizer que era. Ele acompanhava os pais nas gravações da banda Cinema, que mantiveram nos anos 80. E quando, aos 17 anos, participou do álbum homônimo de Ivor Lancellotti (pai de Domenico), de 1990, teve a certeza de que aquela seria a sua profissão.

* * *

Assim que a turnê de *A foreign sound* terminou, Caetano Veloso encarregou Pedro de escalar a banda como bem entendesse. Uma única instrução: queria um tecladista, influenciado por um show que assistira do conjunto norte-americana Wilco. Por sua vez, Pedro desejava montar um grupo enxuto, composto só por mais dois músicos, além dele e de Caetano. A solução era convocar um baixista que também tocasse teclado. Apenas um nome passou por sua cabeça: Ricardo Dias Gomes. Para a bateria, Pedro teve que pensar um pouco mais. Em um primeiro momento, imaginou o nome de Domenico Lancellotti, o seu antigo companheiro de Mulheres Q Dizem Sim. Pensou também em Stéphane San Juan, músico francês então radicado no Brasil, e que já havia integrado o projeto +2. Mas a escolha de Marcelo Callado foi automática. No fim das contas, ele não se esqueceu dos dois rapazes que tocavam com o seu irmão Jonas.

"Marcelo tocava samba e rock como ninguém. A cabeça dele passava por Beatles e Led Zeppelin, mas também por Wilson das Neves e Edison Machado. Ricardo foi treinado para ser um cara de Berklee, e concluiu que Berklee era chato pra caralho. Ele vinha com uma bagagem de teoria e conhecimento musical muito forte. E o Pedro juntou os dois mundos. O que os três têm em comum é essa bagagem musical que não é de um tipo só, eles são capazes de fazer tudo", resume o irmão caçula Jonas Sá. Pedro estava satisfeito com o seu papel de liderança no projeto. "Caetano não era uma novidade para ele, mas o Pedro estava muito animado para esse trabalho de produtor e diretor", revela Inti Scian, então companheira do músico — os dois, coincidentemente, se conheceram na saída de um show da turnê *Noites do Norte* no Teatro Gran Rex, em Buenos Aires.

De fato, a ideia de Pedro era muito clara. Nada de músicos tarimbados de estúdio. O que ele queria era formar uma banda. Nem a melhor nem a pior, apenas uma banda. "A bandaCê tem uma dose meio antiprofissional. Eu não queria chamar o melhor baterista, o melhor baixista, eu também não sou o melhor no sentido técnico. Tinha que ter cara de banda mesmo", diz, antes de completar:

"Banda de garagem, com autenticidade, foi nisso que eu estava pensando, que entendi que o Caetano queria. Fiz muito o papel de traduzir as ideias dele".

Arnaldo Brandão, que tocou na Outra Banda da Terra, enxerga a juventude e o vigor como elos que interligam o grupo que acompanhou Caetano nos 1970 e 80 a essa nova fase. "Tem um núcleo base ali. E acho que os músicos da bandaCê são melhores do que os da Outra Banda da Terra, não são, não? Não sei, acho que sim... Acho que eles estudaram mais. Pelo menos eu e o Vinicius [Cantuária] aprendemos tocando. Nesse ponto, a bandaCê é um *hi-tech* de fundo de quintal, assim como 'banda de garagem' vale para A Outra Banda da Terra". Marcelo Callado lembra de uma crítica no lançamento de *Cê*, em que um jornalista rosnava por Caetano ter se juntado a uma "banda de garagem". "Num primeiro momento eu pensei 'pô, qual é?'. Mas depois o Pedro falou um negócio muito certo... Era isso mesmo. A gente era uma 'banda de garagem'".

Pedro convidou Ricardo Dias Gomes no fim de 2005. O baixista e tecladista ficou muito feliz, mas não exatamente surpreso. "Pode soar meio irreal, mas eu me lembro de receber o convite com naturalidade, de uma maneira que fazia sentido para mim, porque eu e Pedro já nos entendíamos bem. Eu pensei: 'Que coisa bonita, vai ser um desafio maneiro'". Mas quando o momento foi chegando Ricardo ficou na expectativa. Caetano assistiu a um show de uma de suas bandas, a Stereo Maracanã, e cumprimentou o músico. O primeiro contato profissional, no entanto, aconteceu no apart-hotel onde Caetano morava. Esboços de três músicas foram apresentados. "Caetano tocou uma linha simples no violão, cantou, e me identifiquei muito rápido com aquilo. O meu caminho é o da simplificação, e cada vez mais eu vou para esse lado mais emocional e menos racional. Quando escutei aquelas músicas, pensei: 'Estou em casa'", lembra.

Já Marcelo recebeu o chamado de Pedro duas semanas depois, por e-mail. O guitarrista dizia que estava iniciando um trabalho com Caetano e que seria o diretor musical de um power trio do qual Ricardo também faria parte. O baterista, ao contrário do colega, ficou surpreso e radiante. Marcelo largara o emprego de auxiliar administrativo na Conspiração Filmes um ano antes e tentava se firmar como músico. Tanto que, após receber o e-mail, a primeira providência que fez foi comprar uma bateria nova. "Pensei: 'Tenho que falar com a minha mãe'. Eu tinha acabado de ser convidado para tocar com o Caetano; nunca esperava, porque isso sempre foi uma questão na minha vida, o quanto eu poderia me dedicar à música como um ofício, levar a sério e ganhar a vida assim", conta. Os convites para Ricardo e Marcelo eram simples e diretos, com duas únicas informações: Caetano deseja uma banda enxuta e sigilo absoluto. "Não houve spoiler", diz Pedro.

O guitarrista tinha certeza de que fizera a escolha certa, apesar de só ter tocado com eles uma única vez, num show do Mulheres Q Dizem Sim, em 2000. Pedro via as diferentes formações dos dois colegas como complementares: "Marcelo tem uma coisa mais direta, mais musicalmente franca. O Ricardo tem uma parada mais rebuscada, um pensamento harmônico, digamos assim. Essa junção deu muito certo, porque, ao mesmo tempo, um entende o outro. Um gosta do outro como 'cozinha'. E eu gostava muito de deixá-los tocar. Meu trabalho na bandaCê era mais de deixar para que eles tocassem, eu acreditava muito na vida própria que aquilo tinha", afirma. Caetano, em entrevista à revista *Quem*, preferiu levar a escolha para o lado astrológico: "Somos uma banda de leoninos. Ricardo e Marcelo também são de Leão. Só Pedro Sá é de Gêmeos. Só mesmo três leoninos para enfrentar um geminiano; isso foi proposital", divertiu-se.

Indagado sobre o que levou de sua antiga banda para o projeto com Caetano, Pedro responde automaticamente: "O coletivo". E o fato de Marcelo e Ricardo terem se conhecido num show do Mulheres Q Dizem Sim, uma das principais referências para os dois, se encarregou do resto do serviço. "Eles têm essa noção de banda, de experiência com o coletivo e, sem dúvida, a coisa do transamba e do transrock do Caetano já estava no Mulheres. A gente desenvolveu tudo isso no trabalho com a bandaCê", completa.

Caetano, assim, juntava o rock alternativo carioca dos anos 90 com a tradição da Música Popular Brasileira. "Ele ajudou a quebrar essa coisa toda. Não parecia possível, naquele momento, que o Ricardo, que tocava teclado no Zumbi do Mato, e o Marcelo poderiam ser um dia da banda do Caetano. Esse caminho não era possível. A gente era de outro mundo, e esse mundo corria em paralelo", explica Melvin, músico da cena independente do Rio.

* * *

Caetano sempre tratou Pedro Sá como filho. Quando ingressou na Escola Parque, em 1981, o futuro guitarrista era um estranho no ninho, com a sensação de que não conhecia ninguém. Mas no primeiro dia de aula já tinha um amigo de nome não muito comum: Moreno. Quando chegou em casa e contou aos pais, ele não acreditou que aquele cara era filho de Caetano. "Era inimaginável ser amigo do filho de uma pessoa famosa", diz. Só descobriu a verdade quando o músico fez uma visita ao colégio e cantou algumas composições.

Pedro, 8 anos de idade, não tinha muita noção da dimensão do tal Caetano. Mas, a partir da relação de amizade com Moreno, passou a frequentar a casa da família Veloso, inclusive fazendo companhia a Caetano nas noites de insônia enquanto o amigo dormia. O que mais lhe impressionava era a imensa coleção de LPs. Pouco tempo depois, aquilo tudo teria muita serventia a ele. "Foi uma universidade", recorda o guitarrista. "Ele era um cara encantador. O Caetano superpai com o Moreno, supercarinhoso". O baiano gostava das graças que o amigo do filho fazia. "Eu era meio palhaço, fazia muita imitação, e ele tinha uma risada boa, uma risada gostosa".

O primeiro contato de Pedro com a obra do seu futuro parceiro de trabalho aconteceu quando tinha 12 anos, e foi através do álbum *Cantar*, de Gal Costa, produzido por Caetano. "Foi quando eu vi o ser artístico do Caetano. Em especial, a música *Lua, lua, lua, lua*. Tem uma base que é ele quem faz, parece um som eletrônico, tipo uma percussão com voz. Lembro que isso me chamou atenção. Engraçado que não era um disco dele, mas é como se fosse", lembra. Sobre os álbuns de Caetano, ele tem especial carinho pelo autointitulado lançado em 1969, também conhecido como *Álbum branco*, além de *Transa* e *Joia*. Pedro ainda destaca a fase da Outra Banda da Terra. "Aquela coisa meio relaxada, meio antiprodução, sem produtor... Aquele antiprofissionalismo, eu adoro aquilo ali. Toda vez que eu escuto, fico emocionado".

Marcelo Callado e Ricardo Dias Gomes, por sua vez, não foram amigos de infância de Moreno, mas têm algo em comum quando o assunto é Caetano Veloso. Ricardo o conheceu através de amigos na adolescência, em especial Jonas Sá. "Eu me lembro que estava um dia no BB Lanches, no Leblon, e o cumprimentei. Acho que foi a primeira vez", revela. Pouco tempo depois, o baixista e tecladista ficou vidrado em álbuns como *Qualquer coisa* (1975) e *Muitos carnavais* (1977). Mas talvez *Transa* seja o que mais lhe toque o coração. "É um disco que eu senti mais uma proximidade, de escutar e me identificar com os músicos, com o jeito que eles estão tocando".

Por sua vez, o pai de Marcelo sempre falava de Caetano. Quando o rádio do carro tocava *O leãozinho*, a brincadeira era sempre a mesma.

— Olha a tua música aí!

Explica-se: Marcelo é do signo de Leão. O futuro baterista da bandaCê conheceu o artista pessoalmente num dia em que Moreno o convidou para jogar pingue-pongue em sua casa, em Ipanema. Quando Caetano olhou para o rosto de Marcelo, comentou:

— Você parece o filho de Midani — o produtor Antoine Midani.

À época, Marcelo já era fã do seu futuro chefe. Assim como acontecera com Pedro, o primeiro contato do baterista com a obra de Caetano foi através de uma música dele, mas cantada por outra pessoa. Em 1986, Paulo Ricardo e a sua banda RPM lançaram o álbum *Rádio pirata – Ao vivo* e ninguém ficou imune à gravação de *London, London*, nem mesmo as crianças. Seis anos depois, ele reagiu surpreso à música de abertura da minissérie *Anos rebeldes*, de Gilberto Braga. Era *Alegria, alegria*. Acabou indo assistir a Caetano pela primeira vez em cima do palco na turnê de *Circuladô* (1991). Mas o primeiro disco que Marcelo ouviu mesmo foi o *Álbum branco*. "Fiquei escutando uma noite inteira", conta.

Antes de tudo isso, ainda criança, Marcelo entrou numa fase "metaleira" e não dava bola à MPB tradicional. Um dia, seu pai, Tasso Rivera Monteiro, colocou no toca-fita o K7 *Estrangeiro*. O garoto ficou injuriado.

— Isso é muito ruim! Eu não gosto disso!

Tasso suspirou e respondeu:

— Tudo bem. Um dia você vai gostar.

O pai de Marcelo morreu em 2003, dois anos antes de Pedro enviar o e-mail ao filho para fazer parte da banda de Caetano.

* * *

Com a banda formada, era preciso de um nome. Em tese, a bandaCê só ganharia essa alcunha a partir do segundo disco; o primeiro da trilogia se chamaria *Cê*, uma corruptela da palavra "você", simples assim. "Chama *Cê*, em primeiro lugar, porque a palavra 'você' a gente usa mais na linguagem coloquial, da palavra, a gente usa apenas a segunda sílaba. A gente chama a pessoa de 'cê'. Se fala assim: 'cê vai ao cinema hoje?'. Se fala 'cê', mais do que 'você'. Então, em uma letra de música, mais de uma, apareceu essa palavra só com essa sílaba. E depois é a letra que é a inicial do meu nome. (...) Eu achei que era bonito e ficava superconciso assim", explicou Caetano no documentário do DVD *Cê – Multishow ao vivo*.

Ainda havia outro motivo: a equação da física moderna utilizada pelo cientista alemão Albert Einstein como parte da teoria da relatividade. A tal fórmula ($E=mc^2$) determina a relação da transformação da massa de um objeto em energia. "E" representa a energia, "m", a massa, e "c", a velocidade da luz. "Enigmaticamente mais ou menos, porque ele não disse, nos textos que escreveu, porque ele escolheu a letra 'c'. E um jornalista americano que escreveu um livro sobre ciência conta que o próprio Einstein não escreveu sobre isso. Mas há pessoas que dizem tê-lo ouvido dizer que partiu do termo latino *celeritas*. O fato é que 'c' é a velocidade da luz", explica Caetano. Vale lembrar que a palavra "velocidade" remete ao álbum *Velô* (1984), tido como o disco roqueiro de Caetano nos anos 80.

Em entrevista ao *Jornal do Brasil*, à época do lançamento do disco, Caetano resumiu o entendimento: o nome tinha tudo a ver com a música que ele se propôs a fazer com a banda. "O CD tem essa vontade de buscar algo reduzido ao essencial. É como chamar alguém de 'cê', é invasivo e carinhoso ao mesmo tempo. O disco é assim. Tem muitos aspectos de rock, mas são minhas músicas, sobretudo". Além do mais, como lembra Ricardo, a banda tinha o costume de usar o pronome de tratamento "cê" nas conversas. "Ele deve ter reparado isso", arrisca o músico. Marcelo, por sua vez, relaciona o nome ao estilo da banda: "Ele queria um nome enxuto, assim como a banda e os arranjos. O nome traduz o que era a banda". E como coincidência pouca é bobagem, a quinta faixa do álbum do Mulheres Q Dizem Sim se chama... *Cê*.

Enfim, mesmo que ainda não fosse conhecida como bandaCê, era hora de iniciar os ensaios no estúdio Jam House, no Jardim Botânico. Caetano tinha sete canções prontas. Esboçou-as no violão pensando no que a banda faria. Os arranjos também já estavam mais ou menos na sua cabeça. A relação entre os quatro era intuitiva. "A coisa musical apareceu instantaneamente, foi um processo rápido. Caetano mostrava a música e a gente imediatamente começava a tocar", conta Ricardo. O release de *Cê*, escrito pelo próprio Caetano, confirma: "Nossa comunicação foi tão clara que em poucos minutos de ensaio as peças ficavam prontas para ser gravadas. Todas. Nem uma só emperrou. Todos traziam logo ideias que levavam as minhas até as últimas e melhores consequências".

Os próprios ensaios concluíram as composições antes esboçadas no violão. Em um primeiro momento, Caetano mostrava as canções ao seu diretor musical. "O diálogo com Pedrinho foi essencial para esse disco, porque não teve uma canção que eu não mostrasse primeiro a ele, que não dissesse a ele como gostaria que fosse feita. Esboçava no violão e mostrava a ele", disse em entrevista ao *Estado de S. Paulo*. Depois, com a banda reunida, Caetano as cantarolava e, em vez de tocar as harmonias, como é feito na música pop tradicional, todos já vinham com sugestões de contraponto, frases e linhas que acompanhassem o seu canto. "Como se faz em geral com composições para bandas de rock", explica no documentário do DVD *Cê – Multishow ao vivo*. Marcelo concorda. "Não teve nenhum preparo. Era como se fosse uma banda que tem um cara que compõe. Foi tudo tão natural, a troca que se dava, que virou quase a banda do Jonas Sá. Estávamos tocando com um camarada que, por acaso, era o Caetano Veloso", lembra.

A primeira música que os quatro tocaram juntos foi *Outro*. Quando Marcelo fez a levada de bateria que Caetano pediu, tudo já estava resolvido. "Eu olhei para a cara do Caetano e foi um estalo, do tipo: 'Já tenho o que eu quero, não preciso mais, não estou procurando mais nada'. Foi tudo certeiro e rapidíssimo", recorda Pedro. Normalmente, Caetano mostrava a música no formato voz e violão e abria para os colegas jogarem as suas ideias. As instruções eram poucas, geralmente algo que ele já tinha na cabeça, como, por exemplo, as canções em que Ricardo deveria tocar piano Rhodes no lugar do contrabaixo. "Quando eu fosse tocar o Rhodes, ou não teria baixo, ou o Pedro passaria para o baixo, era um processo um pouco caótico mesmo. Às vezes, eu falava: 'Vou sentar no Rhodes e ver o que acontece'", conta o músico.

Foi mais ou menos assim que surgiu o maior sucesso do primeiro álbum da trilogia, *Odeio*. "Comecei a tocar aquela linha de baixo meio que brincando, expondo os acordes, e a coisa se construiu assim, metendo a mão. Acho que tem um sabor quase que inconsequente por um lado, da busca de ser espontâneo, visceral, sem muita racionalização", diz Ricardo. Claro que em alguns momentos havia ajuste de ideias, mas tudo muito rápido. Segundo Pedro, mais do que democrático, o processo era espontâneo. "Caetano me disse que nunca teve uma banda em que as coisas se resolviam de forma tão rápida", lembra Marcelo.

A rotina dos músicos era assim: chegavam no estúdio, preparavam tudo e Caetano aparecia poucas horas depois. Giovana Chanley, sua assistente pessoal, digitava as letras escritas à mão, imprimia e distribuía ao trio. Enquanto tudo isso acontecia, o papo rolava solto, assuntos que iam da economia da China a algum esquete do grupo de comédia britânico Monty Python. Segundo Marcelo, era um clima de "camaradagem total".

Nos ensaios, as canções foram se sucedendo com uma rapidez impressionante. *Musa híbrida*, *Deusa urbana*, *Rocks*... "Acredito que 99% dos arranjos saíram da primeira ideia que a gente teve. Mesmo com alguns ajustes, a verve inicial foi mantida. Havia dias que a gente fazia três arranjos em um ensaio", lembra Ricardo. "Eu tenho orgulho das composições e das concepções de arranjos serem tão sucintas, coesas e inspiradas. (...) O *Cê* tem um negócio de golpe de caratê", disse Caetano ao pesquisador musical Marcelo Fróes. Arto Lindsay assistiu a alguns ensaios. "A banda era uma extensão do violão dele, porque o Caetano toca um violão já com arranjo. Ele não fica passeando pelas harmonias", explica. Na opinião do produtor de álbuns como *Estrangeiro* e *Circuladô*, era uma maneira muito pessoal de usar uma banda de rock. "Foi uma mudança de escala. Ele aumentava e dava um peso àquilo tudo".

Pedro marcou o estúdio para ensaiar durante duas semanas. Mas os últimos dias nem foram necessários. Bastaram apenas sete encontros. O próximo já seria no estúdio AR, na Barra da Tijuca, para a gravação do álbum *Cê*.

Tudo fluiu tão bem nos ensaios que a ideia no AR era gravar as bases (guitarra, baixo, teclado e bateria) ao vivo. Porém, para Pedro, ainda faltava uma pessoa, ou melhor, o "quinto integrante" da bandaCê. Quando Caetano estava gravando *Noites do Norte*, Moreno Veloso sugeriu que seu pai apostasse em Pedro Sá para ajudar na produção de algumas faixas. Agora seria a hora da retribuição. Durante o processo de concepção e dos ensaios do novo projeto, Moreno estava viajando, em turnê com o projeto +2. Quando retornou, tudo já havia sido acertado. "Eu recebia poucas mensagens, não estava fazendo parte de nada. Foi uma coisa do destino", recorda Moreno. Pedro chamou o velho amigo ao se dar conta de que não teria condição de tocar e focar na gravação ao mesmo tempo, porque seria tudo ao vivo; havia necessidade de alguém ao lado do engenheiro de som Daniel Carvalho.

Moreno ainda não sabia exatamente qual seria o seu trabalho.

— Vou ajudar os amigos ou vou ser o produtor? — perguntou a Pedro e a seu pai. — Estou perdido, ainda não tive ideias, não fiz nada.

A resposta era óbvia. Moreno seria o produtor ao lado de Pedro. E assim o guitarrista poderia se concentrar no som da banda no estúdio. "Foi um encontro bom para dar a certeza de que o disco seria gravado do jeito que ele queria. Claro que isso poderia acontecer só com o Daniel, que também é excelente produtor, mas todos ficaram felizes que eu embarcasse no projeto", afirma Moreno.

Outro integrante importante é o já citado Daniel Carvalho. Filho do lendário baixista Dadi, Dani, como é chamado, aprendeu os meandros do estúdio por conta própria para somente depois cursar engenharia de áudio. "Na época que comecei, não existiam muitos cursos. Então, aprendi mesmo trabalhando". Dani conheceu o produtor Tom Capone, foi trabalhar no estúdio AR e ali viu uma imensa mesa de som Neve: deu no que deu. "Parecia uma nave espacial. Paixão à primeira vista". No início, Dani era um dos "sombras" do estúdio, o cara que carregava caixas, enrolava fios, além de outras funções menos nobres. Um de seus colegas "sombras" era Leonardo Moreira, ou melhor, Shogun.

Sua história vale ser destacada. Shogun era funcionário do Detran e de uma locadora de filmes em Brasília. À noite, arriscava-se como DJ em uma boate, onde conheceu Tom Capone — sempre ele. Shogun, que também fazia parte de uma banda chamada Smoked Brains, sonhava morar no Rio e trabalhar com som. Então ele perguntou a Capone se poderia fazer um estágio em um estúdio.

— Cara, você tá doido! Estágio não tenho como te dar, eu te arrumo um emprego — respondeu.

Não demorou e Shogun bateu na porta de Capone, que cumpriu a promessa. Poucos meses depois, ele começava a trabalhar no estúdio AR, que inaugurara com a gravação do álbum *A tempestade* (1996), da Legião Urbana. Em 2000, Shogun participou das gravações de *Noites do Norte*, quando conheceu Pedro Sá e Moreno Veloso. "Foi o início da nossa amizade", conta o técnico de som. Cinco anos depois, seria convocado para trabalhar na assistência de gravação de *Cê* e reencontrar os amigos, inclusive Dani. Os antigos "sombras" agora eram os responsáveis pela gravação do novo projeto de Caetano.

Para que tudo soasse o mais espontâneo possível, a primeira decisão foi fazer a gravação em fitas analógicas, sem recursos digitais. Isso significava que as bases (guitarra, baixo, bateria e piano Rhodes) seriam gravadas ao vivo. "A fita traz uma mobilização maior, não pode errar", diz Ricardo. "Essa característica impõe um ritmo diferente, de voltar a fita, escutar tudo. É uma forma que dá tempo para as pessoas respirarem, pensarem no processo", completa.

Em 2006, gravar em fita já era coisa do passado. O computador estava se consolidando e restavam poucas máquinas de fita. "A gente quis se aproximar da gravação vintage", revela Dani, que gravou tudo em uma mesa de som Neve analógica e depois ainda mixou o resultado diretamente da fita. Max Pierre, então diretor artístico da gravadora Universal Music, deu carta branca. "Caetano, entre 1983 e 2007, nossa época na Polygram/Universal, tinha uma companhia inteira com fãs dele e absoluto apoio e liberdade para gravar seus álbuns. Acompanhávamos as gravações sugerindo ideias, mas a escolha final sempre foi dele e de seus produtores", diz Pierre. A Universal tinha algumas fitas analógicas em estoque, as últimas, porque a gravadora não comprava mais esse tipo de material. "A gente queria ter um som de gravação como o de antigamente, gravar um disco como antigamente", recorda Marcelo Callado.

A diferença entre a gravação analógica e a digital é que a primeira dispensa o uso do computador, o que faz uma baita diferença para os músicos. "O Pro Tools é maravilhoso, mas eu prefiro estar imerso na música e ficar com o ouvido mais aguçado. No digital, todo mundo fica vendo a tela do computador", afirma Pedro Sá. Moreno concorda com o colega: "Não ficávamos na tela de computador para saber se o som estava bom. Todos os dias saíamos com olhos e mentes descansados. Era só música, era só ouvido. Concentração no som. Era *rewind*, *stop*, *play*... Tá bom? Não? Então vamos fazer de novo. Era isso o dia todo".

A opção de gravar em fita não é apenas uma questão técnica. Artisticamente, tudo muda. Como na fita a gravação é ao vivo, os músicos têm que gravar juntos. Assim, os técnicos não podem colocar dezenas de microfones em um instrumento e se valerem de infinitos canais. Por mais que grave alguns *takes* de determinada canção, a banda tem que escolher qual ficou melhor, porque é inviável recortar partes dos *takes*, como acontece no Pro Tools. "Não tem como fazer edição, há um sentido de urgência. Você pode até refazer uma coisa, mas não pode aproveitar algo de um take para o outro, no máximo refazer um solo em um ponto marcado. O compromisso com o tocar é muito mais rigoroso", explica Pedro. Os técnicos de gravação também têm que ter concentração redobrada. "Temos que estar atentos ao tempo de duração da fita, ao limite de volume... A gente sofria essa pressão", diz Shogun.

Na gravação digital, os músicos, de um modo geral, atuam isolados e buscam soluções em separado para a música. Em fita, a união é o que conta. "Quando alguém fala que resolveu fazer uma guitarra diferente, o outro vai buscar uma solução no baixo que acompanhe a guitarra. Então, artisticamente, a união da banda anda em conjunto com a vontade de gravar dessa maneira. Os três sempre tocaram juntos e procuraram achar soluções musicais em conjunto", explica Dani. "É uma mistura de questão artística com limitação técnica.

A vontade de gravar como antigamente gera limitações técnicas que levam a soluções artísticas, em uma espécie de loop", acrescenta. Além de tudo isso, com a gravação em fita, o ouvinte recebe um som melhor, com um grave mais presente e um agudo mais macio. Nas palavras de Dani, "os sons da bateria e do baixo também ficam mais unidos". Ou como bem resume Pedro: "O som fica mais quente".

Curioso pensar que, menos de dois anos antes, Caetano gravara *A foreign sound* de forma completamente oposta, usando e abusando do Pro Tools para colar *takes* uns nos outros. Jaques Morelenbaum atribui a mudança às difíceis gravações do CD de 2004. "Quando Caetano se viu livre de mim, gravou o próximo disco em analógico, sem Pro Tools e sem correção eletrônica nenhuma. Ele estava realmente traumatizado comigo, porque é chato um cara ficar falando que essa nota tá desafinada, aquela nota tá desafinada... E estava mesmo, me incomodava, porque eu sou chato, eu sobrevivo de afinação, minha profissão é ouvir".

Grande parte dos discos brasileiros até o início dos anos 90 se ressentia de uma boa gravação, conforme explica Moreno: "Antes, a música boa dependia 98% do conteúdo de composição e arranjo, e 2% do som, da forma que foi gravada, do resultado da mixagem. Isso ficava em terceiro plano para mim, e na cabeça de muita gente não importava". Mas na década de 1990 muita coisa mudou. O resultado sonoro começou a ser um parceiro mais relevante junto com as composições e o conteúdo. Moreno se tocou disso quando assistiu a uma apresentação da banda Chico Science & Nação Zumbi. "Filosoficamente, para mim, foi uma virada. Eu pensei: 'O mundo tá mudando e a gente tem que entrar nessa'. Acho que a trilogia *Cê* foi a hora em que meu pai entrou nessa, nesse novo mundo, em que o resultado sonoro está no mesmo nível quase do conteúdo e dos arranjos. Isso não passa despercebido, mesmo para um leigo. O ouvinte sente que tem uma coisa nova e forte".

A importância de Moreno e de Dani no projeto, segundo os três integrantes da banda, foi crucial para o aspecto estético do álbum. "O Moreno levou a cabo o lance da sonoridade da banda. Ele teve muita sensibilidade de captar a gente tocando. A ponderação dele foi importante, trabalho de artesão. Ele foi muito preciso", diz Pedro. Ricardo concorda. "Nesse disco, a confecção é tão importante quanto as músicas e os arranjos. O Moreno e o Dani fizeram parte daquilo como a gente fez, no mesmo nível".

As bases do disco foram registradas em apenas nove dias. No primeiro dia, a banda e os integrantes da técnica apareceram de manhã para montar o estúdio. Nos dias seguintes, chegavam por volta das quatro da tarde, passavam algumas músicas e Caetano entrava na sala de gravação cerca de duas horas depois. Entre muito papo, o som rolava até cerca de meia-noite. "Caetano gosta de conversar, mas na hora de trabalhar, é muito objetivo, imerso na coisa", afirma Pedro. O baiano se alimentava basicamente de castanhas, pão preto com queijo brie e, para beber, Coca-Cola, uma lata gelada e outra quente que ele ia misturando.

Visitas não faltaram no AR. Amigos como Rodrigo Amarante (da banda Los Hermanos) e o compositor norte-americano de ascendência venezuelana Devendra Banhart estiveram presentes em algum momento. Mas a visita mais importante aconteceu por acaso. No estúdio AR havia um assistente chamado Téo, e sua família era amiga de Milton Nascimento. Um dia, Bituca ligou para o estúdio procurando Téo, mas o telefonista entendeu errado e passou para Leo (Leonardo Moreira, o Shogun). O assistente de gravação imaginou que a ligação fosse para o Caetano:

— Desculpe, o Milton Nascimento quer falar com você — e passou o telefone.

Caetano não entendeu nada, mas ficou mais de uma hora de papo com Milton e o convidou para visitá-lo no estúdio no dia seguinte. Ele, então, mostrou algumas das novas canções ao amigo. "Lembro que botamos três músicas para o Milton, e ele ficou ouvindo, calado", conta Pedro. Em determinado momento, Caetano perguntou se tinha gostado.

— Mas que pergunta, Caetano... — Bituca respondeu.

Outro que estava no AR no mesmo período de *Cê* era Jorge Ben Jor, que também gravava um disco. Até hoje o álbum não foi lançado, mas na memória de Pedro, Ricardo e Marcelo, a lembrança que ficou foi a dos microfones do estúdio vizinho cheirando a alfazema.

a gravação do primeiro disco

O Herói

Nasci num lugar que virou favela
Cresci num lugar que já era
Mas cresci a vera
Fiquei gigante, ~~grande~~, valente, inteligente
Por um triz não sou bandido
Sempre quis tudo o que desmente esse país encardido

Descobri cedo que o caminho
Não era subir num pódio mundial
E virar um rico olímpico e sozinho
Mas fomentar aqui o ódio racial A esperança partida entre as raças
Um olho na bíblia, outro na pistola
Encher os corações e encher as praças
~~Foi~~ Com meu Guevara e minha coca-cola
Não quero jogar bola pra esses ratos
Já fui mulato, eu sou uma legião de ex mulatos
Quero ser negro 100%, americano
Sul-africano, tudo menos o santo
Que a brisa do Brasil ~~beija~~ e balança
E no entanto depois do fim do medo e da esperança
Durante a dança   junto
Depois de ~~embrenhar~~ o marginal, a ~~pista~~,
O ~~traficante~~ e o policial
Eu sou ~~um~~ homem cordial
Que vim para instaurar (afirmar) a democracia racial
Eu sou o herói
Só Deus e eu sabemos como dói
Vi que o meu desenho de mim
é tal e qual
o personagem pra quem (eu cria que) sempre olharia
com desdém total
mas não é assim: comigo ~~plena~~
é como em gloria espiritual
que digo

Produzido por Moreno Veloso e Pedro Sá, "Cê" contou com a visita de Milton Nascimento no estúdio; acima, letra de "O herói", com anotações de Caetano: última música a entrar no disco

capítulo 7

**você nem vai
me reconhecer**
a bandaCê chega às lojas

Durante o período de gravação do álbum *Cê*, Caetano compunha algumas canções de madrugada e as levava ao estúdio no dia seguinte. A partir do esboço de violão apresentado por ele, a banda começava a debater o arranjo. "Caetano falava: 'Marcelo faz um negócio assim, com uma pulsação tal'. Aí ele já pegava o violão e mostrava outra coisa... Tudo acontecia com essa dinâmica", explica Shogun. Em seguida, ocorria a gravação. "A gente fazia um *take*, fazia mais um, não mais do que três *takes* de cada música. Completávamos uma ou duas músicas por dia", recorda o baterista. E dessa forma as canções iam sendo registradas.

Outro, com toques de um punk rock erótico, fazia menção ao projeto "clandestino" que não aconteceu: "Você nem vai me reconhecer/Quando eu passar por você". *Rocks* é outra que dita o espírito de *Cê*. Caetano dedicou a Zeca por causa do verso "você foi mor rata comigo", uma linguagem que ele escutava em casa no papo adolescente dos amigos do filho. "Ecoa, com graça, os temas de uma separação, mas não é, em nenhuma medida, um complemento do diálogo da minha separação real", explicou Caetano ao *Globo* em junho de 2007. "Os meus discos têm a gíria da época. Sinto a língua viva, tem um frescor. Serei sempre aquele tipo de velhinho que fala as gírias dos jovens", relatou ao *Estadão*.

Caetano, na época do lançamento, afirmava que *Cê* não era um álbum autobiográfico. "Esse disco tem muito do que poderia ter sido o disco de rock que eu iria fazer. E como esse disco seria clandestino, eu ia fingir ser outra pessoa. (...) É que não estou com vontade, nem acho oportuno no momento contar muitas coisas sobre a minha vida", explicou, na mesma entrevista ao *Estadão*. No entanto, pelo menos três faixas se referem à sua vida pessoal: *Não me arrependo*, *Minhas lágrimas* e *Waly Salomão*. "São documentais, dizem respeito a situações reais que tenho vivido", explicou.

As duas primeiras evocam a sua separação de Paula Lavigne. Com relação à primeira, ele disse à *Quem*: "Foi nessa que eu me entreguei mais, falei coisas que tinham a ver com a minha vida pessoal. Fiz essa letra para Paula". *Não me arrependo* também traz referências a duas lendas da música norte-americana. A levada do contrabaixo de Ricardo Dias Gomes é bastante semelhante à de *Walk on the wild side*, canção de Lou Reed produzida por David Bowie. Já a maneira de cantar a letra, Caetano se inspirou em Bob Dylan. "Eu estou apaixonado por Bob Dylan, adorei aquele documentário sobre ele feito pelo Martin Scorsese. Timidamente, até insinuei uma imitação do jeito dele cantar em *Não me arrependo*", disse à *Folha de S.Paulo*. Já *Minhas lágrimas* trata de sua estranheza em relação a Los Angeles. "Teria horror a morar num condomínio na Barra da Tijuca ou em Alphaville. Gosto de morar onde também estão as livrarias, as padarias e as pizzarias", comentou ao *Estado de S. Paulo*, explicando por que não simpatiza com a cidade californiana. A letra, aliás, foi escrita em um caderno escolar quando Caetano fez uma escala em Los Angeles, após a turnê japonesa de *A foreign sound*.

Waly Salomão, por sua vez, fala sobre o velório do poeta (e amigo de Caetano), na Biblioteca Nacional, em que estava também o Grupo Cultural Afro-Reggae. A canção, das últimas a entrar no repertório, foi escrita no dia da morte de Waly, e não passava de um texto-desabafo. Mas Caetano criou dois acordes com a mesma cadência harmônica da música *Black Sabbath*, e ela nasceu. "Me emocionava muito a brincadeira que ele fazia de que Deus não dava asa à cobra, mas a esta aqui... gritando e apontando para mim", revelou Caetano ao *Estadão*. Não à toa, o título original da canção era *Sem asas*.

A última música a ser composta para o disco, já no estúdio, foi O *herói*, "a trajetória de um ativista negro que, depois de se opor a todas as ilusões da harmonia racial brasileira, termina reafirmando-se como o homem cordial e instaurador da democracia racial. É como se ele atravessasse o processo inteiro e no fim chegasse a uma coisa a que só um brasileiro poderia chegar", explicou Caetano à *Folha*. Curioso que, apesar de não ter se tornado um sucesso, a canção foi a que mais repercutiu nos cadernos culturais no lançamento do disco. A letra ainda traz referências a Castro Alves ("Que a brisa do Brasil beija e balança"), Sérgio Buarque de Hollanda ("Eu sou o homem cordial") e ao presidente Lula ("Depois do fim do medo e da esperança").

A gravação de O *herói*, poesia declamada sobre uma base rítmica, contou com a participação de Jonas Sá, uma ideia de Moreno. "Ele me disse: 'Traz aqueles coros, aquela coisa que você faz meio Stevie Wonder'", lembra Jonas. Caetano propôs que a banda tocasse do seu jeito, sem maiores instruções. Só queria algo inspirado na batida do rap. Pouco antes da gravação ele ainda alterou um verso. "Depois de embrenhar o marginal, a preta,/ O traficante e o policial" virou "Depois de arrebanhar o marginal, a puta,/ O evangélico e o policial". "Apertaram o *rec* e a gente começou a tocar sem nada programado. Foi muito espontâneo, sem trabalho de elaboração", conta Ricardo. Em um disco repleto de canções ligadas a temas como separação e sexo, O *herói* é a única politizada. "É sobre a importância de reconhecer onde há atrito racial e onde ele está camuflado. No fim há uma virada, que reafirma a harmonia racial que conhecemos no Brasil. Acho nocivo criar atritos raciais desnecessários", disse Caetano ao *Jornal do Brasil*.

Após a gravação das bases, pouquíssimos reparos foram feitos. Houve a necessidade de uma emenda na fita na faixa *Homem*, por exemplo. *Outro* também ganhou um pequeno *overdub*. De resto, os únicos elementos adicionados à gravação ao vivo de base foram os violões e a voz de Caetano — apesar do que, ele gostou do seu violão em *Homem* e *O herói*, e não precisou refazer. O processo de registro da voz foi um pouco mais demorado. Caetano sempre teve muito cuidado nesse momento da gravação de seus discos. Nenhum detalhe passa despercebido. A faixa *Deusa urbana*, por exemplo, é cantada por ele com voz dobrada, uma grave, outra aguda.

Depois de tudo pronto, Moreno e Pedro fizeram a mixagem e enviaram para Ricardo Garcia equilibrar as músicas em termos de sonoridade, graves, médios, agudos e volumes para que tudo ficasse uniforme, sem perder a intenção do artista. A chamada masterização. Moreno passou uma instrução importante: não encher o som de compressão. "A indicação era fazer alto, mas sem compressão praticamente. Então era um trabalho muito cuidadoso", explica Garcia. A gravadora chegou a reclamar porque o volume do álbum estava um pouco mais baixo do que a média. Mas o masterizador explicou que era desse jeito que Caetano queria, e assim ficou.

Moreno acompanhou o processo ao lado de Ricardo Garcia, e Caetano apareceu algumas vezes com referências sonoras. "Em geral, levo um dia para fazer o trabalho, mas o Caetano é muito meticuloso e, eventualmente, ele voltava para uns retoques. Os discos do Caetano têm muitos detalhes, então tudo tem que estar soando muito bem, inclusive os silêncios. Silêncio também é música", completa Garcia. O álbum estava pronto, mas o lançamento ainda era tratado sob absoluto sigilo. Apenas no dia 28 de agosto de 2006, a jornalista Heloisa Tolipan escreveu em sua coluna *Gente*, do *Jornal do Brasil*: "Até agora, o que se sabe, oficialmente, é que Caê cercou-se da nova geração na produção de *Cê*".

* * *

Apesar de simples, a capa de *Cê* é das mais icônicas da discografia de Caetano Veloso e surgiu meio que por acaso. Foi Pedro quem o convenceu a elaborar a capa. "Eu botei pilha mesmo, para ele não ficar na mão de um cara que não aceita ideia e ficar aquela coisa melindrada". Caetano disse que pensava na cor roxa, no que Pedro concordou. Ele fez a capa e o encarte possui fotos de amigos que trabalharam no disco, como Shogun, Daniel Carvalho e Giovana Chanley, além de Rodrigo Amarante.

Giovana foi assistente pessoal de Caetano durante cerca de dez anos, incluindo os momentos que englobaram os álbuns A *foreign sound*, *Cê* e *Zii e zie*. Dificilmente Caetano teve contato mais próximo com qualquer outra pessoa nesse período. E pode-se dizer que o responsável por tudo isso — e talvez nem ele saiba — foi Jaques Morelenbaum. Quando tinha 19 anos, Giovana saiu de Campinas e foi morar nos Estados Unidos para ser babá de duas crianças brasileiras. Um problema fez com que a jovem tivesse que pedir socorro pelas ruas de Boston durante uma madrugada. Ela entrou em um prédio, um sujeito ofereceu ajuda e acabou se tornando seu marido.

À época, Giovana curtia bandas como o B-52's e era incapaz de citar uma única música de Caetano. Acontece que seu marido era louco por música brasileira, em especial a do baiano. Assim, o casal passou a frequentar shows de artistas brasileiros em Boston. Um deles foi *Noites do Norte*. Na saída, um dos músicos da banda, antes de entrar na van que o levaria de volta ao hotel, viu um animado grupo de brasileiros conversando e foi falar com eles. Era Yura Ranevsky, que apenas naquela noite estava substituindo Morelenbaum. Yura comentou que tinha que pegar uma partitura na famosa escola de música Berklee, só que não sabia como chegar lá. Giovana se prontificou a ajudá-lo.

Dois anos depois, ela recebeu um e-mail de João Franklin, produtor executivo da equipe de Caetano. Ele queria um orçamento para uma pequena turnê que a cantora Virgínia Rodrigues faria nos Estados Unidos. Giovana não entendeu nada.

— Eu não sou produtora, mas professora de pré-escola — respondeu.

Franklin pediu desculpas, mas, uma semana depois, voltou a entrar em contato para indagar se ela não poderia ajudar dando o número de telefone de um motorista. Ela resolveu o problema e foi ao show com o marido. No camarim, Virgínia disse que queria que a nova amiga seguisse a turnê toda com ela. "Eu nem recebi nada e foi ótimo. O último show ela dedicou a mim, e o João me perguntou se eu não queria ser produtora", recorda Giovana, que nem imaginava o que uma produtora fazia.

— Mas você já é uma baita produtora. Eu nunca conheci ninguém igual a você — disse Franklin. Alguns meses depois, ela foi convocada mais uma vez para ajudar nos preparativos de um show que Caetano faria com David Byrne no Carnegie Hall, em Nova York.

Durante umas férias no Brasil, a pedido de um primo, Giovana ligou para Franklin perguntando se ele não teria dois ingressos para um show de Caetano em São Paulo, já que estava tudo esgotado. Após a apresentação, durante um jantar, o produtor executivo perguntou se ela não pensava em voltar a morar no Brasil. Giovana até queria, mas não para ser professora. No dia seguinte, nova ligação de Franklin, pedindo que Giovana se encaminhasse aos estúdios da TV Globo em São Paulo. Caetano estava concedendo uma entrevista a Jô Soares, e Franklin comunicou que uma pessoa gostaria de conversar pessoalmente com ela. Nos bastidores do programa, surgiu Paula Lavigne, que disse:

— Olha, vou te dizer uma coisa, você tem três dias pra resolver se você quer ou não o emprego que eu tenho para te oferecer, porque no Rio tá assim de gente querendo.

O trabalho era para a turnê internacional do disco A *foreign sound*, que estava prestes a começar, e eles precisavam de "uma baita produtora com inglês fluente". Giovana topou. Voltou a Boston para se despedir e, três dias depois, começou a trabalhar no escritório que cuida da carreira de Caetano. Passada só uma semana, Paula disse que Caetano iria a uma reunião com Fernando Gabeira em Brasília, e que ela deveria acompanhá-lo.

— É um teste — disparou.

Quando Caetano avistou Giovana no aeroporto, brincou:

— Foi você que importaram de Boston para mim?

Resumo da ópera: cerca de dez anos de trabalho como assistente pessoal do artista. "E zero problema", frisa Giovana. "Olhava e já sabia o que ele estava sentindo. Ele nem precisava falar. Ele olhava pra mim, e eu já via o que queria comer, beber ou se livrar de alguma pessoa... Deu muito certo".

Deu tão certo que quando Caetano se sentou na frente do computador para criar a capa de *Cê*, Giovana estava do seu lado no estúdio de gravação; a assistente sempre levava o seu laptop porque invariavelmente tinha que digitar alguma letra de música a pedido do chefe. "Ele pediu meu computador emprestado, e abrimos o Paint [programa de computador para criar desenhos]. Começamos a brincar com a capa, testávamos as cores, os diferentes tons de roxo... Eu disse que achava bonito, porque uma das letras do disco tinha a palavra 'roxa'", diz Giovana. Depois da cor decidida, escreveram o título do disco e optaram por colocá-lo em vermelho. "Fizemos isso e nem imaginei que ia virar a capa, mas foi. Tudo bem caseiro, como ele queria", observa a assistente.

* * *

Cê, o 40º disco da carreira de Caetano, chegou às lojas em 12 de setembro de 2006, com tiragem de 50 mil cópias, além de uma edição especial em vinil. Na coletiva de lançamento do álbum *A foreign sound*, Caetano havia respondido, impaciente, sobre insinuações de que estaria em declínio criativo como compositor: "Estou envelhecendo, talvez os neurônios não funcionem mais". Dois anos depois, as reportagens sobre o novo disco frisavam que *Cê* era o primeiro disco 100% autoral do artista, sem nenhuma parceria na composição das músicas. Todas foram escritas entre meados de maio de 2005 e o início de 2006. O mais curioso é que Caetano imaginava fazer um álbum diametralmente oposto. Já tinha até título: *Novas canções sentimentais*. Ele seria todo voz e violão, com canções românticas inspiradas nas de Peninha ou de Fernando Mendes. Segundo Caetano, a faixa *Não me arrependo*, apesar de ter entrado em *Cê*, poderia estar presente nesse disco que nunca existiu.

O release já mostrava as intenções de Caetano com o novo projeto. "*Cê* é antes de tudo um disco de banda. Registrar essa banda em atividade num show seria o procedimento a se adotar o mais prontamente. E assim foi feito. Gosto de pensar na banda do *Cê* como uma das bandas de que Marcelo Callado e Ricardo Dias Gomes participam. Felizmente, no Rio de Janeiro há um bom número delas. Gosto de vê-la também como uma das bandas que Pedro Sá poderia criar e liderar. Não que não goste de que ela seja a expressão de minhas próprias necessidades musicais agora. Acho o som que fazemos com *Cê* o que melhor mostra o que sempre tenho sido. E isso justamente por parecer opor-se a tanto do que fiz. Ele me livra um pouco de mim mesmo para que eu me aproxime mais de ser quem sou".

Caetano estava, de fato, satisfeito com o resultado, bem diferente do momento em que lançou *A foreign sound*, quando disse que não sabia se o álbum despertaria interesse. Agora a história era outra. "Passando na memória todos os discos que fiz, vi que nunca terminei nenhum deles com a satisfação de exigência preenchida. Do *Caetano* (1987) para cá, acho *Cê* o melhor concebido, embora goste do *Joia*, do *Transa* e de todos do ciclo da Outra Banda da Terra. A gente ia para o estúdio e a gravação era uma farra. Não havia tanto rigor, ia contra aquela coisa do disco bem-produzido dos anos 1970. Os que fiz com o Jaquinho também são considerados de qualidade, sob qualquer critério. Esse de agora tem uma concentração muito grande no essencial. É uma leitura nítida só com três músicos em todas as faixas, tocando espontaneamente", disse ao *Correio Braziliense*.

O teor das letras foi muito debatido pela imprensa. Caetano e Paula Lavigne haviam se separado em dezembro de 2004, após 19 anos de união. A jornalista Mônica Bergamo, da *Folha de S.Paulo*, perguntou se depois de tantos anos era possível haver uma separação, no que Caetano respondeu: "Às vezes a separação é a única confirmação possível daquilo que é mais valioso numa união. Não dá para falar dos sentimentos ligados a isso para pessoas que não sejam muito próximas. Talvez para ninguém além de nós dois". Paula, no entanto, continuou empresariando o artista. Não à toa, na época do lançamento de *Cê*, Caetano disse: "Tem muito, no disco, a ideia de separação. É como se fosse um álbum de separação. Existem discos com esse tema, mesmo de rock. Esse disco é um pouco assim". De fato, Caetano vivia uma nova fase. Em entrevista também para a *Folha de S.Paulo* ele explicou: "A poética do rock é muito mais de sexo do que de romance, talvez essa seja uma das razões. Nesse disco há muitas canções de melancolia e de sexo, mas não tem propriamente romance".

Chico Buarque também foi assunto nas entrevistas que Caetano concedeu. O motivo? O compositor lançara o álbum *Carioca* três meses antes de *Cê*. E todo mundo queria saber o que Caetano tinha achado do disco. "Ouvi muito, gosto muito, e é realmente outra praia musicalmente. Chico foi para um lado mais... Guinga mesmo. É aquilo que Guinga admirava nele e agora reaparece em Chico mais Chico ainda e diferente das canções antigas dele. São canções muito cromáticas e com melodias um tanto difíceis, e harmonias com caminhos inesperados, sem ser aquelas canções redondas que Chico fazia. São intrincadas harmonias e caminhos labirínticos na melodia. Já eu, fui para o caminho oposto, são canções simplificadas", disse Caetano ao jornal O *Globo*.

A única canção de seu álbum que ele citou como "complexa" foi *Um sonho*. No documentário do DVD *Cê – Multishow ao vivo*, o compositor explicou a dificuldade de encontrar um caminho para ela com a bandaCê. "Eu tinha ela sem achar que fosse possível de ser tocada por aquela banda, e especificamente Ricardo e Pedro inventaram um jeito de tocar que fizeram da música uma outra coisa, e fizeram com que essa coisa fosse compatível com o disco *Cê*".

A imprensa ficou dividida, mas, de modo geral, elogiou mais do que criticou o álbum. Para exemplificar, o tabloide carioca *International Magazine* publicou duas resenhas na mesma página. Uma delas, de autoria de Tom Neto, dizia: "Chega a ser... melancólico... constatar a derrocada de um dos mais influentes artistas brasileiros de todos os tempos. (...) Paira uma dúvida: será que não haveria ninguém no convívio de Caetano que pudesse avisá-lo que a sua reputação está sendo empurrada ribanceira abaixo? (...) E que, além do desrespeito para consigo próprio, *Cê* chega a ser uma afronta... ao seu público?" Ao lado, Luiz Felipe Carneiro (um dos autores deste livro) constatou o contrário: "Agora, quando Caetano Veloso lança, provavelmente, o disco de Música Popular Brasileira mais original dessa década (até agora, claro), a crítica tem que dizer que o trabalho é muito 'estranho'. (...) Um pouco de paciência e bom senso são o suficiente para a descoberta de mais uma obra-prima de Caetano Veloso".

O jornalista Sérgio Maggio também elogiou o álbum no *Correio Braziliense*. "As letras e as melodias de *Cê* mostram cantor e compositor híbrido, parido das últimas vivências sonoras. Do pop estourado de 1 milhão de cópias e da MPB sofisticada do poeta em discos para ouvidos dotados de finura musical (*Noites do Norte*), o álbum abre tantas janelas, tantas infinitudes que é quase impossível reduzi-lo à experiência única. A sensação, ao passar de primeira pelas 12 canções, é que se trata de uma das mais contemporâneas de suas obras. O resultado é MPB moderníssima, com Caetano eriçado como nunca. Para os que ansiavam, eis o verdadeiro sucessor de *Circuladô*!", cravou.

Opiniões divergentes à parte, a imprensa se preocupou em conceituar a nova obra de Caetano. Muita gente insistiu na expressão "disco roqueiro" e o próprio tratou de explicar: "Eu já vinha pensando faz um tempo em fazer canções que se adequassem ao som de uma banda. E pra isso eu precisava que fossem letras concisas e com frases intensas, e imagens um pouco brutas. E que tivesse uma intensidade poética, uma tensão poética que mantivesse a intensidade numa brevidade que condissesse com uma banda pequena de rock. (...) Embora as canções não sejam em sua maioria propriamente rocks, são referências ao rock". No release, ele também se preocupou com a questão. "Não se trata, porém, de um disco de rock como os que ouço e me interessam: as músicas são minhas, minha voz continua a mesma, meus cabelos estão mais brancos do que pretos, menos cacheados e sempre mais curtos do que quando os tinha longuíssimos — ou mais longos do que quando decidi usá-los curtos", escreveu.

De toda forma, Caetano estava preparado para as possíveis críticas. Em entrevista à revista *Quem*, falou: "Sei que vai ter gente que vai chiar. Sempre tive empatia com o rock dos anos 80, com o som meio gay de Renato Russo. Aqueles rodopios que ele dava eram lindos. O esnobismo não serve para mim".

A comparação com *Velô*, o "disco roqueiro" dos anos 80 com a Banda Nova, foi inevitável. Guilherme Wisnik escreveu na *Folha de S.Paulo*: "*Cê* é um disco de rock falando de sexo. (...) Porém, comparativamente, se o espírito daqueles [*Uns* e *Velô*] é quase pré-Cazuza e Lulu Santos, o deste é pós-Arnaldo Antunes e Los Hermanos. Melodias simples são acompanhadas por letras herméticas, sob uma sonoridade econômica, esvaziada e construída de maneira suja". No *Jornal do Brasil*, Tárik de Souza também fez referência à comparação. "*Cê* tem a ver com *Velô*, tapa na cara e tapinha nas costas da geração rocker que emergiu no país no início dos anos 80. Trazia embutido mísseis de longo alcance, como *Podres poderes*, *O quereres* e o rap *Língua*, permeado por guitarras tão urgentes quanto as do recém-chegados. (...) Em *Cê*, já na era pós-eletrônica, pós drum'n'bossa, as guitarras voltam a zoar com economia e eficácia, anotadas especialmente em *Noites do Norte*".

Mais do que um "disco roqueiro", *Cê* pode ser chamado de um "disco de Caetano". Sempre inquieto, ele mudou o estilo, gênero musical e conceito na maioria de seus trabalhos. Dificilmente um disco seu foi parecido com o antecessor. Mas parece que *Cê* chocou um pouco mais. Talvez Caetano devesse ter escrito "um disco para entendidos" no encarte, assim como fizera em *Araçá azul*.

Segundo Moreno Veloso, *Cê* estava na contramão do que se esperava. "Meu pai tinha feito uma série de coisas, discos em espanhol, em inglês, o *Noites do Norte*... Ele vinha numa direção e, de repente, foi uma guinada, uma ideia muito doida, meio rock experimental, sofrido, e ele queria isso mesmo, inclusive esteticamente. Acho que não estava preocupado com a recepção da imprensa", avalia. "Diziam que o Caetano precisava se reafirmar, que estava entrando na terceira adolescência. Nada disso podia ser necessariamente mentira. Ele podia estar na terceira adolescência, e o rock pode ser uma coisa meio 'boba', e daí? Meu pai precisava colocar pra fora, ele precisava gritar 'odeio você', falar 'estou-me a vir'... Ele precisava fazer isso e fez", completa. À revista *Bravo!*, Caetano foi econômico ao definir o trabalho: "Um disco agradável e desagradável; muito meu e diferente de mim; inspirado em muita dor e capaz de me dar grande alegria".

Arto Lindsay, que produziu álbuns de Caetano entre o fim dos anos 1980 e o início dos 90, faz uma leitura que talvez seja a melhor síntese do conceito de *Cê*: "É um pensamento dele sobre as possibilidades do rock. E quem acha que o rock é simples, pode tirar o cavalinho da chuva, porque a complexidade da música não é só o número de acordes e a complexidade da relação de acordes. Há a textura do som, o som em si, a relação muito sutil entre a voz e o ritmo. Chamar rock de simples eu acho besteira, é um entendimento menor da música".

O jornalista Arthur Dapieve vai além da questão da sonoridade: "O rock sempre foi uma informação muito forte para o Caetano. Só que o rock para a geração dele teve outras vertentes, outras conjugações. A postura dele sempre foi muito roqueira. Mas é um disco também confessional, e isso é tão importante quanto a sonoridade. Faz parte de um momento específico da vida dele, um momento tenso".

A questão "ser rock ou não ser" deu o que falar. Em alguns momentos ficou até difícil de interpretar as resenhas, como a publicada pela jornalista Adriana Del Ré no *Estado de S. Paulo*: "*Cê* pode ser considerada uma pequena obra rock de Caetano, sem ser só um CD de rock. Longe disso". Segundo o baixista e tecladista Ricardo Dias Gomes, a imprensa, de um modo geral, reduziu um pouco o disco a um estereótipo, "mas óbvio que tem rock, é o conceito fundamental do gênero, essa característica que o rock tem com a intuição, com a visceralidade".

Em entrevista ao jornal *Estado de Minas*, Caetano mais uma vez explicou que a formação do grupo é a de uma banda de rock, e ainda disse que categorizar pode ser algo "artificioso". "Por exemplo, o disco do Los Hermanos (4) é de rock porque eles são um grupo de rock. Mas é só isso. Os discos do David Byrne, mesmo com os Talking Heads, têm canções que soavam *world music*. Você chama de rock porque eles são do rock". Adiante, ele insinuou a sua proposta através desse novo projeto: "O que estou fazendo é uma argumentação contra os nichos. Eu sou um cara esquisito que não cabe neles. Na verdade, acho que ninguém cabe e usa-se a expressão somente para facilitar a conversa. Tanto faz dizerem que *Cê* é ou não um disco de rock".

Tanto fazendo ou não, *Cê* faturou o Prêmio Tim na categoria pop rock. E David Byrne considerou *Cê* o melhor disco de rock alternativo lançado em todo o mundo em 2006: "Eu costumava dizer isso às pessoas aqui que o melhor álbum de rock alternativo daquele ano saiu no Brasil. É um disco (como os outros dois da trilogia) que levou algum tempo para a gente se acostumar... Não tem a bela superfície convidativa de muitos discos do Caetano. É bastante agressivo — apropriado dado o assunto tratado — e os sons dos instrumentos são nus".

Caetano tinha razão de não se preocupar com a rotulação, afinal de contas, quem acompanha a sua carreira sabe que o rock sempre esteve presente em sua obra. Em 1983, no disco *Uns*, já referenciava o gênero com a canção *Eclipse oculto*. Na época, os caras da gravadora não gostavam quando ele dizia que se tratava de um rock. "Achavam talvez que o rock nacional estava 'nascendo' e que eu devia me manter no meu lugar: MPB", conta Caetano. Muitos anos antes, em 1968, ele realizou ao lado de Gilberto Gil e dos Mutantes um antológico show na boate Sucata, que considera "o mais alto momento do rock no Brasil" até então. Já em 2006, o lançamento de *Cê* reverberava essa linhagem que nunca lhe foi estranha. "O *Cê*, já do século XXI, é formalmente mais roqueiro, mas é continuidade da metabolização que se dava em mim e em Gil, desde 1966, do fenômeno internacional de massas que passou a ser olhado com cada vez menor preconceito a partir de sua versão britânica", diz Caetano.

O jornalista Ricardo Alexandre acrescenta: "É difícil dissociar o Caetano do rock. Ele sempre teve o olho na música de guitarras. Na bandaCê, isso fica mais intrigante, justamente por causa das circunstâncias, porque ela é quase inadequada ao mercado e acontece depois do rock alternativo dos anos 90". O jornal argentino *La Nación* também ressaltou o aspecto roqueiro. "O resultado musical de *Cê* é tão honesto quanto poderoso e estranho como aquele memorável disco elétrico chamado *Velô*. As canções desta obra produzida pelos jovens Pedro Sá e Moreno Veloso tem *riffs* cortantes que lembram os do The Clash, um certo ar melancólico e setentista dos Secos & Molhados de Ney Matogrosso, a irreverência pop oitentista de Cazuza e o espírito adolescente do Nirvana", resenhou Gabriel Plaza.

Sasha Frere-Jones, da revista *The New Yorker*, em sua edição de 29 de janeiro de 2007, também destacou *Cê*, "um disco vivo e sobressalente que soa mais como indie rock do que qualquer outra música altamente variada que ele fez nos últimos 40 anos". Ele ainda escreveu que Caetano é um "cantor de graça e doçura quase paralisantes", além de "um rebelde altivo". Para completar, comparou *Odeio* ao som do The Strokes, e *Homem* ao grupo inglês de new wave XTC, e finalizou: "*Cê* resiste aos encantos anódinos do pop brasileiro, privilegiando ritmos barulhentos e, em blocos mais comuns, às bandas de garagem americanas".

Caetano ficou surpreso com a recepção de *Cê* no exterior, tendo em vista que *Rock'n'Raul* tinha sido muito criticada lá fora. Mas, segundo ele, David Byrne mudou esse pensamento. "Os ingleses hoje gostam dos Mutantes. Mas quando cheguei em Londres e mostrava os discos dos tropicalistas, eles não gostavam. Consideravam uma cópia malfeita dos Beatles. Preferiam que a gente cantasse Bossa Nova, samba, música mais brasileira. Foi David Byrne que mudou tudo isso. Ele teve uma visão crítica diferente, deu uma adiantada no mundo inglês. A própria maneira dele entender Tom Zé foi diferente, inclusive dos brasileiros. David Byrne levou a uma nova visão crítica da música brasileira no exterior", disse ao *Jornal do Commercio* de Recife.

Caetano explicou de forma técnica, no documentário do DVD *Cê – Multishow ao vivo*, a contribuição do disco para a música brasileira. "A banda deixou a área timbrística da voz sempre livre, sempre desimpedida de som. Eu não preciso sempre gritar ou preencher, brigar contra a massa sonora da banda de rock. Aquilo está feito de uma maneira contrapontística, muito sofisticada. (...) O aspecto mais louvável, talvez a única coisa propriamente relevante do ponto de vista musical dessas invenções, mais do que as composições, do que tudo mais, é a distribuição timbrística e de atividade dos timbres nos arranjos. Porque aí a voz pode ficar, eu posso cantar alto, baixo, médio, tudo acontece e tudo se torna musicalmente inteligível e fisicamente audível", disse antes de concluir: "Isso é uma façanha, não é pouca coisa, não. E nesse ponto, eu acho que aqui no *Cê* tem lição para qualquer banda de rock brasileira e até não-brasileira".

De fato, não é pouca coisa. E, mais importante: a vida de Caetano estava mudada. Novas canções, uma jovem banda, além de livre e desimpedido em sua vida pessoal. "O Caetano se separou da Paula e do seu diretor musical ao mesmo tempo, e foi viver uma segunda juventude ao lado de namoradas, de argentinas e de uma banda de garagem formada por meninos bonitos", sintetiza Jaques Morelenbaum.

Estava na hora de a bandaCê mostrar o seu poder de fogo nos palcos ao redor do Brasil e do mundo.

Descontração em Natal durante a turnê de "Cê" e festa na casa de Pedro Sá, no Leblon: na foto estão Moreno, Caetano, Rodrigo Amarante e Jonas Sá, com a mãe, Tetê, e a irmã, Rosa Branca

capítulo 8

**tudo certo como
dois e dois são cinco**
a estreia nos palcos

O show de estreia da fase *Cê* ocorreu meio que por acaso, diferente do que acontece com as turnês de artistas de ponta, sempre programadas com uma boa antecedência. Em outubro de 2006 foi agendada mais uma edição do Tim Festival e um dos palcos do evento, chamado Lab, era considerado pela imprensa "o grande mico preto do festival". Poucas pessoas estavam interessadas nas atrações do Lab, preferindo Patti Smith, Beastie Boys, Daft Punk, Ivan Lins, Herbie Hancock e Yeah Yeah Yeahs, espalhados em outros palcos. Como os ingressos para os shows de Marcelo Birck, The Bad Plus e Black Dice marcados no Lab no domingo (29 de outubro) estavam encalhados, a produção do festival convidou Caetano Veloso para apresentar ao vivo, pela primeira vez, o seu novo projeto ao lado de Pedro Sá, Ricardo Dias Gomes e Marcelo Callado — ou, como chamou Arnaldo Bloch no jornal *O Globo*, "Caetano Veloso Quartet".

O grupo, naquele momento, ensaiava para a estreia oficial da turnê, programada para a segunda quinzena de novembro, em Brasília. O convite partiu da produtora do festival, Monique Gardenberg. Caetano e os três rapazes só foram oficializados no evento cinco dias antes. A banda estava concentrada nas músicas do disco e ainda não havia pensado nas demais canções que fariam parte do repertório. Para o show no Tim, eles decidiram tocar todas as 12 faixas de *Cê* e mais três antigas. Duas delas já estavam previstas para a turnê: *Nine out of ten* e *You don't know me*, originalmente gravadas no álbum *Transa*. Caetano queria mais uma para fechar o show e Marcelo (que tocava com Lafayette, mítico tecladista da Jovem Guarda) sugeriu *Como dois e dois*, escrita por Caetano e gravada por Roberto Carlos em 1971.

Quando o festival começou, em 27 de outubro, tanto Caetano quanto a banda curtiram alguns shows no espaço, na Marina da Glória. No primeiro dia, assistiram a Devendra Banhart no próprio palco Lab. Não por acaso, a última canção do show foi *Lost in the paradise*, de Caetano. No domingo, antes do show, os três músicos circularam pelo evento. O baiano, no entanto, tinha outra preocupação: não sabia como se portaria no palco ao lado de Pedro, Ricardo e Marcelo. "Ele não tinha ideia de sua persona", revela o guitarrista. Caetano surgiu no camarim com um paletó virado ao contrário, com a parte interna colorida à mostra, olhou para Pedro e perguntou-lhe:

— Tá meio palhaço Tonheta, né?

O guitarrista riu e concordou. Caetano então vestiu uma jaqueta jeans que o acompanharia até o final da turnê.

A banda subiu ao palco depois das três horas da manhã de segunda-feira. A área do Lab comportava 1.800 pessoas. Naquele momento, havia cerca de 500, provavelmente o maior público daquele espaço no festival. Alguns amigos, como Regina Casé e Bebel Gilberto, prestigiaram a (pré-)estreia do show. Até então, o lugar estava praticamente esvaziado — o trio nova-iorquino Black Dice afugentou geral com o seu som experimental. Antes de as cortinas se abrirem, Caetano estava inseguro, algo raro. Pedro recebeu um abraço da empresária Paula Lavigne, também tensa com o primeiro show.

— Você conhece! Confio em você! Esse troço tá muito diferente... — ela disse.

Quando a apresentação começou ao som de *Outro*, o ambiente foi ficando mais leve. Apesar de Caetano cantar "Você nem vai me reconhecer/ Quando eu passar por você", o público estava entendendo tudo. O impacto foi imediato e a letra, entoada aos berros pela plateia, que já parecia ter praticamente todo o novo álbum decorado. As canções de *Cê* foram executadas na ordem do disco. O refrão de *Rocks* também pegou. Ao mesmo tempo, Caetano ia se soltando. "Ele começou a entender o que ia fazer. Foi bonito vê-lo arriscando as primeiras danças, os primeiros gestos... Ele sabia que precisava dar uma ensaiada com o público, praticar o negócio e sentir a resposta", recorda Pedro.

Alguns gestos que se tornariam clássicos na turnê já estrearam no Tim Festival, como o momento em que Caetano arremessava a sua jaqueta em *Como dois e dois*, bem como as corridinhas pelo palco. No entanto, durante *Homem*, canção inspirada em Rita Lee, ele não se jogou no chão, como passou a fazer no restante da temporada. "Se eu tiver que escolher um nome de mulher que eu diga que eu invejo, eu digo Rita Lee. Porque essa canção, *Homem*, é uma canção que é uma imitação do estilo de Rita Lee. Eu falo ali de ser homem como ela fala de ser mulher", explicou Caetano em entrevista a Geneton Moraes Neto, na *GloboNews*. Aliás, o primeiro verso da música ("Não tenho inveja da maternidade"), no primeiro rascunho seria "Não tenho medo da maternidade".

Não me arrependo foi outra acompanhada pelo público, assim como *Odeio*. No entanto, as músicas mais calmas, como *Um sonho* e *Porquê?*, deixaram a peteca cair um pouco. Durante esta última (que originalmente se chamaria *Estou-me a vir* e é composta de um único estribilho cantado em português de Portugal), arrebentou uma das cordas do baixo tocado por Pedro (Ricardo estava no piano Rhodes). Após *O herói*, cuja letra foi lida por Caetano, o quarteto deixou o palco. No que dependesse do público do Tim, Caetano e sua banda não teriam problemas com as novas músicas. "Dum fôlego só, ele e seus *contemporary boys* desfilaram o trem de 12 rocks libertário-existenciais, com o auxílio fiel de corais da plateia de novíssima geração (...) repetindo os novos e endiabrados refrãos como se hits já fossem — e o são, na incubadeira dos antenados", escreveu Arnaldo Bloch no *Globo*.

Já passava das quatro da madrugada quando os fãs bateram os pés pedindo o bis. E a maior surpresa estava reservada para aquele momento: as duas músicas do *Transa*. "As pessoas ficaram loucas com elas. Todo mundo pirou na plateia", relembra Inti Scian. A última foi *Como dois e dois*, e, logo que ela terminou, Caetano ameaçou se jogar sobre a plateia. "Por alguns segundos, era possível acreditar que aquele *mosh* poderia ser real, assim como a atitude de seu autor", publicou o *Jornal do Brasil*. Ao vivo, a bandaCê agradou a crítica. "Pedro Sá, que conduz a banda e define a sonoridade rascantemente roqueira, teve momentos espetaculares sem apelar para malabarismos. Os outros correspondem ao grau de vigor e competência, mas ele é mais", escreveu Lauro Lisboa Garcia, no *Estado de S. Paulo*. Missão cumprida, enfim. "A energia desse show foi única, só aconteceu ali", recorda Ricardo Dias Gomes. Já era manhã quando ele, Marcelo, Pedro e as respectivas parceiras deixaram a Marina da Glória e viram o sol nascer na Baía de Guanabara.

* * *

Durante uma apresentação em São Paulo, uma menina na plateia tirou a blusa e arremessou para Caetano. Enquanto a moça dançava de braços abertos apenas de sutiã, ele pegou a camiseta e viu que tinha o desenho de Ganesha, o deus do intelecto no hinduísmo. Um segurança prontamente tirou o paletó e cobriu a menina, enquanto Caetano fazia uma performance com a blusa em cima de sua coxa. No momento ele cantava *Rocks*: "Tatuou um Ganesha na coxa". Em outro show, dessa vez no Recife, uma moça subiu ao palco, rastejou até Caetano com um olhar profundo e se deitou com a barriga para cima. Os roadies correram para retirá-la, mas Caetano, impregnado pelo bafo de cachaça da garota, disse que ela poderia ficar lá. Durante um show em Bauru, interior de São Paulo, o cantor desapareceu da vista dos integrantes da banda e só foi avistado quando estava trepado e dando tchau na armação do palco no ginásio. Depois desceu e cantou no meio da plateia. "Parecia show do Iggy Pop", lembra Ricardo.

Esses são apenas três exemplos curiosos durante a turnê *Cê*, que rodou o Brasil, Estados Unidos, Europa e América Latina entre 2006 e 2007. Eles são sintomáticos. Ou seja, saíam os coroas acostumados a beber uísque escocês na primeira fila das casas de shows e entravam os jovens que tratavam Caetano como um novo astro do rock.

O rejuvenescimento dos fãs era claro como o sol. O rapazola que costumava ter a bochecha apertada por senhorinhas nas mesas do Canecão e do Metropolitan durante a turnê *Fina estampa* agora já se sentia velho demais no Circo Voador ou no Morro da Urca. "Acho que esse primeiro show do *Cê* era um chute na porta mesmo. Tinha a expectativa do público acostumado a ir aos shows do Caetano", diz Ricardo. De fato, houve alguma reação contra o som, mas, ao mesmo tempo, uma nova legião de fãs foi formada. Marcelo observa: "Ele vinha de uma bagagem maravilhosa com o Jaquinho, com orquestra e tudo, aí chega com uma banda com dois caras de 26, um de 33... É uma aposta arrojada. Tanto que no show apareceu uma molecada que não ia ao *Prenda minha*. É um reencontro do Caetano com a juventude".

Em entrevista à revista *Bravo!*, Caetano disse que realmente esperava uma mudança de público. "Se há quem me siga há décadas, não há razão para agora deixar de conferir. Desiludiu-se? É só parar de seguir. Não tenho desejo de ampliar meu público. Desejo melhorar meu diálogo com quem quer que me ouça. Melhorar muitas vezes significa criar dificuldades. Talvez *Cê* crie dificuldades. Talvez essas dificuldades mudem um pouco a cara da turma que presta atenção em mim. Isso me interessa".

E não foram só os fãs. Muita gente percebeu uma postura mais jovial de Caetano. "Ele rejuvenesce, inclusive, fisicamente, parece mais novo hoje do que era 20 anos atrás. Isso é bem impressionante. O *Cê* deu uma melhorada na pulsão vital dele, porque o rock tem testosterona. Ele fez uma reposição hormonal. Essa trilogia ilustra muito bem a pulsão", afirma Arthur Dapieve. "A sensação é que aquilo deu uma nova energia, não que ele precisasse, mas era uma nova eletricidade. Havia uma energia, uma alegria de poder dançar e cantar com a força que essa banda superespecial deu a ele", concorda Rodrigo Amarante.

Shogun, que trabalhou como técnico de monitor durante shows da turnê, lembra de momentos curiosos, em especial quando Caetano se jogava no meio da plateia e gritava desesperado para o roadie Luciano Silva correr e evitar que alguém avançasse sobre ele. Moreno Veloso também enxerga algo parecido. "A trilogia *Cê* talvez tenha atingido um público antes meio anestesiado para a música do meu pai".

Verdade que muita gente jovem estava conhecendo a obra de Caetano naquele momento. Pedro diz que era comum fãs comentarem que não gostavam da música do compositor, mas que começaram a entender tudo a partir da fase *Cê*: "Eles diziam que achavam careta, mas agora estavam curtindo", diverte-se. "Sempre tinha gente com cara de bunda, o cara que levou a família pra escutar *Sozinho*, e a gente mandava 'estou-me a vir'". David Byrne, que assistiu aos shows em Nova York, suspeita que alguns dos fãs mais antigos podem não ter gostado da nova fase: "Mas, depois de todo esse tempo, Caetano não precisa mais agradar a ninguém além de si mesmo".

Contudo, para conquistar novos fãs e também agradar aos mais antigos, Caetano precisava fazer um show que abarcasse grande parte de sua história. Resultado: um dos *setlists* mais longos de sua carreira, em apresentações que beiravam duas horas de duração. "O show era enorme. Talvez ele quisesse justificar ao público sua mudança de caminho", avalia Pedro Sá. Segundo o guitarrista, havia uma história no roteiro do show para que o fã íntimo da obra de Caetano entendesse tudo aquilo. Sobre o repertório, Ricardo explica: "Primeiro, a gente pegou apenas as músicas do disco, depois iniciamos o processo de escolher as músicas antigas, e criamos os arranjos como se fossem músicas novas, com total liberdade para experimentar".

O novo arranjo de *Sampa*, por exemplo, tinha tudo a ver com a banda, com acordes fechados, simplificando a harmonia. "A canção, no original, era terna, mas um pouco melancólica. Agora fiz uma versão que tem a ver com a tradição do rock em São Paulo, uma homenagem também sonora a Rita Lee e aos Mutantes", disse Caetano à *Folha de S.Paulo*. *Fora da ordem* e *London, London* foram escolhas pessoais. No material de divulgação, Caetano escreveu que considerava essa segunda "chata e sem razão de ser, uma música irrelevante". Mas mudou de ideia. "No meu show, decidi cantar *London, London* e dedicá-la à memória de Jean Charles de Menezes, o brasileiro que foi morto pela polícia inglesa. De repente, senti que a canção não precisava se envergonhar de existir", confessou ao *Diário do Amazonas*.

Marcelo era quem mais gostava de dar sugestões de músicas antigas. Profundo conhecedor da obra de Caetano, sempre puxava alguma coisa da cartola. "Ele deu boas ideias de músicas antigas que conversassem com os discos novos", afirma Pedro. Mas algumas entraram no setlist por acaso, como *Chão da praça*, parceria de Moraes Moreira e Fausto Nilo. Um dia, a banda estava tocando algumas canções de Moraes quando Caetano entrou no estúdio. Ele achou aquilo tudo muito bonito e falou:

— Moraes, né? As músicas dele são geniais. A gente podia fazer *Chão da praça*.

Dito e feito. A canção, que entrou logo no início do show — a terceira do *set* —, era um dos momentos mais catárticos. Moraes Moreira ficou emocionado em uma apresentação no Canecão.

Caetano também homenageou Jorge Ben Jor com *Descobri que sou um anjo*, que encerrava as apresentações. "A temática tem tudo a ver com a do *Cê*, uma coisa de separação, e a música do Ben Jor é a redenção do Caetano depois da separação. Acho que ele queria deixar clara essa mensagem", explica Pedro Sá. "Particularmente, é dos melhores arranjos nossos. Eu fiz no baixo uma espécie de percussão com nota. Foi inusitado, mas feliz o acontecimento dessa música", lembra Ricardo.

A voz do violão, canção de Francisco Alves e Horácio Campos, foi a escolhida para ser o momento voz e violão do espetáculo. "Em todos os meus shows há um momento em que canto só com o violão acústico. Pensei em nem fazer isso agora, mas me veio a vontade de cantar esta música. Então canto somente ela assim. Não existe meio-termo. É oito ou 80", justificou Caetano no release do show.

E ainda havia uma música inédita na manga. "Ela fala de um amor que nem precisa ser dito, que é já uma alegria sem sequer ser imaginado pelas duas pessoas", explicava no texto Caetano sobre *Amor mais que discreto*, composta após as gravações do álbum de estúdio. "Acho uma canção gay pioneira no Brasil. Não que seja pioneira porque nunca houve. É claro que há outras, até melhores, mas ela é mais explícita e com um tom mais assim... Sei lá, explícita e consciente daquilo, entendeu?", explicou Caetano no *Cê – Multishow ao vivo*. Nos shows, ele juntou essa música a *Ilusão à toa*, de Johnny Alf, com temática semelhante. A inclusão das duas canções foi algo bem pensado por Caetano. "Ele falava que o disco estava muito heterossexual, e que o show tinha que ter uma coisa homossexual", revela Pedro.

Ricardo ainda sugeriu *I'm waiting for the man*, clássico do Velvet Underground. Caetano matutou, mas desistiu. Assim como também deixou de lado *Lay lady lay*, de Bob Dylan. Ele pensou ainda em *Eclipse oculto*, mas acabou dissuadido após debater com Pedro, que achava a estética daquele show mais próxima do álbum *Transa* do que com os discos dos anos 80. É lógico que o *Transa* estaria presente nos shows do *Cê*, tanto que foram as primeiras músicas (de outro álbum) ensaiadas e executadas na apresentação do Tim Festival. Todos os membros do grupo eram fãs do LP de 1972. De uma forma ou outra, já tocavam aquelas canções havia anos. "Era uma banda revisitando uma outra banda, e a gente tinha alguma coisa especial com aquelas músicas", diz Ricardo.

Para Caetano, a relação também era óbvia. O fato de *Cê* e *Transa* serem "discos de banda" clareava a intenção. Discos de bandas pequenas, aliás. O grupo que o acompanhou no álbum de 1972 era formado por Jards Macalé (guitarra), Moacyr Albuquerque (contrabaixo), Áureo de Souza (percussão) e Tutty Moreno (bateria). "Era uma banda de quatro mais eu. Então essa agora é uma banda de três mais eu. E os meninos da banda, em primeiro lugar, reconheceram essa semelhança. Em segundo lugar, representantes da sua geração, sobretudo os dois mais novos, são fãs de *Transa*", afirmou o cantor no documentário do DVD.

Apesar de ser o álbum mais cultuado da carreira de Caetano, *Transa* lhe deu alguma dor de cabeça por causa da já citada ausência de crédito dos músicos no encarte, causando o rompimento com Jards Macalé, arranjador e diretor musical do álbum, com quem só voltou às boas muitos anos depois. E um dos motivos para o reatamento certamente foi a homenagem de Caetano durante os shows da turnê *Cê*. Após *Nine out of ten*, ele dizia:

— Essa música que a gente acabou de tocar é do disco *Transa*. E eu sempre a dedico a Jards Macalé, Tutty Moreno, Áureo de Souza e à memória de Moacyr Albuquerque.

Macalé gostou e absolveu o amigo. "Ele fez questão de falar da gente no show. Na homenagem, eu pensei: enfim, nós. Ele podia, quem sabe, chamar a gente pra fazer um disco, o *Nós*... Não existe o *Uns*?".

Macalé também aprovou a sonoridade que Caetano buscava em sua nova fase. Para ele, *Cê* representou uma continuidade de *Transa*. "A busca de um timbre renovado, porque são novos músicos, é lindo também. Algumas coisas eles tocaram no show, e eles imprimiam muito os arranjos originais do *Transa*, as introduções no violão". Em entrevista à *Folha de S.Paulo*, em maio de 2007, Caetano explicou o motivo pelo qual voltou a apresentar músicas do antológico álbum lançado 35 anos antes. "O *Cê* é o disco mais de banda que eu já fiz. (...) Tive outras bandas, mas não só eram maiores, como havia mais variação, músicos e convidados. *Transa* e *Cê* são enxutos".

A estreia oficial da turnê foi no Academia Music Hall, em Brasília, em 18 de novembro de 2006. A configuração da casa já dava uma ideia do que aconteceria em grande parte das apresentações: não haveria mesas nem cadeiras na área próxima ao palco. "No Tim, fiz uma espécie de teste do show. Mas é aí que vamos mostrá-lo na íntegra, como foi concebido", adiantou Caetano ao *Correio Braziliense*. Ele também falou das músicas antigas que fariam parte do repertório e explicou que *Como dois e dois* foi a primeira canção que fez para Roberto Carlos, "o nome mais alto do rock nacional". *O homem velho*, do disco *Velô*, tinha a ver com o rock daquele período. "Quando a escrevi, há 20 anos, achava que estava ficando velho, mas só que agora estou muito mais", brincou. Sobre *A voz do violão*, ele disse que sempre a tocava nas passagens de som durante uma turnê pela Europa.

— Aqui está bom à beça, é a estreia do show. Estamos experimentando, estamos gostando. Começar pela capital federal faz todo sentido — disse Caetano na apresentação, que terminou com *Fora da ordem* e *Rocks*, antes do bis, que contou com *You don't know me* e a repetição de *Outro*, a primeira do *set* — *Descobri que sou um anjo* ainda não tinha entrado no repertório.

O show transcorreu dentro da normalidade, com pequenos problemas, como a guitarra de Pedro Sá, que ficou sem som no fim de *Um tom*, além de uma engasgada de Caetano enquanto cantava *O homem velho*. Antes de entoar *A voz do violão*, ele disse:

— Falei uma porção de maluquice para um blog [de Jorge Bastos Moreno, que estava na plateia], disse que tinha votado no Alckmin, mas talvez fosse votar no segundo turno no Lula. Consegui desagradar, como em 1967, o governo e a oposição. Depois, alguém escreveu que Caetano é insuportável, mas o pior é aguentar ele tocando violão.

Risos gerais. Ele encerrou o espetáculo com termos nada roqueiros:
— Viva Brasília! Foi uma estreia auspiciosa para nós!
A imprensa, de um modo geral, entendeu e elogiou o show, que reuniu um

público heterogêneo. Irlam Rocha Lima, do *Correio Braziliense*, notou o espanto dos mais velhos diante do som da banda: "O camaleônico Caetano, mesmo buscando conquistar novos fãs com as músicas do *Cê*, não abandonou os admiradores de sempre. Mas, entre esses, houve um certo estranhamento em relação à, digamos, postura roqueira do cantor. Durante o show, foi fácil perceber que, embora várias pessoas já conhecessem os 'rocks caetânicos', a maioria os via como grandes novidades. E os ouvia silenciosos e atentos".

Quem prestigiou a estreia foi Joaquim Barbosa, então ministro do Supremo Tribunal Federal. Ele deu um depoimento ao *Correio*: "Fui um jovem influenciado pelo rock de Brasília na década de 1980. É um dos gêneros de que mais gosto, mas acho que o que o Caetano fez foi um improviso. Ele foi abusado ao pedir licença ao rock e criar esse novo trabalho". A jornalista Daniela Paiva, em sua resenha, escreveu que "a impressão, após 24 músicas, é a de que o rock estendeu o tapete vermelho e Caetano caminha sobre ele com a personalidade e a desenvoltura de quem, mais uma vez, é modelo. Agora, de renovação e vigor".

Das 12 faixas de *Cê*, apenas *Porquê?* ficou de fora — e dessa vez, mais ensaiado, Caetano não precisou ler a letra de *O herói*. O samba-reggae *Musa híbrida*, inspirada em uma mulher com quem o cantor se relacionou na época, e com referências ao poeta Haroldo de Campos, foi um dos destaques entre as músicas novas. Mais 12, além da repetição de *Outro*, fecharam o *setlist*. Um dos destaques foi a versão de *Desde que o samba é samba*, num estilo que seria muito abordado pela banda no segundo álbum da trilogia. Além disso, no roteiro, Caetano brincou com dicotomias: *Amor mais que discreto* x *Odeio*, *O homem velho* x *Homem*. O tema velhice, aliás, foi tratado algumas vezes por Caetano no lançamento do disco e, coincidência ou não, *Cê* foi a primeira turnê em que usou óculos em todos os momentos do show.

Antônio Carlos Miguel, do jornal *O Globo*, observou que "a ambientação e a abordagem são roqueiras, mas o que se ouve é música no seu sentido mais amplo, e caetânica". As críticas publicadas pela *Folha de S.Paulo* ressaltaram o aspecto jovial do show: "Caetano parece levar a sério sua fase rocker. No lugar das mesas, na maior parte das vezes atravancadas, o espetáculo opta pela pista — estrutura que deve ser mantida nas demais etapas da turnê, que se estenderá por 2007. Em Brasília, o espaço próximo ao palco era, de longe, a área mais animada do Academia Music Hall". A banda também foi alvo de elogios: "Esse show demonstra como a companhia dessa jovem trinca contribui pra reinventar a carreira de Caetano".

Após Brasília, a turnê seguiu para Belo Horizonte, Porto Alegre, interior de São Paulo e Florianópolis. Foi durante essas apresentações que o show definitivamente entrou nos trilhos. Vavá Furquim, técnico de PA, começou a trabalhar com Caetano no fim dos anos 80. Antes, acompanhou artistas como Djavan e Alceu Valença. Paulista de nascimento, acabou por se transformar num baiano de quatro costados. "Caetano Veloso me deu a cidadania", brinca. Em 1989, ele fez uma viagem a Nova York, a fim de pesquisar sistemas de áudio e, já no aeroporto, deu de cara com Caetano e Paula Lavigne. Trocaram telefones. No dia seguinte, após bater perna pela cidade, havia um recado na sua secretária eletrônica. Paula estava apavorada porque Caetano teria que cancelar uma apresentação devido a problemas técnicos no som. Vavá foi à casa de espetáculos, resolveu a questão e, salvo algumas exceções, é técnico de PA de todas as turnês do cantor desde *Circuladô*, de 1991.

Não é exagero afirmar que Vavá é a pessoa que mais sabe como deve soar um show de Caetano. E, mesmo acostumado a trabalhar em apresentações com bandas grandes e até mesmo orquestras, ele teve que cortar um dobrado para atingir a sonoridade desejada na turnê de *Cê*. "Caetano foi para uma coisa muito rígida, muito rock and roll. Eu achei o máximo. Tudo o que eu queria era trabalhar com um power trio. Mas tinha que aprender como fazer, porque nunca tinha me envolvido com esse formato", diz. Os primeiros shows não foram fáceis. Vavá ainda precisava encontrar o som. "Parece fácil, mas aí é que está o truque. Caetano saiu do conforto e foi para um universo que ainda não tinha visitado, algo tão cru, com tão poucos elementos", analisa ele, que demorou sete shows para se acertar. Segundo Vavá, a maior dificuldade é trabalhar com o mínimo, quando um bumbo ou um contrabaixo tornam-se de importância máxima.

Algo que sempre chama atenção nos shows de Caetano é o cenário, e em *Cê* não foi diferente. Conforme explicou o cenógrafo Hélio Eichbauer, os elementos minimalistas foram inspirados no álbum em si, bem como na expressão musical contida no rock. A cor roxa da capa do álbum (mencionada em algumas faixas) ressurgia no tecido que cobria o fundo do palco. No decorrer da apresentação, o tecido ganhava outras cores através dos jogos de luz desenhados por Maneco Quinderé. Quatro bastões coloridos suspensos no ar, por sua vez, funcionavam como móbiles e representavam os músicos, e uma corda em movimento dava conta do espectro luminoso. "É um cenário gráfico e abstrato, que faz uso de bastante cor", resumiu Hélio no release do show.

Um dos momentos mais marcantes acontecia na introdução da música *Um tom*, a quinta do roteiro. Logo depois da homenagem aos integrantes que o acompanharam na gravação de *Transa*, Caetano prestava tributo a outro músico importante:

— Essa que eu tô começando a tocar agora é do disco *Livro*, e eu sempre a dedico a esse extraordinário e generosíssimo músico brasileiro sem o qual eu não teria perdido tanto quanto perdi do medo da música: Jaques Morelenbaum.

O maestro afirma que nunca soube desse medo. Ele acredita que, pelo fato de Caetano não possuir uma formação musical acadêmica, desenvolveu um tabu com relação à escrita musical. "Só que ele tem uma inteligência e uma capacidade musical gigantescas, que o tornam ultra exigente com a sua própria arte", observa. Por conta do tal tabu, Jaques Morelenbaum imagina que Caetano se sinta diminuído. "Mostrei ao Caetano que ele é muito mais músico do que um monte de gente que sabe isso. Ele é crítico por ter um valor artístico enorme e uma consciência grande também de suas condições acadêmicas", reflete.

À revista *Rolling Stone Brasil*, Caetano explicou a sua declaração. "Jaquinho é um artista extraordinário. Perdi muito o medo da música convivendo com ele, um músico muito superior a 90% dos músicos que eu conheço, e eu conheço muitos músicos. Uma das coisas mais frequentes no mundo da música é a força que a musicalidade de uma pessoa tem de intimidar aquelas que a têm menos. Pois ele nunca me intimidou com sua capacidade musical". Durante o show *Meu coco*, quando fala de Morelenbaum, Caetano é mais direto: "Ele curou a minha timidez musical".

Arto Lindsay também ressalta a capacidade musical do artista, embora o próprio Caetano costumasse afirmar que não tinha ouvido depurado e não era bom músico. Quando trabalharam juntos, o produtor dizia que o importante, no final das contas, era o que Caetano pensava. "Em algumas músicas, eu sugeria arranjos, mas, na maioria, eu queria a cara dele. As levadas do Caetano são muito originais. Eu nunca comprei esse papo dele". Sobre o baiano ter se juntado a uma banda de jovens, Morelenbaum acredita que tenha sido uma necessidade de resgatar o *modus operandi* dos anos 1960 e 80. "Acho que foi uma vontade de tomar as rédeas de novo, porque eu era a babá dele, de certa maneira. Eu afinava a voz dele, dizia se estava bom, se estava ruim, mandava fazer de novo... Eu era exigente, e ele gostava de mim por isso. Ele perdeu o medo da música, e agora ele que seria o maestro. Não precisava mais de mim".

Lançando o cd Cê

CAETANO VELOSO

Lançamento de "Cê" no Circo Voador, no Rio, em duas noites em dezembro de 2006: show histórico, em que a plateia, predominantemente jovem, cantou o show inteiro e consagrou "Odeio"

capítulo 9

**dá até vontade
de tirar a roupa**
catarse no circo voador

No início da década de 1980, o grupo teatral Asdrúbal Trouxe o Trombone ministrava cursos no Parque Lage. Foi uma febre. Em pouquíssimo tempo, dos ramos da trupe formaram-se 36 grupos de teatro, música, artes plásticas, capoeira e dança, num total de cerca de 700 pessoas. O ator Perfeito Fortuna, um dos integrantes do Asdrúbal, tinha a ideia de ter o próprio espaço. Numa viagem pelo Nordeste, entre Sergipe e Recife, ele improvisou um número de dança na rua e chamou a atenção de um punhado de gente. Veio o estalo: por que não montar uma espécie de circo itinerante onde dezenas de grupos artísticos pudessem ensaiar e se apresentar?

Para levar o projeto adiante, o ator (acompanhado por Márcio Calvão e Mauricio Sette) marcou uma audiência com Dona Zoé Chagas, primeira-dama do estado do Rio de Janeiro. A bordo de um Karmann Guia vermelho, o trio chegou de chinelos ao Palácio Laranjeiras. Durante a reunião, a receptiva Dona Zoé ligou para o então prefeito Júlio Coutinho: "Quero ver se você é um prefeito criativo. Estou com uns jovens aqui que desejam montar um circo como existe na Europa". Dias depois, Perfeito e mais alguns entusiastas da ideia (incluindo Cazuza e Bebel Gilberto) vestiram suas melhores roupas de ginástica para encontrar Coutinho, que praticava *cooper* no Iate Clube, no bairro da Urca. Missão cumprida. O prefeito cedeu um terreno na Praia do Arpoador e o Circo Voador tomou forma em 15 de janeiro de 1982.

O sonho durou menos de três meses, mas viu o nascimento de bandas como Blitz e Barão Vermelho, além de apresentações de grupos de teatro como Banduendes Por Acaso Estrelados e Manhas & Manias e de cantores como Djavan, Eduardo Dussek, Elba Ramalho, Chico Buarque e, sim, Caetano Veloso. Após a desmontagem da estrutura no Arpoador, o Circo Voador pousou na Lapa em setembro de 1982. E tome mais shows históricos, de Paralamas do Sucesso a Emilinha Borba, passando por Nelson Cavaquinho, Beth Carvalho, Luiz Melodia e Gilberto Gil. Difícil dizer o nome de um artista relevante brasileiro que não tenha pisado naquele palco.

O Circo também se notabilizou como um local democrático. No segundo semestre de 1983, plantadores de pés de banana do Sana estavam com sua produção encalhada, e o Circo organizou o evento Banana Pra Dar e Vender, em que, misturando rock e gafieira, foram distribuídos 15 mil quilos da fruta ao público. Conforme escreveu a produtora Maria Juçá no site do Circo: "A pista do Circo Voador, se ficasse marcada de pegadas, seria o documento mais fiel do espírito democrático que reinou sob a lona. Ali poderiam ser vistas as marcas fortes dos coturnos punks, o pisar marcado de ensaios de teatro e balés, os solados gastos de trabalhadores em campanha salarial, os chinelos pacíficos dos hippies, os passos ritmados de gafieiras, os pés descalços dos capoeiristas e milhares de outras pegadas de pessoas que estão muito além de meros espectadores".

No entanto, em 1996, o então prefeito Cesar Maia cassou o alvará da casa após o prefeito eleito Luiz Paulo Conde ter sido expulso do local sob insultos e latas de cerveja por um grupo de jovens que aguardavam as apresentações das bandas punk Ratos de Porão e Garotos Podres. Em julho de 2004, o Circo Voador foi finalmente reaberto para voltar a ser a casa de espetáculos mais bacana do Rio.

E quando Caetano Veloso agendou a turnê *Cê*, ele não abria mão do Circo Voador para o show no Rio. No lançamento do álbum, Caetano tinha 64 anos de idade. Impossível não se lembrar da velha canção dos Beatles, *When I'm sixty-four*. Um verso da letra diz "*I could be handy, mending a fuse*", e para o público que estava prestes a assisti-lo debaixo da lona do Circo, Caetano ainda poderia fazer muito mais do que consertar um simples fusível. Talvez ele pudesse até mesmo colocar fogo naquele lugar.

"Estive num dos antológicos shows do *Cê*, no Circo Voador, e observei que a média de idade do público se aproximava da sua quando lançou o *Transa*, em 1972. Pude ouvir, inclusive, algumas desavisadas senhorinhas reclamando da juventude da audiência, e também do volume da guitarra e da 'crueza' das canções. Como você vê este reencontro com um público mais jovem — e o consequente possível afastamento das senhorinhas?", indagou João Paulo Cuenca a Caetano no jornal *O Globo*. Ele respondeu: "No Circo Voador, o público era mesmo predominantemente jovem. (...) Conheço algumas pessoas mais velhas que estranharam esses aspectos do novo som e do novo repertório. Mas são poucas. E tem muito jovem fã de rock que não quer ir me ver, nem assim nem assado. Quando fiz o disco, teve quem me dissesse que eu podia ganhar a garotada — e teve quem me dissesse que podia perder parte do público que tenho, de qualquer idade. Acreditei mais na segunda hipótese. Mas, ao fim e ao cabo, acho que não houve mudança substancial".

Caetano certamente não prestou muita atenção na sua plateia. Conforme escreveu Anna Ramalho, em sua coluna no *Jornal do Brasil*, "a juventude dourada carioca compareceu em peso à estreia de Caetano Veloso, anteontem, no

Circo Voador. A média de idade não passava dos 30 anos". João Paulo Cuenca, dessa vez em sua coluna, escreveu: "A impressão que tive é que a galera ficou te esperando por alguns anos, ouvindo Nirvana e Radiohead, tomando cerveja de garrafa ali no Arco-Íris da Lapa. Chegaram a reformar o boteco, trocaram os azulejos, o preço da cerveja subiu 22 vezes, a moeda foi trocada, e, sem muito aviso, você repintou no Circo, com um show incendiário e uma banda de três caras que devem ter a minha idade, mas que, no palco, parecem 30 anos mais velhos do que você. Não por demérito deles".

A banda, acostumada a tocar no Circo, tinha certeza de que os shows seriam históricos. Para Pedro Sá, antes mesmo de formar o grupo, Caetano já falava que queria estrear no Rio debaixo da lona da Lapa. E não se enganou. "As pessoas cantavam todos os *riffs* de guitarra. Parecia que o show tinha sido feito para o Circo. Um público semelhante ao que ia ao show dos Los Hermanos começou a lotar o show do Caetano. No *Noites do Norte* e no *Foreign sound* não tinha essa galera", recorda Pedro, que participou de todas as turnês citadas. Marcelo Callado compartilha da mesma opinião. "Era o reencontro do Caetano com o público jovem. Não esperava reação tão forte. Não me passava pela cabeça, mas à medida que o show foi para a estrada a gente se deparou com isso".

E não seria Ricardo Dias Gomes que iria de encontro à opinião dos colegas de banda: "Esses shows extrapolaram em muito qualquer expectativa. Eu tive a sensação de que esse sentimento foi compartilhado pela banda toda, o Caetano inclusive". Vavá Furquim, localizado de forma privilegiada no meio da plateia, em seu sistema de PA, provavelmente ainda consegue escutar os fãs no Circo. "O público cantou o show todo. O Caetano conquistou o público jovem", acrescenta. De fato, gente, jovem ou não, não faltava para ver Caetano na Lapa. Os ingressos evaporaram das bilheterias rapidamente e os cambistas fizeram a festa.

Rodrigo Amarante também se impressionou. "Me lembro de ter a certeza de que estava testemunhando uma coisa importante. A sensação que dava era a de que todo mundo ia ter que repensar o que estava fazendo". Meses antes, no dia 13 de janeiro de 2006, era Caetano quem vibrava num show do Los Hermanos. Sentado à mesa 714 do Canecão, ao lado de Jorge Mautner, ele ficou maravilhado, levantou-se da cadeira e dançou. A empolgação era tanta que perguntou se os companheiros de mesa não iriam se juntar a ele.

— Eu não danço — disse um deles.

Antes mesmo dessa noite, quando a banda carioca ainda não colhia os louros do sucesso de *Anna Júlia*, Caetano assistiu ao Los Hermanos no Cine-Theatro Íris, um antigo cinema pornô reconfigurado como casa de shows da cena underground. Ao final, o baiano entrou no camarim que mais parecia o fundo de uma construção, com "um banheiro que você nunca mais vai esquecer", recorda Amarante. "Ver o Caetano falando 'vocês são maravilhosos' nos deixou totalmente de cara. Ele sempre esteve ligado no que rolava. Foi uma surpresa, um presente maravilhoso", completa.

Nos dias 19 e 20 de dezembro de 2006 (terça e quarta-feira), sob um calor senegalês do verão carioca, Caetano provocava no público do Circo Voador sensação semelhante à que sentira nas apresentações dos Hermanos. Ele teve até mesmo que abrir mão de seu figurino.

— Nossa, que calor é esse? Dá até vontade de tirar a roupa... — brincou, ao mesmo tempo em que os fãs berravam:

— Tiiiiira! Tiiiiira!

Caetano respondeu:

— Eu não, tirem vocês...

Pelo menos, a jaqueta jeans ele tirou, mas a arremessou já na terceira canção do *set*, *Chão da praça*. De fato, Caetano estava de muito bom humor. Dedicou a música *London, London* a Jean Charles de Menezes, antes de lembrar que o britânico Morrissey (ex-líder do The Smiths) já tinha cantado uma música para o brasileiro morto pela polícia inglesa.

— Mas eu fiz primeiro, num show em Londres mesmo. Fiz antes do Morrissey e queria que vocês soubessem.

Foi debaixo da lona do Circo que Caetano escutou o primeiro coro forte na música *Odeio*, o maior sucesso de toda a trilogia *Cê*. Caetano falou sobre ela em entrevista ao *Globo*: "As letras vieram do desejo de criar textos curtos, mas intensos. Experiências da vida e observação da realidade deram os temas. Já disse que todas as minhas músicas são autobiográficas: mesmo as que não são, são. Quando canto 'odeio você', estou mostrando que entendo melhor agora como o ódio é a outra face do amor". Arto Lindsay tem uma interpretação semelhante. "É um exemplo de uma lei de letra de música, que quando você fala alguma coisa, inevitavelmente, sugere o oposto. 'Odeio você' é uma maneira de falar 'eu te amo', porque a gente não tem ódio por aquilo que a gente não se importa", filosofa.

Odeio chegou a ganhar um videoclipe, dirigido por Erich Baptista e rodado no último andar do prédio da Rádio Nacional, na Praça Mauá, dois meses antes das apresentações no Circo. Quando escutou a música pela primeira vez, Jorge Mautner disse que era uma das maiores canções de amor de que ele tinha conhecimento. Por isso, foi convidado para participar do clipe. "Quando Mautner ouviu, ele chorou tanto, soluçando. Aí fizeram um clipe e o chamaram: 'Venha para chorar na hora'. Ele foi daquele jeito dele: 'Está na hora?'. Aí botaram a câmera, quando chegava no refrão, ele pingava um colírio, fazia caras de ator japonês, totalmente frio, só a máscara do choro, sem choro nenhum", divertiu-se Caetano em entrevista ao *Globo*.

Após os shows, Caetano e Paula Lavigne receberam um batalhão de convidados no camarim: Fernanda Torres, Maria Padilha, Lenine, Rogério Flausino, Rodrigo Amarante, Daniel de Oliveira, Vanessa Giácomo, entre outras celebridades. Cerca de três mil pessoas testemunharam as duas apresentações. Se um dia a gravação dos shows for lançada — foi gravada profissionalmente —, muito mais gente terá a oportunidade de ver o momento mais especial da história de Caetano ao lado da bandaCê. Aguardemos. Ou não...

* * *

Após as históricas apresentações no Circo Voador, Caetano e a bandaCê voltaram a se apresentar no Rio em 20 de janeiro de 2007, no Morro da Urca. Registro histórico: no mesmo dia, Chico Buarque cantou no Canecão e Rita Lee, na Praia da Copacabana. Um dia difícil para escolher entre apenas um deles. A turnê pelo país continuou, em especial São Paulo (capital), Curitiba e pelas regiões Norte e Nordeste e com mais duas paradas no Rio (Vivo Rio e Canecão). Em uma noite de maio, no Maranhão, Caetano se esbaldou dançando reggae e, entre as radiolas, tornou-se o rei da pista. No show em Porto Seguro, no dia 17 de abril na Barraca Tô à Toa, confundiu o nome do baterista Marcelo Callado, apresentando-o como Marcelo Serrado. Quando se tocou, se desculpou:

— Ah, é tudo particípio passado mesmo... Mas esse é o cara!

Assim como Pedro Sá, Marcelo Callado nasceu com a música. Suas primeiras lembranças se relacionam àqueles LPs coloridos, com canções para crianças e também às trilhas dos especiais infantis da Rede Globo, como *A arca de Noé* (1980) e *Plunct Plact Zuuum* (1983). Roberto Carlos também é uma paixão desde cedo. Marcelo nem sabia quem era aquele cara, mas já escutava repetidas vezes a história do *Pedro e o Lobo* (de autoria de Serguei Prokofiev) narrada pelo astro da Jovem Guarda. Aos 7 anos, a coisa ficou mais séria: pediu à mãe que comprasse a trilha sonora do remake da novela *Selva de pedra* (1986), por causa da música *Malandro agulha*, da Blitz. "A Blitz foi o primeiro show que vi na vida, em 1983 ou 1984, no Canecão", recorda. Nesse momento, Marcelo já tinha as suas primeiras bandas prediletas: Titãs, Barão Vermelho, Paralamas, além das estrangeiras The Cure e Depeche Mode, que os primos mais velhos lhe apresentaram.

Apesar de ligado no rock, Marcelo também tinha um pé no samba. Desde criança, frequentou os ensaios e desfiles do Bloco do Barbas, no qual seu pai tocava caixa-de-guerra. Aliás, ele também via o pai tocando nas escolas de samba Portela e São Clemente — e veja que coincidência: o Bloco do Barbas era formado por pessoas que frequentavam o bar de mesmo nome, localizado no exato endereço do Lugar Comum, onde Marcelo viu o show do Mulheres Q Dizem Sim e conheceu Pedro e Ricardo. Além de tudo isso, o pai do futuro baterista o arrastava aos shows que aconteciam, de Lobão a Tom Jobim. Mas a chama acendeu de verdade quando Marcelo se deparou com o som dos Beatles. Desde muito pequeno, ele assistia ao filme *Curtindo a vida adoidado* (1986) e se divertia com o personagem vivido pelo ator Matthew Broderick cantando *Twist and shout*. "Quando começava essa parte no filme, eu pulava do sofá e ficava dançando. Nem sabia que era dos Beatles". Mais tarde, após uma viagem ao Pantanal, descobriu a banda de Liverpool e ganhou de sua mãe o LP *Rubber soul* (1965), uma das pedras fundamentais de sua imensa coleção de vinis.

Àquela época, ele ainda não conhecia a música *Tigresa*, de Caetano Veloso, e que um dos versos diz "como é bom poder tocar um instrumento", mas decidiu que era a hora de aprender bateria, mais uma influência do pai, que também tocava o mesmo instrumento de forma não profissional em uma banda de baile. "Eu olhava o Bloco do Barbas, eu via aquelas pessoas todas tocando percussão, e tinha muita vontade de fazer o mesmo. O meu pai me incentivava, me dava os instrumentos, falava para eu tocar e descobriu que eu tinha jeito para a coisa". Depois de experimentar repique e caixa-de-guerra, procurou o Centro Musical Antonio Adolfo e começou a ter aulas com Gustavo Schroeter, grande baterista que já havia tocado nas bandas A Bolha e A Cor do Som e acompanhado Gal Costa, Jorge Ben e Moraes Moreira. Mas acontece que Marcelo não era muito chegado a estudar os fundamentos do instrumento, queria mesmo era tocar, inventar as suas levadas, acompanhando os seus discos prediletos.

Dentre as maiores influências está Michael Shrieve, que tocava com o guitarrista Carlos Santana. "Eu me lembro de um dia que meu pai botou o filme do *Woodstock*, e quando começou o Santana, eu fiquei doido, aquele solo de bateria do Michael Shrieve em *Soul sacrifice*...", lembra. Em 1991, aos 11 anos, Marcelo pôde ver Santana ao vivo no Rock in Rio II, no Maracanã. Outra referência importante — e não poderia ser diferente — é Ringo Starr, assim como Mitch Mitchell, que tocava na The Jimi Hendrix Experience. No Brasil, Marcelo cita Léo "Massacre Completo" Monteiro, Domenico Lancellotti e André Paixão, também conhecido como Nervoso. "Esses três bateristas foram os que mais me influenciaram aqui, até porque virei amigo deles. Eu tinha muita sorte de poder estar com eles, ver os ensaios, os shows. Era aprendizado e muita admiração".

O primeiro trabalho profissional foi aos 20 anos, na peça *Cabaré filosófico*, de Domingos de Oliveira, substituindo Domenico. "Conheci muita coisa por causa do Domingos, ele teve uma importância grande para mim", diz. Em seguida, Marcelo formou as suas próprias bandas. "Eu achava um saco ler partitura. Em compensação, tinha vontade de tocar e de ter uma banda. Eu via os Titãs, os Beatles e pensava: 'Deve ser bom ter uma banda de rock'". No dia daquele show do Mulheres Q Dizem Sim, no Lugar Comum, decidiu, de fato, ter uma banda. "Daquele encontro com a galera, veio o estalo de querer fazer algo mais sério". E a partir daí vieram Manda Chuva, Carne de Segunda, Canastra, Os Outros, Detentos, Jonas Sá & O Forte da Classe, Tripa Seca, entre outras. Marcelo tocou também no Lafayette & Os Tremendões e no Do Amor, gravou com Branco Mello e Nina Becker, além de ter lançado álbuns solo.

O Do Amor, que ainda contava com Ricardo Dias Gomes (além de Gustavo Benjão e Gabriel Bubu), surgiu na época do lançamento do primeiro álbum da trilogia *Cê*. Em 2007, lançou o primeiro EP (com cinco faixas) e fez um punhado de shows, muitos em festivais ao redor do país. Em 2010, veio o disco de estreia, sob produção de Chico Neves. "Essa entrega de fazer música sem apontar o timão para horizontes comerciais resultou em um disco pop original e divertido — com refinamento, graças à qualidade dos músicos —, que traz um frescor ao mercado que havia muito não se escutava", escreveu Lucas Nobile no *Estado de S. Paulo*. O álbum é uma salada de ritmos, que vai do carimbó paraense ao dub jamaicano, passando por lambada, axé, samba-rock e rock inglês, além de uma regravação de *Lindo lago do amor*, de Gonzaguinha. O som da banda, é verdade, é inclassificável. A *Folha de S.Paulo*, em matéria de dezembro de 2007, bem que tentou: "Essa equação sonora [da banda Do Amor] que permite quase tudo é a marca de uma turma carioca que se formou nos anos 90. Mulheres Q Dizem Sim, Acabou La Tequila, +2 e até o Los Hermanos partiam do rock para invadir outras praias sonoras, dificultando classificações".

Em 2007, bandaCê, Caetano e equipe técnica rodaram aeroportos do mundo para a primeira turnê mundial; acima, passagem de som antes do show na República Dominicana

capítulo **10**

**cê que já detonou
o som na praça**
gravação do dvd
e turnê internacional

A data agendada para a gravação do CD e do DVD ao vivo de *Cê* era Dia dos Namorados, 12 de junho de 2007. "Mas o cantor deve aparecer por lá desacompanhado", escreveu Mônica Bergamo em sua coluna na *Folha*. Caetano descartou o Canecão para a gravação porque queria a plateia em pé e optou pela Fundição Progresso, na Lapa. Indagado sobre a data 12 de junho, Caetano respondeu ao *Globo*: "O Dia dos Namorados sempre me soa mais simpático por causa do assunto. Mas mesmo nisso eu não sou muito bom: não sei dar presente e, para ser sincero, não gosto nem de receber presente. Mas gostei de coincidir a gravação com esse dia. Acho que as canções têm tudo a ver".

As coisas, porém, não correram conforme o planejado. Antes do show, Caetano discutiu asperamente com Paula Lavigne — de quem estava separado, mas que seguia como sua empresária —, a banda não se encontrava no seu melhor dia e o som da casa estava péssimo. Até mesmo o pré-amplificador da voz de Caetano pifou na última música antes do bis, algo extremamente raro de acontecer. "Esse show foi terrível. Tinha uma pessoa na frente do palco que fazia o mesmo assovio perto do microfone de ambiência o tempo todo. Foi muito tenso, e a finalização com a gravadora não foi satisfatória para a parte técnica", conta Vavá Furquim, que monitorou o sistema de PA. Não à toa, irritado com o som, Caetano chamou a casa de "Fodeção Progresso".

"O dia não foi legal. Os shows do Circo foram dez mil vezes melhores. O meu solo em *Desde que o samba é samba* não foi dos melhores", relembra Marcelo. Ricardo é sucinto: "Foi um dos nossos piores shows". Para completar, após o último número da apresentação, a banda teve que repetir cerca de dez músicas, e tudo terminou às quatro horas da manhã. "Ficamos refazendo música, o que deixou o Caetano mais puto ainda", lembra Pedro. O trauma foi tão grande que o cantor nunca mais refez nenhuma música em gravações posteriores de discos ao vivo.

Além do mais, o canal Multishow, que filmou a apresentação, não ofereceu o melhor esquema de captação, segundo o técnico de monitor Daniel Carvalho e o finalizador Henrique Alqualo. "Eles chegaram com umas câmeras que, para a época, já não eram grande coisa. O som estava ruim porque a acústica da Fundição não ajuda. Foi uma conjunção de erros e o resultado final não ficou bom", afirma Henrique.

O roteiro foi o mesmo da turnê, com 25 músicas. Uma delas deu o que falar na gravação. A atriz Luana Piovani publicara em seu blog que *Um sonho* teria sido dedicada a ela. "Cheguei em casa, gritei, escutei a música e me senti, né? Pô, agora sou eu, Regina Casé, Sonia Braga e Vera Zimmerman. Um luxo!", disse Luana ao jornal O Dia. Só que Caetano a desmentiu. "Uma coisa que eu nunca faria seria tornar pública uma canção erótica sobre uma mulher com quem nada tive. Todas as músicas que dediquei publicamente a Regina, Sonia, Vera e Cristina nasceram de experiências reais. Sem falar nas inúmeras que fiz para Dedé e Paulinha, adoradas mães dos meus filhos. Sou fã de Luana, acho-a deslumbrante e gosto imensamente da companhia dela, mas não lhe dediquei uma faixa do *Cê*", disse, em entrevista a Mônica Bergamo. Ao *Diário do Amazonas*, ele completou: "Não gostei de Luana entregar no blog dela e declarar no jornal O Dia que estava eternizada e que ia aumentar o cachê. Mas gostei menos ainda do modo como a imprensa a tratou depois da minha declaração. Parece que tem vontade de linchá-la. Odeio isso".

Após os comentários de Caetano, a atriz, que apelidou o cantor de "banana de pijama", retirou o agradecimento de seu blog e escreveu: "Meu pecado capital: Preguiça... de gente!".

E eis que no dia da gravação do DVD Caetano falou:

— Há dois anos, quando compus a música, eu disse que tinha sido parcialmente inspirada nela. Mas Luana se precipitou e contou antes de me consultar.

Ele confirmou que a música era sim inspirada em Luana e aproveitou também para dedicar *Musa híbrida* à atriz e modelo Ildi Silva.

— Por causa da sua mistura racial, dedico essa música a você. Nós não estamos namorando. Eu não a estou desmentindo, porque Ildi nunca falou que estava namorando comigo — disse Caetano no show.

Mesmo com a homenagem, Luana não perdoou. "Ficou ruim, hein. De mico acabou virando orangotango. E não é no meu pescoço que ele está pendurado", escreveu a atriz em seu blog.

Em agosto, teve início a turnê pela América Latina. Alguns shows ficaram na memória da banda, em especial os que aconteceram no Teatro Gran Rex, em Buenos Aires, entre os dias 27 e 30 de agosto. "É um lugar especial. A energia lá não é comum. Depois do Circo, os shows em Buenos Aires foram os mais epifânicos", diz Ricardo. Marcelo completa: "O argentino tem uma mistura de selvageria com delicadeza. Ele fica quieto na hora que tem que ficar quieto, e na hora que tem que explodir, explode". No entanto, parte do público estranhou a sonoridade roqueira de Caetano e saiu mais cedo. O compositor argentino Fito Páez, por sua vez, adorou. E Caetano também. "A melhor cidade é Buenos Aires, mas também adoro cantar em Nova York e São Francisco. Na Itália e na Espanha também gosto", disse ao jornal espanhol *El Mundo*.

Na temporada em Buenos Aires, Pedro, Ricardo e Marcelo formaram a banda Orelhas para uma apresentação ao lado de Jonas Sá. No repertório, canções do Gold Nyte Warszawa, Mulheres Q Dizem Sim, Acabou La Tequila, Do Amor, além de músicas de Pinduca, Jorge Ben (*Luz polarizada*), Novos Baianos (*Um bilhete para Didi*) e Jimi Hendrix (*Izabella* e *Manic depression*). A história toda começou quando o roadie Pimpa sugeriu que eles tocassem no Maluco Beleza, bar de um amigo seu.

— Vamos pra lá depois do show — ele disse.

Marcelo e Ricardo toparam e convenceram Pedro. "O ímpeto leonino deles é impressionante, esses caras têm que mostrar a juba mesmo", brinca o guitarrista.

Outros shows que ficaram na memória da banda foram os de Montevidéu, com um público de 12 mil pessoas; da Cidade do México, quando todos, inclusive Caetano, compraram camisetas e canecas do show que os camelôs vendiam; e também o de São Domingos, na República Dominicana. Neste último, Caetano e banda se viram em uma situação de apuros, por causa de uma tormenta tropical. Mas, no fim do dia, o que ficou foi uma cena inusitada. Hospedados num resort imenso, para comemorar o aniversário de Marcelo, o baterista e Ricardo "roubaram" o carrinho de golfe do vizinho de quarto e se dirigiram até o bar, a alguns quilômetros de distância: beberam a madrugada inteira, enquanto cantavam sucessos da Bossa Nova acompanhados por um alegre pianista cubano.

Mal retornaram do giro pela América Latina, o CD e DVD *Cê – Multishow ao vivo* estava chegando às lojas, na mesma época em que Dona Canô completava 100 anos — lógico que Caetano deu um pulo em Santo Amaro da Purificação. Na coletiva de lançamento, o cantor reviu a sua posição com relação àquela apresentação: "Acho que havíamos feito shows melhores em outros lugares. Mas, assistindo aqui ao compacto do especial, que será exibido pelo Multishow, vi que tivemos uma performance de qualidade total. O som da banda está bonito, soa com clareza". O CD trazia 17 faixas selecionadas do show, e o DVD, a íntegra, num total de 25 músicas.

O destaque foi a inédita *Amor mais que discreto*. "Em lugares como a Fundição Progresso, onde as pessoas conversavam, bebiam e dançavam durante o show, não havia percepção da letra de *Amor mais que discreto*. Tive que explicar que ela falava de uma relação gay. Em recintos fechados, como teatros e o Canecão, via que as pessoas prestavam atenção e faziam comentários entre si. Quando eu era jovem, pertencia a uma geração libertária, que se batia contra a hipocrisia. Com os jovens de hoje não é assim, mas, por outro lado, as coisas são mais abertas, o que não quer dizer que não exista preconceito. Existe, sim. Sobre essa coisa de gay, não tenho opinião formada. Não sei se é certo ou não ser gay", disse Caetano.

A crítica, de um modo geral, recebeu bem o trabalho ao vivo. Mario Marques escreveu no *Jornal do Brasil*: "No desenrolar da apresentação, percebe-se que o que faz é dar a cara para bater, despreocupado com as reações da plateia diante de um sessentão com energia de moleque. (..) *Cê*, ao vivo, é (ótima) diversão". Nelson Gobbi, no mesmo jornal, destacou o local onde foi gravado o show: "O público (que não poupa gritinhos ao *novo* popstar) não parece nada surpreso com o fato de Caetano ter migrado do palco do Canecão diretamente para a Lapa, lar dos modernosos cariocas. A vitalidade do power trio que acompanha o cantor nas versões de *Desde que o samba é samba* e *Fora da ordem* empolga e ainda pode surpreender a alguns, mas o que realmente o alça à vanguarda pop são as novas composições (...) que fizeram de *Cê* o melhor disco de Caetano em anos".

No jornal *O Globo*, o jornalista João Máximo não se furtou de entrar na discussão da classificação da nova fase de Caetano. "Quem ainda não viu *Cê*, nem ouviu o CD que o inspirou (desestimulado, talvez, pelos comentários que o classificaram como um show de rock), na certa vai se surpreender com o DVD. (...) O que não surpreende no Caetano que o DVD documenta é a capacidade de remoçar-se, física e artisticamente, com o correr dos anos. Seu modo de aproximar-se do rock, sem o assumir plenamente, é a prova disso. Difere muito do defendido por ele nos festivais de 40 anos atrás. Pedro pode fazer a guitarra guinchar em seus solos, Marcelo pode empunhar baquetas roqueiras em algumas passagens, o público pode fazer força para entrar no clima (o tempo todo de pé, pouco ligando para o desconforto, confirmando que show de rock é mesmo para gente jovem), e até Caetano pode esboçar gestos e saltos à maneira de um popstar. Nada disso, porém, é o bastante para fazer de *Cê* um show de rock". A conclusão da resenha é brilhante: "É, sim, um show de Caetano, com a marca de seu talento, suas inquietações, seu espírito e sua energia realmente remoçados".

* * *

— Por favor, não façam número 2 no ônibus. Se alguém tiver vontade, peça para o motorista parar, senão a gente não vai conseguir conviver.

Essa foi a primeira instrução que o produtor executivo João Franklin deu aos integrantes da comitiva que seguiu para a turnê europeia de *Cê*. Era dia 24 de setembro quando chegaram a Milão e pegaram o ônibus em direção a Turim, para o primeiro show, que aconteceria no dia seguinte — Caetano e sua assistente pessoal, Giovana Chanley, viajavam de avião. Até 30 de outubro, seriam 19 apresentações na Itália, Inglaterra, Bélgica, França, Portugal, Espanha e Grécia.

E tome causos durante esses dias. No show de Milão, no Alcatraz Club, em 27 de setembro, o jogador Ronaldo estava na plateia. Dois dias depois, cenas de revolta aconteceram em Roma. Talvez o público estivesse esperando um show nos moldes de *A foreign sound*. Quando os primeiros acordes de *Outro* ressonaram na Sala Santa Cecilia do Auditório Parco Della Musica, muita gente se levantou e foi embora. Outros, no entanto, resolveram vaiar mesmo.

— Cadê o Caetano? Onde tá Toquinho, onde tá Vinicius, onde tá a música brasileira? — uma pessoa berrou.

Caetano fez troça com a situação.

— Toquinho? Eu amo Toquinho, era lindo. Ele quase foi meu namorado.

No camarim, Bepe, o produtor local, chorava e berrava desconsolado nos ombros da assistente de Caetano:

— Giovana, estão falando para o Caetano voltar pro Brasil... Não pode, Giovana, não pode...

A assistente do baiano o tranquilizou:

— Relaxa, o Caetano adora essas coisas...

"Mas parte do público não só não gostou, como se revoltou, como se estivesse pedindo o dinheiro de volta. Isso mostra bem o que foi a chegada da bandaCê no cenário, um grande choque", recorda Clarice Saliby, coordenadora executiva da turnê. De toda forma, a piada com Toquinho deu uma virada no show, e tudo ficou mais relaxado.

A verdade é que grande parte do público europeu estranhou mesmo, principalmente na Itália, Portugal, Espanha e França. "O show teve uma barreira em alguns países. A gente sentia que tinha um processo de conquista", pondera Pedro Sá. Clarice também ficou chocada em alguns momentos, mas não estranhou, tendo em vista a mudança da sonoridade de Caetano. "Na minha opinião, o *Cê* é um projeto fora da curva de tudo. Eu nunca imaginaria que Caetano iria fazer aquilo. Ele poderia muito confortavelmente ficar tocando só *O leãozinho* e *Você é linda* o resto da vida, e lotaria todos os shows do mundo inteiro. Aí ele veio com uma coisa diferente que causou estranheza em muitas pessoas. Quebrou algo ali".

Nos shows em Lisboa, Porto e Coimbra teve gente se levantando quando Caetano cantava o verso "Estou-me a vir", de *Porquê?*. Aliás, ele se irritou com os brasileiros que criticaram a canção. Em entrevista à revista *RG Vogue*, afirmou: "Ora, a canção é séria, sobre um assunto sério e, para mim, tem mais valor por causa da observação linguística. É que nós, brasileiros, usamos o verbo 'gozar', assim como os franceses usam *'jouir'*, com o significado de alcançar o orgasmo. Esses verbos se referem à curtição, à fruição do momento do orgasmo, enquanto o equivalente inglês, *'to come'*, parece o ponto final de alguma coisa, assim como o espanhol *'acabar'*. Mas os portugueses dão a volta por cima nessa questão, pois usam o verbo 'vir', na forma reflexiva: vir-se. A pessoa se vem. Acho isso muito bonito. E o tal crítico só pode ter pensado que se tratava de uma piada por supor que tudo o que se fala com sotaque lusitano é uma piada. É a interpretação mais vulgar que uma canção tão invulgar pode ter encontrado".

A apresentação no Le Zénith de Paris, no dia 9 de outubro, também teve reação da plateia, diferente de Toulouse, quatro dias antes. "A galera que conhecia menos o Caetano curtia de cara. Quem tinha mais intimidade com o repertório dele estranhava", afirma Pedro. O guitarrista, aliás, passou por maus bocados na capital francesa. Na véspera do show, comeu em um restaurante japonês e sofreu um processo alérgico que fechou a sua garganta. Ao lado de Inti Scian e de Clarice (que também tiveram alergia), rodou a Cidade Luz lambendo sorvetes e bebendo cappuccino esperando passar. "Ficamos a madrugada pensando que morreríamos", lembra Clarice. No dia seguinte, estava tudo bem. Aliás, um registro: não houve um único show nas turnês dos três discos em que algum músico precisasse ser substituído.

Apesar dos perrengues, houve muitos momentos bons, como o show no Barbican Centre, em Londres. "Foi especialmente bom. A gente sentia o som perfeito", lembra Ricardo. Em Madri, no Palacio Municipal de Congresos, o cineasta Pedro Almodóvar estava na plateia e confraternizou com Caetano nos bastidores. Nas cidades de Lisboa e Porto, a banda Orelhas continuou a sua "turnê". Na capital portuguesa, teve até cartaz nas ruas anunciando o show, no Maxime Restaurante-Bar, "igual a uma locação de filme pornô", nas palavras de Pedro. A apresentação no Porto teve participação especial de Clarice Saliby, que cantou *Baba*, de Kelly Key. Tudo muito divertido, mas cansativo. "O ritmo era pauleira, e eu ficava espantada como o Caetano conseguia. Eu estava cansada, nem sabia a língua que tinha que falar, imagino ele", diz Clarice. Mesmo assim, o baiano arrumava um jeito de fazer alguns passeios, inclusive à Acrópole de Atenas, momentos antes do show no Badminton Theatre.

Não havia espaço para descanso. No dia seguinte ao último show da turnê europeia, em Bari, a equipe voou de Milão a Boston. Três dias depois, todos já estavam no palco do Orpheum, na capital do Massachusetts, para dar início à turnê pela América do Norte. Foram 12 shows entre os dias 2 e 24 de novembro. O de Pasadena, em 14 de novembro, foi "o pior show da temporada do *Cê*", escreveu Caetano. Mas o melhor ficou para o final. A apresentação no Masonic Auditorium de São Francisco, no dia 17, tornou-se memorável por um fato inusitado: durante *Odeio*, um fã invadiu o palco para beijar Caetano. Em segundos, uma organizada fila se formou, e diversas pessoas, uma a uma, beijavam o artista enquanto ele cantava.

Dois dias depois, foi a vez do primeiro de dois shows no Nokia Theatre, em Nova York. Lou Reed estava na plateia. "*Não me arrependo* começou com um baixo deslizante evocativo de *Walk on the wild side* de Lou Reed. (O Sr. Reed, empoleirado em uma sacada, reagiu visivelmente a esse detalhe.)", deu no *New York Times* do dia 21 de novembro. No camarim após o show, o ex-Velvet Underground comentou a referência a Pedro Sá e elogiou o trabalho de Ricardo Dias Gomes. Outro que estava lá era David Byrne. Em seguida, houve uma festa, e Marcelo Callado foi abordado pelo ex-Talking Heads. "Eu fiquei sem palavras quando ele chegou. Estava sentado com o prato no colo e ele veio falar comigo, elogiar o show... Fiquei sem graça e disse que gostava muito da banda dele. O cara já não tinha o Talking Heads há milênios...", gargalha o baterista. Em Nova York, a banda Orelhas se apresentou no Nublu Club, no East Village. Foi tudo tão improvisado que os músicos usaram instrumentos emprestados — e terminava assim a gloriosa carreira da Orelhas.

O último show da turnê internacional foi em 24 de novembro, um domingo, no Carnaval Center, em Miami. No palco, Caetano e os músicos receberam os troféus do Grammy Latino de melhor álbum de compositor e melhor canção brasileira por *Não me arrependo*. Alguns meses depois, o Conrad Hotel de Miami enviaria ao Brasil a fatura de um carpete queimado pelo baseado dos músicos da bandaCê. Mas eles já estavam em outra, pensando em como seria o próximo projeto ao lado de Caetano. O show tinha que continuar.

Entre um show e outro da agenda internacional, Pedro, Marcelo e Ricardo formaram a Orelhas, banda que tocou em cidades como Lisboa, Buenos Aires e Nova York

capítulo 11

será que samba dá samba?
o segundo ciclo
com a bandaCê

— Não quero ficar longe desses meninos, não — disse Caetano no camarim do Vivo Rio, logo após a estreia do projeto *Obra em progresso* (mesmo nome do blog que mantinha na época), quando ele e a bandaCê se reuniram para shows em que mostravam músicas que entrariam no segundo álbum da trilogia. — Eles são precisos, me sinto seguro tocando com eles — completou.

Tudo bem, ele poderia até repetir a banda, o formato de power trio, mas, claro, tudo seria diferente, afinal de contas, basta analisar a discografia de Caetano para sabermos que sempre foi assim. "Eu não tinha uma clareza que queria o samba como mote. Aí, para fazer o novo repertório para tocar com a banda, eu queria tocar com essa banda mais, depois do *Cê*... Fazer outro disco e continuar tocando com essa turma, que é muito bom. Então, virou um desafio, que me levou a perguntar a Pedro Sá: 'Será que samba dá samba?'", disse o compositor no documentário que acompanha o DVD *Zii e zie – MTV ao vivo* (2011).

Ou seja, a primeira ideia foi retirar a veia roqueira de *Cê* para colocar um pouco de samba. Mas, embora Caetano já tivesse a ideia de gravar um álbum de sambas, com o trio seria diferente. "Quando eu disse que o projeto pretende um aprofundamento da experiência de *Cê*, não estava anunciando uma radicalização no sentido das aparências de indie rock, mas um aprofundamento do trabalho que iniciei com Pedro, Ricardo e Marcelo. Com essa mesma formação, enfrentar desenhos rítmicos do samba tem sido, para nós quatro, uma aventura maior do que seria confirmar expectativas de definição roqueira mais 'pura' no meu trabalho", escreveu Caetano em dezembro de 2008 no blog Obra em Progresso, em que documentou o novo trabalho.

Também no blog, em entrevista a Caetano, Pedro Sá disse que, inicialmente, considerava *Zii e zie* melhor. Mas depois mudou de ideia. "Ficou mais difícil. Agora, tem uma coisa assim: o trabalho de Marcelo e Ricardo amadureceu muito e isso dá uma maturidade à banda, à gente tocando, que aparece no *Zii e zie*. (...) Eu vejo que o *Zii e zie* tem mais densidade no som da banda, mas não tem a mesma unidade do *Cê*".

O baterista Marcelo Callado, no mesmo blog, disse que os álbuns se assemelham por alcançarem as ideias e os conceitos iniciais propostos. "*Cê* no tratamento de banda dado às composições, que tendiam mais pro rock, e *Zii e zie* no tratamento da mesma banda dado aos sambas. O que acho que mudou é que, por termos ido pra estrada e feito zilhões de shows, houve um amadurecimento no entendimento musical individual e, por conseguinte, no todo. No processo de feitura do *Zii e zie*, cada um de nós já sabia mais ou menos o que tinha que fazer para se chegar no resultado". Ainda no blog, Ricardo Dias Gomes disse que no segundo trabalho eles foram mais ambiciosos do que no primeiro: "*Cê* é o retrato de quando inventamos um jeito de fazer os arranjos baseados nas ideias individuais frente à composição minimalista da banda. *Zii e zie* se utiliza desse método, que continuou se desenvolvendo nos shows e aplica mais claramente ao samba. Em *Cê* não havia um objetivo estilístico tão definido".

Na época da finalização da turnê *Cê* todos ainda estavam indecisos com relação ao futuro. Marcelo não fazia ideia de que haveria um segundo disco. Já Pedro até imaginava que o trabalho fosse adiante: "Eu fiquei um tempo sem saber, mas logo depois ele falou sobre a temporada de shows do *Obra em progresso*. Eu sentia que ele queria explorar aquele formato e não ficar só em um disco. Não podia ser um disco só para o tanto que ele queria fazer ali". Jaques Morelenbaum, porém, tinha certeza de que ainda viriam dois álbuns. "Na virada do *A foreign sound* para o *Cê*, o Caetano me disse que ia fazer uma trilogia. Ele já tinha tudo programado na cabeça", diz. Hoje, Caetano afirma não se lembrar de ter uma ideia tão certeira sobre ser uma trilogia ou não, mas que possivelmente aquilo não se resumiria a apenas um disco. "Eu já sabia que, se armássemos uma banda funcional, não faríamos um disco só", explica o compositor.

* * *

Como já é rotina, Caetano passou o verão de 2008 em Salvador. O som que mais escutou foi o do pagode baiano — uma mistura de samba-reggae com pagode, com muita percussão num ritmo mais acelerado. "A melhor coisa do mundo é pagode baiano. Sempre achei que o É o Tchan ia dar em riquezas. Harmonia do Samba. O ensaio do Psirico. Um ensaio do Psirico é sempre o bicho. Colagem de performances com percussão preciosa. Aquela música do 'cabelo fica massa, êta, fica massa', do Pretubom, é o que há de bom. Kuduros de Fantasmão e Márcio Victor: sempre a volta à chula. (...) Eu, que sempre adorei *El manicero* (mesmo antes de ouvi-la com Bola de Nieve), gozo ao ouvir as chulas estilizadas dos novos grupos de transpagode soteropolitano", escreveu Caetano no blog.

O mais curioso é que o baiano, no fundo, estava se retroalimentando dele mesmo. Segundo Márcio Victor, idealizador do Psirico, o trabalho com Caetano durante as turnês *Prenda minha* e *Noites do Norte* foi a base do seu pagode baiano.

"Muitas coisas que eu desenvolvia com o Caetano trouxe para a base percussiva do Psirico. O que fiz com ele foram estudos que vieram desde a época em que eu toquei e aprendi com o Carlinhos Brown. Aí juntei tudo isso e fiz o Psirico".

Psirico, Parangolé e Fantasmão eram alguns dos artistas que não saíam do aparelho de som de Caetano. A ideia antiga de um disco de sambas (que seria intitulado *Dezesseis sambas*) estava fervilhando, e talvez agora fosse a hora. Ele, então, convocou Pedro Sá, mostrou o pagode baiano e disse que queria fazer com a bandaCê algo inspirado naquilo. "A ambição era chegar num resumo dessas influências todas, que dentro da banda virasse um estilo", conta o guitarrista. Um dia, ele se encontrou por acaso com Marcelo na praia e deu a boa nova:

— Caetano está lá na Bahia escutando uns pagodes baianos...

Seria o segundo momento da bandaCê. Mas não uma simples releitura de pagodes baianos e muito menos do samba tradicional do Rio de Janeiro. A palavra mágica seria "transamba", praticamente um novo gênero musical criado por Caetano. "O transamba revela o desejo de trazer um ângulo diferente para o samba, de forma a reinventar o consagrado ritmo nacional por meio dessas experimentações roqueiras", escreveu em seu blog.

Caetano chegou a se inspirar em alguma coisa do rock para criar o novo estilo. "Nesse meu embrião de inspiração há algo dos títulos enigmáticos do rock dos anos 60 aos 80: *In-a-gadda-da-vida* [álbum que o Iron Butterfly lançou em 1968], *Regatta de blanc* [The Police, 1979], o insuperável *Blonde on blonde* [Bob Dylan, 1966] (...) Enfim, alguma coisa que tire de esquadro toda a referência ao samba, ou aos transambas ou parasambas ou metasambas que a bandaCê e eu vamos apresentar", dissertou em seu blog. Treze anos após o lançamento do álbum, indagado sobre esse conceito, Caetano resume: "Acho que transamba é um samba trans. O samba vai além de si para ser mais ele mesmo. Mas é só um jogo de palavras: surgiu quando, depois do *Cê*, comecei a fazer o repertório de *Zii e zie*, onde havia sambas pós-*Cê*".

Os conceitos de transrock e de transamba são embaralhados, e Caetano não se furta a explicá-los: "Chamei de 'transambas' as músicas que compus pensando na bandaCê — um power trio com gosto pelo pós-punk — e usando o ritmo do samba. E 'transrock' ao som que a banda produz ao tocar essas músicas", disse ao jornal espanhol *El Mundo*. Transamba ou transrock: isso pouco importava. Tanto que, no CD, está escrito o nome do primeiro na capa e o do segundo, na contracapa. O que ele queria mesmo era desenvolver o samba a partir da guitarra de Pedro Sá, como uma experiência de ritmos. Para iluminar a questão, o antropólogo e pesquisador musical Hermano Vianna, idealizador do blog Obra em Progresso juntamente com Caetano, convidou o escritor especializado em cultura afro Alberto Mussa para dar a sua visão. "O samba, portanto, já nasceu trans. Não é apenas um gênero musical, definido por uma batida particular. É uma atitude existencial, nasceu como atitude existencial, uma atitude de radicalização da irreverência num contexto histórico de extrema opressão. É um gênero em transcurso. Me parece que o transamba é um ponto desse transcurso, mais um galho dessa grande árvore. Mas vai continuar a ser samba se mantiver a atitude existencial primitiva, que eu não consigo ainda definir muito objetivamente, mas que a gente sente o que é", explicou Mussa.

Para alcançar a sonoridade desejada, Caetano e a bandaCê fizeram experimentos. A canção *Incompatibilidade de gênios* foi um dos pontos de partida. "Quando ele falou que queria tocar uns sambas, citou logo *Incompatibilidade* e *Ingenuidade*", revela Pedro. "Um samba que toma conta do mundo não é só carioca, como um reduto, é a raiz do que eu desejo fazer, é transamba", filosofou Caetano no blog, citando também Gilberto Gil: "A batida que fiz tocando *Minha flor, meu bebê* [de Cazuza e Dé Palmeira] — e que está em *Perdeu* e é a base por trás do tratamento das outras canções, inclusive a de Bosco/Blanc — vem de um jeito que Gil inventou para estilizar o samba no violão, nos anos 70".

Dessa maneira, não chega a ser surpresa o fato de que, das 13 faixas de *Zii e zie*, as únicas duas não compostas por Caetano sejam exatamente *Incompatibilidade de gênios* e *Ingenuidade*. A primeira é de João Bosco e de Aldir Blanc; a segunda, de Serafim Adriano. O ponto de interseção entre as duas faixas? Ambas estão presentes no álbum *Clementina de Jesus – Convidado especial: Carlos Cachaça* (1976). Talvez para deixar a referência bem clara, Caetano ainda incluiu em *Zii e zie* uma música chamada *Lapa*, que, embora não seja a mesma que consta do álbum de Clementina, tem o mesmo título.

A dupla Bosco/Blanc compôs *Incompatibilidade de gênios* especialmente para Clementina cantar. João Bosco, aliás, já considerava Quelé uma de suas maiores inspirações. "Meus discos já continham uma música que misturava a minha estada em Ouro Preto, em Ponte Nova [sua cidade natal], mas havia ali nessa música de Minas uma negritude que se expressava de forma muito clara", afirma João. Ele considera que Hermínio Bello de Carvalho (produtor da Clementina, e que mantinha uma relação de afinidade com ele) percebeu essa semelhança entre a música de ambos. "A minha música sempre teve esse som da ancestralidade africana, mas de forma intuitiva, eu não tinha consciência disso. Eu fazia com espontaneidade. Clementina funciona como uma espécie de fada-madrinha, aquela que de repente bate toda a sua cultura oral, tudo o que ela trazia dentro de si naquele jovem que está começando sua carreira e faz com que ele coloque para fora tudo aquilo que trazia. Ela chega e faz com que isso saia com a força da correnteza do rio. O que eu sinto quando escuto a Clementina é a minha origem, é de onde eu vim. Eu sinto o útero da minha origem", afirma.

João Bosco diz que não sabia que Caetano estava gravando *Incompatibilidade de gênios*, muito menos *Ingenuidade*, que, coincidentemente, também ensaiava para o seu novo álbum, *Não vou pro céu, mas já não vivo no chão* (2009) — Caetano também não tinha conhecimento do fato. "Era uma coincidência. Quando eu vi a notícia, soube que ele gravou as duas, e foi muito bacana, porque nós tivemos um mesmo sentimento ao mesmo tempo. Através desses sambas, estávamos sintonizados com a mesma antena".

No release distribuído à imprensa no lançamento de *Zii e zie*, Caetano bateu na tecla da importância de *Incompatibilidade de gênios* para o conceito do projeto. Segundo ele, tanto essa música quanto *Ingenuidade* "são as faixas núcleo daquele disco". No início, Caetano se lembrava mais da gravação de Clementina, e desejava voltar ao jeito que ela gravou. Jaques Morelenbaum, que esteve presente no ensaio, falou para fazer a música no tom que ele imaginava que fosse o da gravação de Clementina.

Caetano então escutou uma versão ao vivo da canção executada por João, que encontrou no YouTube. "Me pergunto se há coisa melhor do que aquilo no mundo. Mas minha ideia era totalmente oposta à daquele tratamento jazzístico moderno e com um suingue de samba tão profundamente sentido por todos os músicos que chega a doer", escreveu Caetano, que quase desistiu de cantar a música. Mas cantou, no mesmo tom de João, inclusive. Quando a incluiu no álbum, ele disse à banda que a versão de João era "humilhante", mas queria fazer um "transamba", enquanto João fazia "samberklee" — trocadilho com a famosa escola de música americana: "Não dá para competir: nossa versão apenas mostra uma abordagem diferente, que talvez suscite outras interpretações desse samba obra-prima. Isso diz muito do que fazemos, neste disco, com o samba em geral".

João Bosco bem que tentou fazer uma análise comparativa entre a sua gravação e a de Caetano. "Eu acho que a versão dele é uma *Incompatibilidade de gênios* que define *Zii e zie* como um disco de samba". O mineiro repete mais de uma vez que é impossível escutar os discos de Caetano com a bandaCê separadamente. "É como um tríptico. O *Zii e zie* é um disco com uma sonoridade de power trio com timbres de guitarras que o Pedro Sá usa de forma magnífica, e o Caetano cantando dentro desta atmosfera. Porém, talvez esse seja o 'disco das tias', como a Tia Ciata. É um disco de samba... O *Cê* seria o disco dos sobrinhos, dos jovens, o Caetano quase rock and roll", reflete. Ao saber que *Zii e zie* significa "tios e tias" em italiano, João fica surpreso com a (nova) coincidência. "Não tô te falando? Você vai acabar descobrindo que *Cê* significa 'sobrinhos' em algum idioma", brinca.

As ideias para *Incompatibilidade de gênios* e *Ingenuidade* levaram os trabalhos adiante. Arto Lindsay revela um acontecimento inusitado durante os ensaios da canção de Bosco/Blanc. "Tem uma bateria de trás pra frente... Eu perguntei como foi aquilo e me falaram que tinha sido um erro. Eles começaram tocando errado e depois adotaram", diz. Aliás, dos integrantes da banda, quem mais quebrou a cabeça no quesito "transamba" foi Marcelo Callado. O produtor Moreno Veloso presenciou tudo. "Aquelas baterias me tiravam do sério. Eu perguntava: 'Marcelo, como você dorme com isso? Você coloca a cabeça no travesseiro e o que acontece?'", brinca. Valeu a pena. O baterista define o transamba de uma forma simples: "É um samba com arranjo meio torto. Uma ideia de subverter um pouco o samba". Nos ensaios, Caetano frisava:

— Eu quero intensificar essa célula do samba, quero que seja repetitivo mesmo.

A banda atendia. Pedro usava a guitarra praticamente como um instrumento de percussão. O baixo de Ricardo na faixa *A base de Guantánamo* funciona quase como um surdo de segunda respondendo ao surdo de primeira da bateria de Marcelo. Pedro, diretor musical e co-produtor de *Zii e zie*, explica: "O transamba é condensado, uma leitura diferente do samba. Só que muitas coisas da linguagem do samba não estão ali. Em um grupo de samba, cada percussionista faz uma parada... O surdo, o tamborim, o pandeiro, o repique, o agogô, o ganzá... É uma outra riqueza de timbres. O samba é mais rico, mais exuberante, mas o detalhe do transamba é não estar dentro do ambiente do samba. É um formato de banda de rock, universal: baixo, bateria, guitarra, teclado".

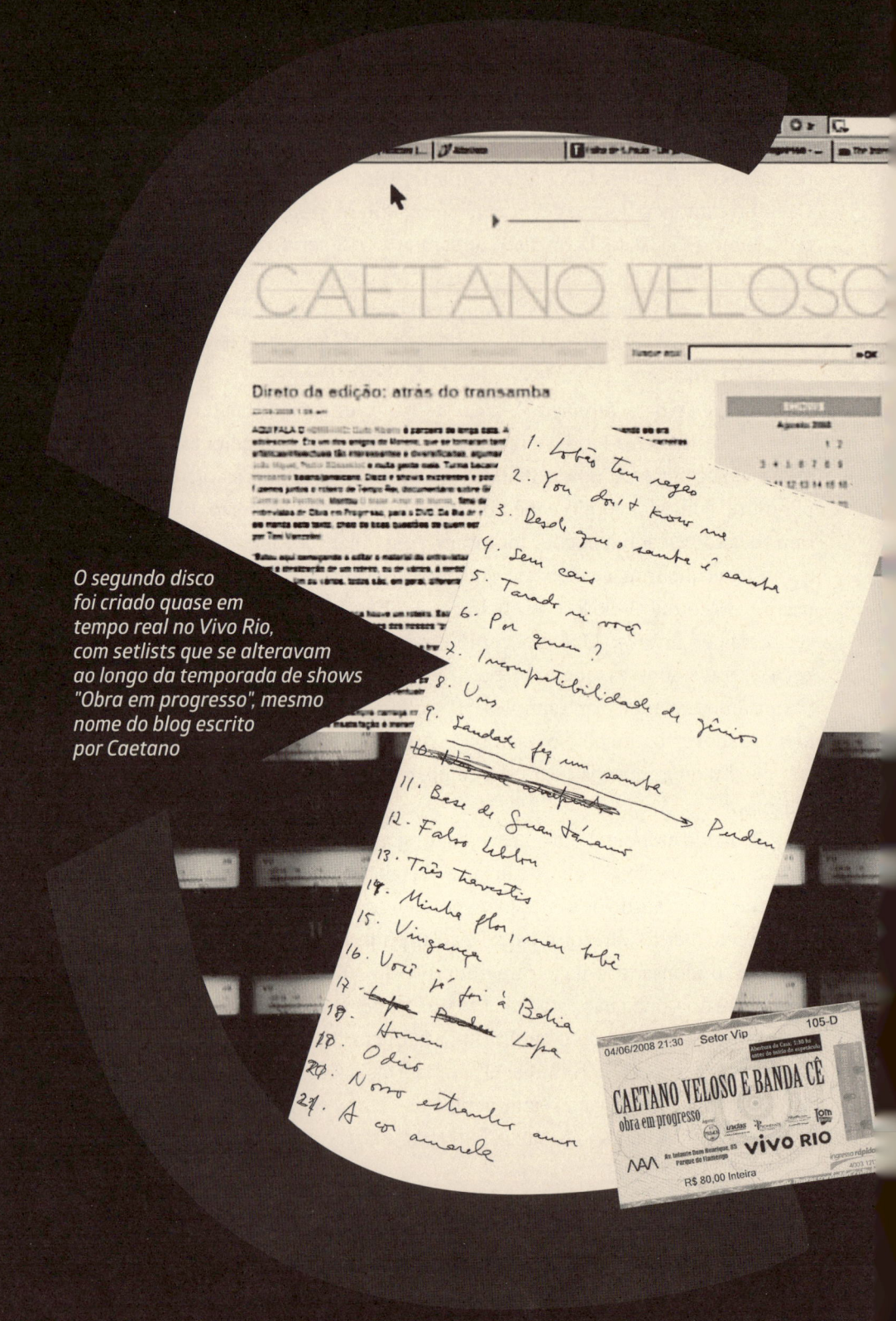

O segundo disco foi criado quase em tempo real no Vivo Rio, com setlists que se alteravam ao longo da temporada de shows "Obra em progresso", mesmo nome do blog escrito por Caetano

Setlist manuscrito:
1. Lobão tem razão
2. You don't know me
3. Desde que o samba é samba
4. Sem cais
5. Tarado ni você
6. Por quem?
7. Incompatibilidade de gênios
8. Uns
9. Saudade fez um samba → Puden
10. ~~ilegível~~
11. Base de Guantánamo
12. Falso Leblon
13. Três travestis
14. Minha flor, meu bebê
15. Vingança
16. Você já foi à Bahia
17. ~~Lapa~~
18. ~~Puden~~ Lapa
19. Homem
20. Ódio
21. Nosso estranho amor
22. A cor amarela

capítulo 12

**barack obama
é bonito pra caralho**
o show e o blog
obra em progresso

Da mesma forma que fizera antes de gravar *Velô*, Caetano Veloso decidiu pegar a estrada com a sua banda antes da gravação de *Zii e zie*. Só que havia uma diferença: em 1984, o repertório já estava fechado e suas canções, com os arranjos prontos, de forma que Caetano e a Banda Nova apenas mostraram o disco no palco antes de entrarem em estúdio. Já na turnê de 24 anos depois, as músicas ainda estavam em construção. A meta era compor, ensaiar, burilar os arranjos e apresentá-los ao vivo como se tudo fosse um único processo.

O título da série de espetáculos era sintomático: *Obra em progresso*, uma brincadeira inspirada no escritor irlandês James Joyce, que publicou trechos de um livro de sua autoria numa revista e chamou de *Work in progress* — mais tarde, o trabalho finalizado seria publicado sob o título de *Finnegans wake* (1939). O blog do projeto explicava que se tratava de uma "oportunidade inédita para o público acompanhar de perto o processo criativo de um dos maiores artistas brasileiros. Canções que acabaram de ser compostas são apresentadas no palco e aprimoradas em shows diferentes a cada semana. Apesar de não ter sido concebida com esta intenção (...), essa proposta tem tudo a ver com questões centrais que o surgimento da internet coloca para a produção cultural contemporânea".

A banda nem chegou a ensaiar tanto antes da estreia, no Vivo Rio, em 14 de maio de 2008. Durante cinco quartas-feiras, Caetano e a sua bandaCê apresentariam as novidades na casa de shows localizada no Aterro do Flamengo. Nada de roteiro fixo, cenário, figurinos ou marcações. A onda seria tão somente mostrar o processo de composição do novo trabalho. Tanto que a primeira música da estreia foi *Perdeu*, que seria exatamente a faixa de abertura do futuro álbum, ainda sem previsão de lançamento. Marcelo explica o conceito da temporada: "Caetano chegava com uma música nova, a gente ensaiava algumas vezes e a levava ainda bem crua para o palco. Fomos pegando a cada show as músicas que entrariam no disco". No estúdio Floresta, no Cosme Velho, eles faziam um ensaio na véspera de cada apresentação e, no dia seguinte, no palco, mediam a resposta dos fãs.

No decorrer dos shows, o número de músicas novas ia aumentando e os arranjos eram ajustados. "Então vocês relevem qualquer insegurança", disse Caetano antes de apresentar *Falso Leblon* pela primeira vez no terceiro show da temporada. A série foi anunciada quase de surpresa, um mês antes da estreia. Faltando duas semanas, ele disse ao jornal *O Globo*: "Durante o verão, em Salvador, escrevi duas músicas novas. Depois, no Rio, fiz mais três, e a ideia evoluiu para um show no qual experimentarei o repertório do novo disco".

O projeto nasceu no fim de 2007, no avião que o trazia de volta ao Brasil, depois de cansativas turnês pelo mundo. "Estava com saudades do Rio, de meus filhos, e pensei que seria bom poder passar uma temporada maior aqui". Ao *Jornal do Brasil*, ele explicou o norte das apresentações: "É um ensaio aberto, porque vamos apresentar canções e versões novas. Mas esse nome pode dar a impressão errada de que vamos ensaiar em público. O essencial é que não é um show de sucessos, nem de músicas do *Cê*. Elas não estão excluídas, mas serão minoritárias. (...) São sempre espetáculos diferentes".

A cobertura do mesmo *JB* sobre a estreia naquele dia 14 de maio tinha o título "Polêmica em progresso". O motivo era a inclusão de *Três travestis*, canção obscura do repertório de Caetano. Explica-se: além de mostrar as inéditas, o baiano, durante o show (o que se tornaria um costume até o fim da temporada), comentava notícias recentes e arrumava alguma forma de diálogo com suas músicas. Duas semanas antes, o jogador de futebol Ronaldo fora acusado de não ter pago um programa com três travestis em um motel na Barra da Tijuca.

— Como este é um show semanal, tem que ter uma cara meio de jornalismo, de comentar fatos. E o que aconteceu foi esse problema do meu amigo Ronaldo. Vi que eram três travestis e fui procurar a letra da música, que fiz por volta de 1976 para o Ney Matogrosso. Mas ele não a quis e a música acabou sendo gravada pela Zezé Motta, num compacto em 1982. Fui pedir a música para ela, que me mandou uma fita cassete, mas perdi a fita e não quis encher o saco dela — contou o compositor, que defendeu o jogador: — Acho que a poesia tem que se impor. Não sou um Chico Buarque, mas as rimas de *Três travestis* são poesia. E o futebol de Ronaldo é poesia. A parte íntima da história não interessa a ninguém, só aos envolvidos.

Mal cantou os três primeiros versos ("Três travestis/ Traçam perfis/ Na praça"), ele teve que parar e começar de novo. A plateia não conseguia deixar de gargalhar — quando Ronaldo foi ao show, semanas depois, a música ficou fora do repertório.

Caetano ainda relembrou *O maior castigo que eu te dou*, de Noel Rosa, por causa da condenação da produtora Furacão 2000 e de MC Naldinho, autor do funk *Um tapinha não dói* (que Caetano interpretava na turnê *Noites do Norte*). O juiz do caso considerou a música uma ofensa a todas as mulheres do Brasil e estipulou uma multa de R$ 500 mil. Caetano dedicou a canção de Noel "às mulheres, que porventura tenham se sentido ofendidas com o funk, e ao Ministério Público, que o vetou". A letra diz: "O maior castigo que eu te dou/ É não te bater/ Pois sei que gostas de apanhar".

— Espero que não processem ele [Noel Rosa] também — brincou.

O *setlist* teve espaço para músicas então inéditas (*Perdeu*, *Tarado ni você*, *Por quem*, *A base de Guantánamo*, *Sem cais* e *A cor amarela*), além de sucessos como *Desde que o samba é samba*, *O leãozinho* (essa entrou porque Marcelo e Ricardo resolveram tocá-la de brincadeira no ensaio), *Nosso estranho amor* e *Cajuína*.

O show ainda teve participação dos percussionistas gêmeos Josino Eduardo e Eduardo Josino, que trabalharam nas turnês *Prenda minha* e *Noites do Norte*, além de Jorge Mautner e Nelson Jacobina, que dividiram o palco com Caetano e a bandaCê em *O vampiro*, *Todo errado* e *Manjar de reis*. A plateia gostou tanto de Mautner e Jacobina que foi criado um abaixo-assinado para que participassem de todos os shows da temporada — o que aconteceu. Aliás, convidados especiais não faltaram nas apresentações seguintes. "Era um caráter meio baile mesmo. As participações eram ensaiadas na passagem de som", recorda Pedro.

Nos bastidores, o clima era de relaxamento. Ildi Silva, que muitos apostavam como um *affair* de Caetano, estava lá.

— Vem cá fazer a foto, que a imprensa tá doida por isso. Pronto! Nós três: Caetano, a musa dele e eu. Vamos dar mídia, rende primeira página! — brincava Paula Lavigne, ao mesmo tempo em que puxava uma sem graça Ildi para a foto.
— Pena eu não ter esses olhos verdes. Igual a essa mulher, só na Bahia — continuou Paula.

Ao mesmo tempo, Regina Casé abraçava Dadi, Dé Palmeira e Arnaldo Brandão, e gritava:

— Aqui, Caetano! Achei os seus travestis!

Outros convidados foram Gloria Perez, Débora Bloch, DJ Marlboro, Pedro Bial e Cacá Diegues. O jornalista Artur Xexéo também se derramou em elogios no jornal O *Globo*: "Mas essa história de 'obra em progresso' pouco importa. O bom é ver Caetano feliz da vida atuando num palco vazio como se estivesse em casa. Nada de terninho Dolce & Gabbana, nada de grandes cenários, nada de superbandas. Só Caetano de jeans, tênis e camiseta, um trio básico e o palco do Vivo Rio exposto. É um clima de ensaio, é verdade. Mas o bom é ver a reação do público ao que é apresentado. O clima é de comemoração. É como se Caetano estivesse em casa recebendo os amigos. E a cidade comparece".

A segunda apresentação foi em 28 de maio, duas semanas após a estreia. Caetano abriu com *Incompatibilidade de gênios*. Seguindo a ideia de relacionar músicas a acontecimentos recentes, tocou *Um índio* por conta de uma reportagem do *Fantástico* sobre a Hidrelétrica do Rio Madeira que ameaçava as terras dos índios do Xingu. Jaques Morelenbaum foi o convidado especial e colocou o seu violoncelo para chorar durante *Coração vagabundo* e *Mano a mano*, esta última de Carlos Gardel, um dos momentos mais brilhantes da turnê de *Circuladô*.

Caetano aproveitou para explicar a origem da música *A base de Guantánamo*. Após assistir ao filme *Caminhos de Guantánamo*, produção inglesa de 2006, enviou um e-mail a um amigo, em que dizia o seguinte: "O fato de os americanos desrespeitarem os direitos humanos em solo cubano é por demais forte simbolicamente para eu não me abalar". Pronto. A letra estava pronta.

— É uma frase que dá conta do mal-estar que senti diante daquela situação irregular quanto aos direitos humanos, produzida pelos americanos na ilha de Cuba, onde eles têm a base de Guantánamo desde o século XIX. Se você falar em questão de como são observados os direitos humanos e as questões de liberdade e respeito aos homens, sou 100% mais Estados Unidos do que Cuba. E eles, os americanos, os defensores das sociedades abertas, apresentam muitas vezes o caso de Cuba como um lugar onde não se respeitam as liberdades. Que aconteça isso na base de Guantánamo, sendo que são os americanos que estão desrespeitando os direitos humanos, me abala, me provoca mal-estar. Justamente porque eu sou neste ponto ao lado dos americanos. Se eu fosse o tipo de cara de esquerda, pró-Cuba, anti-Estados Unidos, não seria nenhum abalo para mim — disse antes de cantar a música.

Jorge Mautner, mais uma vez, entrou no fim do show, e a explicação da nova *Tarado ni você* tem tudo a ver com ele. Caetano afirmou que quando fez a música, tocava a melodia no violão e balbuciava "taran, taran, taran…" para acompanhar o ritmo. Aí, ele se lembrou de Mautner e da canção *Tarado* (que compuseram juntos para o álbum *Eu não peço desculpa*) e fez a letra, com a preposição em iorubá "ni". O verso "Deixa eu gostar de você" ele roubou da sua antiga canção *Nosso estranho amor*, que, por isso mesmo, entrou para o repertório do show. Uma coisa ia levando a outra, como um fluxo de consciência, no melhor estilo Caetano. "Na verdade, foi a primeira canção que fiz especificamente para o *Zii e zie*. Eu estava na Bahia e queria fazer um negócio com uma forma de samba, um negócio com o samba que fosse estranho, diferente, que mexesse com o samba como eu estava desejando mexer, já prevendo o tratamento que a gente podia dar com a bandaCê", disse à revista *Rolling Stone Brasil*.

O terceiro show da temporada, em 4 de junho, teve como mote a então recente indicação de Barack Obama como candidato democrata à presidência dos Estados Unidos.

— O Barack Obama é bonito pra caralho — saudou Caetano. — Mas eu gosto mais de preto do que de negro. Aliás, quando tava a disputa entre Hillary Clinton e Barack Obama, me perguntaram quem era meu preferido, e eu disse Barack Obama, que eu gosto muito mais de preto do que de mulher. Essa é uma frase politicamente incorreta, sutil à beça. Ela é violenta, mas ela é sutil porque ela desnorteia a gente. Até eu fiquei assustado quando eu disse. Podia ter uma conotação sexual, mas não era a base da minha declaração. (...) Mas o fato é que o que a gente vê é que Barack Obama está querendo imitar os brasileiros, e muitos brasileiros querendo imitar os Estados Unidos pré-Barack Obama.

No mesmo show, Caetano discorreu por mais de cinco minutos sobre o racismo antes de cantar *Feitiço da Vila*, de Noel Rosa:

— É uma canção que sempre me deixou com uma imensa pulga atrás da orelha. Porque é uma canção de afirmação da classe média letrada contra os sambas do morro, próximos do candomblé. Basicamente, é uma canção racista. A gente tem de admitir que isso aconteceu.

Dias depois, o jornalista Ali Kamel, autor do livro *Não somos racistas*, lançado em 2006, escreveu no *Globo*: "Caetano demonstrou que a canção quis livrar o samba de sua negritude, transformando-o num feitiço do bem, feito por bacharéis brancos, longe, portanto, da macumba dos negros do morro, que faz, por oposição, o mal, coisa de bamba". Teresa Cristina participou do show cantando *Coração vulgar* (de Paulinho da Viola), *Nu com a minha música* e *Gema*. Foi por causa de sua gravação dessa última, aliás, que Caetano quis convidá-la, e ele relacionou a canção ao conceito de seu novo projeto: "Esse samba tem um jeito de transamba, tem já uma pegada das músicas que estou fazendo agora com a banda".

O show seguinte, no dia 11 de junho, teve uma convidada pra lá de especial, mas que infelizmente não subiu ao palco. "Dona Ivone Lara estava lá e começamos com uma música dela", conta Marcelo Callado. Após *Alguém me avisou* e mais três músicas, a banda apresentou *Sem cais*, parceria de Caetano com Pedro Sá. "Quando estava fazendo o *Cê*, Caetano pediu para cada um da banda um pedaço de música, uma letra, qualquer coisa", explicou Pedro, que sugeriu um tema que já tinha gravado havia um tempo. Caetano gostou, mas disse que ia aguardar. Antes da temporada *Obra em progresso*, ele se lembrou da música, Pedro lhe mostrou novamente, e ele não tardou a escrever uma letra. A cantora Karina Zeviani e o ex-parceiro de A Outra Banda da Terra, Arnaldo Brandão, participaram do show.

Por quem, que estaria presente em *Zii e zie*, fez parte do *setlist*. Assim como acontecera com *Tarado ni você*, Caetano compôs a música (uma "transbossanova", segundo ele) sem ideia da letra. Com a melodia, vieram algumas palavras, até surgir "blush". "Tem tudo a ver com uma porção de coisa que aconteceu na minha vida na música popular", explicou Caetano. Assim como ele odiava a palavra "lanchonete", e acabou a inserindo na letra de *Baby*, também não gostava de "blush" e, por isso, entrou em *Por quem*. A partir dali uma palavra foi puxando a outra. "Ela tem uma certa tristeza, é noturna", afirmou Caetano. Segundo ele, a letra é "documental", porque sempre escutava de madrugada barulhos dos carros e das ondas do mar.

O último show da temporada no Vivo Rio, em 18 de junho, começou com *A tua presença morena*, cantada em homenagem a Maria Bethânia, que comemorava aniversário naquela data. A socióloga, psicanalista e ativista política Violeta Arraes, irmã de Miguel Arraes, que falecera na véspera, foi homenageada com *Cajuína*. Muitos convidados subiram ao palco do Vivo Rio: Eduardo Josino, Josino Eduardo, Moreno Veloso, Davi Moraes, além de Jorge Mautner e Nelson Jacobina. "Tive esse convite maravilhoso e ensaiamos na passagem de som mesmo", recorda Davi.

Foi durante a temporada que Caetano, juntamente com Hermano Vianna, teve a ideia de registrar os bastidores daquele momento. Dessa forma nasceu o blog Obra em Progresso. "Quando decidi fazer shows semanais para mostrar o desenvolvimento do repertório do novo disco, Hermano logo propôs fazermos um blog. Ele gosta muito da internet e das mudanças que ela traz às ideias de autoria, direitos e obra acabada. Aceitei imediatamente, pois, embora eu não goste tanto dessas coisas quanto ele, não me sinto em oposição a elas", disse à *Folha de S.Paulo*. Ao mesmo tempo, deixou claro o seu propósito: "O intuito é mais mostrar o desenvolvimento do repertório do que auscultar a reação dos ouvintes (tanto no blog quantos nos shows). Não há interferência dos internautas na estruturação das canções". E claro que ele não se furtou a dar a sua nada modesta definição para transamba: "de trans + samba; nome de um novo gênero de música criado artificialmente (mas nem Deus sabe quão orgânica e necessariamente) no Brasil. (...) Transamba é palavra que já vem dançando entre os sentidos. É o samba além do samba. Um samba desencaminhado e excessivo, mas sublime e superior".

O blog sinalizava tempos modernos. O objetivo era inverter a lógica do lançamento de um disco, quando tudo era guardado a sete chaves até chegar às lojas e às mãos dos críticos. Tudo isso "deixa de fazer sentido quando tudo é acessível o tempo todo a poucos cliques do mouse. E essa situação pode ser libertadora", escreveu Hermano no blog. "Vi o primeiro e o segundo shows de *Obra em progresso*, os únicos realizados até agora. No fim do segundo show, percebendo a evolução de algumas das músicas ainda não registradas em disco, a alteração no repertório das músicas antigas e tantas outras novidades, tomei a coragem de propor para Caetano que o processo 'analógico' que o público pode presenciar no show fosse acompanhado e aprofundado por uma versão digital", explicou Hermano.

Graças ao blog, Caetano descobriu que a palavra "transamba" já existia, quando um dos comentadores escreveu sobre o álbum de mesmo nome, lançado por Marcos Moran e Samba Som 7 em 1973. "Muito importante a existência do disco (...) Entrei no site Brasilemvinil e fiquei maravilhado de ver a palavra já escrita ali. Pena que não deu para eu ouvir as músicas. (...) Por agora é só relembrar que minha 'inspiração poética' já tinha chegado a outro. E em 1973! Para mim a palavra 'transamba' fica reafirmada com a existência do disco de Marcos Moran. Não ouvi, mas deu pra gostar do repertório, com muito Antônio Carlos e Jocafi mais o *Partido alto* do Chico e o *Pagode* [do Vavá] do Paulinho da Viola", escreveu o cantor.

O primeiro post do blog, de 19 de junho de 2008, traz o título "Caetano fala sobre acusações de Fidel". O mote é a canção *A base de Guantánamo* e foi escrito por Caetano e Hermano, e cita a matéria do *Globo* "Guantánamo: Fidel critica opinião de Caetano", segundo a qual o político cubano teria interpretado como um pedido de perdão aos Estados Unidos os comentários de Caetano durante o show. "Não pedi perdão a ninguém. Procuro pensar por conta própria. Minha irreverência diante dos poderes estabelecidos é impenitente. (...) Minhas palavras são: criação e liberdade. Se não me submeto ao poderio norte-americano, tampouco aceito ordens de ditadores. Fidel nos deve explicações a respeito de sua identificação com os estados policiais que o comunismo gerou", escreveu.

No blog, Caetano se deteve bastante às eleições municipais do Rio de Janeiro. Sobre o candidato Marcelo Crivella, escreveu: "Não voto em Crivella nem que a vaca tussa. Meu candidato é Gabeira e sempre disse isso. Não sei por que a dúvida. Conheço as opiniões de Crivella (e da turma da IURD) sobre os homossexuais. Mas todos hão de convir que eles são muito mais abertos em relação ao aborto e ao uso de camisinha do que a Igreja Católica". Ao mesmo tempo, declarou apoio a Fernando Gabeira: "Eu odeio maconha e vou votar nele".

A eleição presidencial dos Estados Unidos também rendeu posts. "Vi o debate entre Biden e Palin (nomes feitos de bons ditongos ingleses). Foi mais agradável do que o de Obama e McCain. Pelo menos eles se olhavam. (...) Biden não foi canastrão quando falou sobre a morte da mulher e da filha. Mas ele tem um amendoado irregular nos olhos ou aquilo é uma plástica mal feita?". Caetano ainda expressou a sua opinião sobre a recondução de um mesmo governante ao poder: "Não gosto de reeleição. Se algo pode ser chamado, como Zé Dirceu grosseiramente chamou, de 'herança maldita' do governo FH, é a instituição da reeleição. Há sempre a força da máquina do estado do lado de quem quer se reeleger. Até que dois mandatos de FH e dois de Lula não foi coisa tão ruim quanto me parecia que fosse ser. Mas os prefeitos todos se reelegerem é demais".

Em outros momentos, Caetano homenageou artistas brasileiros. "Waldick Soriano morreu. *Eu não sou cachorro, não* é um clássico da cultura brasileira. Tenho orgulho desse grande baiano das nossas letras e músicas. Elite? Se há uma elite para mim, é a elite dos que têm ou tiveram grande intuição artística. Waldick era um desses", escreveu em 4 de setembro de 2008, dia em que morreu o artista, ícone da chamada música brega. Outra perda comentada, semanas antes, em 16 de agosto, foi a de Dorival Caymmi: "Caymmi completou sua vida luminosa. Saí do ensaio das músicas de Jobim com Roberto Carlos e fui à Câmara Municipal ver a cara dele pela última vez. Beijei Nana. Rimos. Não pode haver um jingle turístico mais perfeito do que *Você já foi à Bahia?*. Caymmi era uma rocha e um anjo. Demasiado material, demasiado espiritual. Caymmi é um núcleo do Brasil. Caymmi será o Mundo". Dona Edith do Prato, falecida em 8 de janeiro de 2009, também foi lembrada: "Comove ver o quanto essa cultura — que Edith encarnava — pode atrair jovens guitarristas brasileiros de toda parte. Havia muita gente no enterro. A maioria era de Santo Amaro mesmo".

O blog trazia à tona um detalhe interessante. Se *Cê* foi gravado sob sigilo absoluto, *Zii e zie* tinha todas as suas vísceras expostas. "Uma das forças do *Cê* foi o segredo sobre o que viria. Agora é o compartilhar com ouvintes obscenamente as intimidades da feitura. Quando o disco estiver pronto (espero que até outubro) os interessados já terão versões ao vivo, em etapas diferentes, das canções. E ainda essa minha falação indiscreta. Sou leonino falador", escreveu Caetano, que ainda resenhou um show da banda Do Amor, que tinha entre os integrantes Marcelo e Ricardo: "Além de grandes *covers* do Devo, do Ween e de Pinduca, a banda tocou seu repertório próprio, sempre muito bem, e trocou de figurino três vezes. (...) Compadrio e amiguismo à parte, Benjão, Ricardo, Marcelo e Bubu tocam muito. Marcelo estava pra lá de Marraquexe. Ricardo lançou uma voz de criança estrangulada que arrasou. As guitarras eram extremamente precisas. Em meio a uma confusão dos diabos, os caras tocavam com rigor".

Caetano, de fato, estava antenado na nova geração, tanto que, em outras postagens, citou bandas como Hurtmold e Little Joy (de Rodrigo Amarante). O rock internacional também ecoava em seus ouvidos. "Adoro Radiohead. Thom Yorke canta muito e a banda é boníssima. Não creio que Milton se entusiasmasse com eles, mas há algo de Minas ali sim. Como sou baiano, muitas vezes prefiro até Arctic Monkeys, pela linhagem mais seca, que vem de Sex Pistols, Nirvana, Strokes — e o eterno disco dos Pixies na BBC. Radiohead é muito líquido. O som é muita água e o texto é muito obscuro, muito 'não quero que você me entenda'. Mas é um grupo refinado e caprichado. Lindo de se ouvir. Acho que não vou ao show da Madonna, mas ao do Radiohead eu quero ir".

Em mais de cem postagens Caetano dissertou sobre temas diversos. Música, política, racismo, literatura (de Jorge Luis Borges a Alexei Bueno), cinema (elogiou bastante o filme O *poderoso chefão*, de 1972), família (nascimento do neto, estudos com Zeca nas vésperas das provas e idas ao cinema com Tom), língua portuguesa, amenidades, enfim, pouca coisa ficou de fora. Na reta final, quando começaram as gravações do álbum *Zii e zie*, o blog se dedicou mais à evolução do trabalho em estúdio. Nesse momento, os internautas poderiam até escolher qual solo de guitarra de Pedro Sá tinha ficado melhor para a canção *Incompatibilidade de gênios*.

Na segunda quinzena de agosto, em meio aos ensaios para um tributo a Tom Jobim ao lado de Roberto Carlos, Caetano retomou o projeto *Obra em progresso* para dois shows finais no Teatro Casa Grande, no Leblon, nos dias

19 e 20. Antes, fez uma temporada voz e violão na Europa, "para ganhar o que preciso para manter a vida de separado com dois filhos", conforme escreveu no *Jornal do Brasil* dois dias antes da estreia. No mesmo texto, ele dedicou algumas palavras sobre o futuro álbum. "Todo o projeto é profundamente enfronhado no Rio de Janeiro. É um disco em homenagem ao Rio. É uma reza irreligiosa ou arreligiosa ou anti-religiosa pelo Rio". Os shows no Leblon teriam como finalidade gravar um DVD, apesar de não ser um desejo de Caetano. Em entrevista ao *Globo*, ele adiantou que o álbum não seria intitulado "Transamba".

Uma das novidades no repertório seria a canção *Lobão tem razão*. Na mesma entrevista, Caetano falou sobre ela: "Lobão tem razão ao me dizer 'chega de verdade', naquela música emocionante que fez para mim [*Para o mano Caetano*, de 2001]. A canção é diretamente para o Lobão. E indiretamente para a Paulinha, que me disse já muitas vezes 'Lobão tem razão', pontuando críticas que faz a minha personalidade. É uma canção de amores desencontrados, cheia de imagens estranhas". *Lapa*, mais uma inédita, faria parte do *setlist* dos shows, além de *Água*, de autoria de Kassin, que ficou surpreso quando Caetano lhe pediu autorização para cantá-la. "Eu respondi: 'Como assim?' Quem não quer ver o compositor dos compositores cantando uma música sua? É tipo ganhar um Nobel".

Caetano iniciou as duas apresentações cantando a música em homenagem a Lobão. Pouco antes de entrar no palco, Giovana Chanley entregou a ele um jornal com uma entrevista do roqueiro, que acabou costurando o roteiro do show. No primeiro dia, ele discorreu durante sete minutos sobre o compositor carioca, com ares de *stand up comedy*.

— Curiosamente hoje saiu uma entrevista do Lobão na primeira página do *Caderno B* do *Jornal do Brasil*, que é um jornal que existia aqui no Rio de Janeiro e ainda existe — começou Caetano.

Ele disse que gostou muito da música que havia feito, mas que ficara intrigado com a declaração de Lobão ao jornal: "Estou de saco cheio da Zona Sul do Rio".

— Pô, tô estreando no Leblon com uma música que o título é *Lobão tem razão*...

No fim, Caetano citou mais uma frase bombástica da entrevista de Lobão: "O Brasil é o país da culpa católica, um país em que se valoriza as pessoas feias".

— Tem uma foto do Lobão aqui... — encerrou o baiano, entre risadas da plateia.

No repertório, Caetano ainda homenageou Dorival Caymmi (*Você já foi à Bahia?*), Carlos Lyra (*Saudade fez um samba*), Lupicínio Rodrigues (*Vingança*), além de Kassin e da dupla João Bosco/Aldir Blanc. De última hora, na primeira apresentação, incluiu Charles Trenet (*La mer*) no lugar de Cazuza e Dé Palmeira (*Minha flor, meu bebê*, escrita no *setlist* original). Dez músicas do futuro disco foram apresentadas, além de faixas de *Cê*, como *Odeio*, *Não me arrependo* e *Homem*. Fechando o repertório, sucessos como *O leãozinho*, *You don't know me*, *Desde que o samba é samba* e *Nosso estranho amor*. Ah, sim, Jorge Mautner e Nelson Jacobina participaram do bis. Apesar de ter sido uma espécie de ensaio aberto, a temporada *Obra em progresso* entrou na lista dos melhores shows do ano, segundo o jornal *O Globo*, juntamente com João Gilberto (comemorando os 50 anos de Bossa Nova), Fernanda Takai (homenageando Nara Leão) e, entre os estrangeiros, R.E.M. e Rufus Wainwright. Segundo o texto, "Caetano reafirmou a sua inquietude artística".

* * *

Caetano trocou momentaneamente o despojamento de sua nova experimentação com a bandaCê pela solenidade orquestral de um show com Roberto Carlos. Logo após as apresentações no Casa Grande, entre os dias 22 e 26 de agosto, os dois fizeram três shows no Rio e em São Paulo em homenagem a Tom Jobim, um dos muitos eventos realizados naquela época para celebrar os 50 anos da Bossa Nova. O espetáculo foi idealizado por Monique Gardenberg e Felipe Hirsch. A ideia era unir dois discípulos do Maestro Soberano no palco, num encontro histórico da Tropicália (de Caetano) e da Jovem Guarda (de Roberto) com a Bossa Nova (de Tom). Os dois teriam direito a momentos solo e se encontrariam no início e no final em duetos.

Além da dobradinha com Roberto, a ocasião proporcionou uma reedição da parceria com seu antigo maestro, Jaques Morelenbaum, responsável pelos arranjos do *set* individual de Caetano. Monique queria que ele fizesse o show todo, mas, por exigência de Roberto, Eduardo Lages se responsabilizou pela parte orquestral do Rei.

De toda forma, após a breve participação de Jaques na temporada de *Obra em progresso*, era a primeira vez que Caetano se reencontraria profissionalmente com ele desde *A foreign sound* e depois do início de sua nova parceria com

Pedro, Marcelo e Ricardo. "Aquele reencontro foi muito importante para mim. E foi engraçado, porque era um ambiente diferente do que eu costumava frequentar com o Caetano. O figurino era um paletó formal, com sapato de couro, eu regi de batuta", lembra Jaques. Nos poucos ensaios que tiveram, não falaram sobre o passado ou sobre a bandaCê. O assunto principal eram as manias e o perfeccionismo de Roberto, além do nervosismo de Caetano em se apresentar cantando aquele repertório tão adorado por ele.

A estreia aconteceu em grande estilo: no Theatro Municipal do Rio. Antes, no camarim, Roberto confessou ao parceiro:

— Eu tô nervoso pra caralho. Mas nós somos fodões. Nós somos fodões!

Caetano, rindo, concordou:

— Tereza que se cuide!

Minutos depois, subiram juntos ao palco para cantar, de cara, dois clássicos absolutos: *Garota de Ipanema* e *Wave*. Em seguida, Caetano permaneceu apenas com Jaques Morelenbaum e sua banda, formada por Daniel Jobim, Paulo Braga, Jorge Helder, Gabriel Improta e Carlos Malta, para interpretar músicas como *Ela é carioca*, *Por toda a minha vida*, *Inútil paisagem* e *Meditação*. Depois, foi a vez de Roberto, que se uniu a outros músicos e ao seu maestro Eduardo Lages para mais uma penca de clássicos como *Por causa de você* e *Samba do avião*. Da coxia, Caetano assistia a tudo sem disfarçar as lágrimas. Na plateia, muita gente também chorou de emoção, inclusive o baterista Marcelo Callado.

No final, Caetano e Roberto se reencontraram no palco para mais alguns duetos: *Tereza da praia* (qual dos dois "fodões" será que ela preferiu?), *A felicidade*, *Chega de saudade* e *Se todos fossem iguais a você*. No dia seguinte, o jornalista Bernardo Araujo resumiu a noite no *Globo*: "Um encontro histórico, da magnitude do homenageado e de sua obra".

Poucos dias depois, foi a vez de São Paulo receber o espetáculo no Auditório Ibirapuera por duas noites seguidas. Os shows foram iguais aos do Rio, mas a recepção da imprensa, bem diferente. Em 27 de agosto, um dia depois do segundo show, tanto a *Folha* quanto *O Estado de S. Paulo* publicaram resenhas negativas. Na *Folha*, a jornalista Sylvia Colombo publicou texto intitulado "Roberto e Caetano fazem show chato". Ela reclamou da presença excessiva de convidados VIP, comparou as apresentações com os shows de João Gilberto, dias antes, e classificou ambos como "elitistas", que privilegiavam um ambiente "onde cantar baixinho sobre o amor, a saudade, o Corcovado e as belezas da orla carioca legitimavam o privilégio e a sofisticação de uma casta". Especificamente em relação à apresentação, ela a considerou "superficial" e lamentou o formato engessado: "Acontece que Caetano, que sempre foi genial por tentar sair do padrão, ao lado de Roberto se intimidou. Fantasiou-se de sujeito mais velho e, para não destoar do rei, evitou dançar ou adotar o gestual típico que leva aos palcos e dá graça a seus próprios shows".

Curioso ela mencionar que Caetano precisou se fantasiar de "sujeito mais velho", levando-se em conta que é só um ano mais jovem que Roberto. Talvez já fosse efeito da bandaCê. Àquela altura, ele era mais associado à juventude e ao modelito calça e jaqueta jeans que adotara do que à formalidade do terno e gravata que usava nos anos 90. No *Estadão*, Jotabê Medeiros publicou resenha igualmente negativa: "Caetano, o Rei e o show de naftalina". Ele criticou o repertório e o clima de reverência: "A bossa de Caetano e Roberto, ao menos nesse show, está doente e chamaram dois totens da MPB para fazer a necrópsia".

Os dois textos irritaram profundamente Caetano, que no dia seguinte correu ao blog Obra em Progresso para se manifestar: "Há anos não leio nada tão errado sobre música brasileira — e, mais uma vez, envolvendo Roberto Carlos e este transblogueiro que vos fala. Escrevo isso só para mostrar aos que comentaram as críticas hilárias da província paulistana que também li e que fiquei com pena dos dois fanfarrões que não sabem nem escrever. O do *Estadão* então é inacreditável. Como é que qualquer editor deixa sair um texto com tantos erros de português, tantas redundâncias e obscuridades, tamanha incapacidade de articular pensamentos?", fulminou.

A veemência com que se dedicou a rechaçar esses textos fazia lembrar o velho embate com a crítica musical nos anos 1970. Nos shows de Caetano naquela época era comum o cantor comentar e rebater no palco resenhas e reportagens dos cadernos de cultura. Isso sem contar as declarações em entrevistas ou as cartas publicadas nos jornais. Agora, a diferença é que sua resposta à crítica musical vinha através da internet.

E foi ainda no blog, dois dias depois, que ele retornou com um texto intitulado "Mais imprensa". Trata-se de um post extenso, em que esmiúça detalhadamente os problemas de gramática e estilo contidos na crítica de Jotabê Medeiros no *Estadão*. "O 'português ruim' do jornalista não dá conta da poesia contida no reinado e na modéstia do autor de *Detalhes*", ele escreveu em certo momento. Por fim, concluiu, voltando a citar também a jornalista da *Folha de S.Paulo*: "A

Colombo da *Folha* falou abertamente mal do show de João: ela queria desqualificar a empreitada do Itaú e mostrar que não gosta de Bossa Nova (então, era o caso de se perguntar, por que a escolheram para escrever sobre o evento?). O Jotabê chama os dois concertos de 'cruciais' e parece querer dizer que o de João era bom e o nosso não (o que já cria um problema para a escolha da palavra 'crucial'). Mas termina dizendo que o dele era apenas 'menos necrófilo' do que o nosso. Que belo elogio! Menos necrófilo! João ia adorar. É no que dá a pessoa não aprender a escrever".

Apesar da reação da crítica paulistana (talvez até por causa disso), esses shows reforçariam mais uma vez a relação histórica, artística e musical entre Caetano e Roberto Carlos — que passaria por reviravoltas nos anos seguintes. Em setembro, foi exibido pela Rede Globo, que gravara os shows de São Paulo, o especial *Roberto Carlos e Caetano Veloso e a música de Tom Jobim*. Por conta do lançamento do CD e do DVD em dezembro, o registro em vídeo da temporada de *Obra em progresso* foi adiado e, depois, cancelado. Melhor assim. A segunda fase da bandaCê ainda teria muita história a ser contada.

Lançado em 2009, o segundo álbum de Caetano com a bandaCê foi recebido com expectativa pela imprensa, mas o conceito de "transamba" de "Zii e zie" dividiu os críticos

Pós-Cê

Depois de seu certeiro 'Cê', Caetano Veloso lança o álbum 'Zii e Zie', que experimenta com o samba e o rock

LEIA E4

A bandaCê (Marcelo Callado, Pedro Sá e Ricardo Dias Gomes) e Caetano Veloso

QUARTA-FEIRA, 15 DE ABRIL DE 2009
ANO XXIV, NÚMERO 7.653

Transcaetano

Testado antes em blog, chega às lojas o CD *zii e zie*, ch de "transambas e transrocks", como brinca o composi

Roberta Pennafort
RIO

zii e zie, novo CD de Caetano Veloso, tem dois subtítulos: *Transambas* e *Transrocks*. Os fãs sabem o porquê dessas escolhas, pois, há dez meses, têm a chance de acompanhar o processo de gestação do disco no blog do compositor, www.obraemprogresso.com.br, no qual todas as letras foram publicadas. E, no ano passado, numa série de shows, puderam conhecer as músicas, em parte já com os arranjos do CD.

A sonoridade foi desenvolvida em parceria com a banda Cê: o guitarrista Pedro Sá (diretor do projeto, com Moreno Veloso, filho do compositor), o baixista e tecladista Ricardo Dias Gomes e o baterista Marcelo Callado, jovens que se juntaram a Caetano para a realização de *Cê* (2006), álbum que ficou conhecido como o "disco de rock" do baiano.

Antes disso, quando ainda preparava *A Foreign Sound* (2004), Caetano sonhava com um disco de sambas à vera, "do pagode baiano até a bossa nova mais refinada, passando por formas bem tradicionais de samba carioca, voltando à coisa de samba de roda, chula do Recôncavo, de uma maneira mais pura", como ele explicou. Mas o encontro com os "meninos" mudou o rumo do que se seguiria.

zii e zie (que significa 'tios e tias', em italiano) não é um "disco de samba", tampouco é uma como Caetano descreveu o CD novo de Mariana Aydar, cantora a qual admira e para a qual fez carinhoso texto de apresentação.

"É um disco de 'transambas'. Não se trata de mera continuação, mas de um 'aprofundamento' da experiência anterior – *zii e zie* não quer ir mais fundo no que há no *Cê*, mas ir a lugares aonde o *Cê* não foi", ele escreveu no blog.

Duas faixas-chave para compreender esse "caminho" são regravações: *Incompatibi*

samba, como é o da Mariana Aydar, da Roberta Sá, da Maria Rita", afirma ele.

No lugar do cavaquinho, pandeiro, tamborim e companhia, o trio guitarra (por vezes, distorcida)-baixo-bateria, além do violão de Caetano. Dez das 13 faixas saíram de seu instrumento e foram trabalhadas com os músicos de

ALÉM DA INTERNET, MÚSICAS JÁ PUDERAM SER CONHECIDAS EM SÉRIE DE SHOWS

pois – o que acontecia em *Cê*. Não se trata de mera continuação, mas de um "aprofundamento" da experiência anterior – *zii e zie* não quer ir mais fundo no que há no *Cê*, mas ir a lugares aonde o *Cê* não foi", ele escreveu no blog.

lidade de Gênios, de Joã co e Aldir Blanc, e Inge de, do sambista carioc fim Adriano, curiosa também regravada po (entrarão em CD a ser l em breve). Ambas são *mentina de Jesus – Co Especial: Carlos Cacha co de 1976*, e estavam v memória de Caetano.
Perdeu, Sem Quem?, Lobão Tem Re Cor Amarela, A Base de namo, Falso Vilão, Ta Você, Lapa e *Diferen* são canções testadas geral, aprovadas – no da série Obra em Prog
As apresentações l o Vivo Rio e o Teatro blon e deram o que fa sim como o blog, que c reunir comentários d de 500 pessoas num r Para Caetano, a dive prévia não diminuiu o se pelo CD – ao contrári vocou curiosidade sob

→ **Continua** na página

capítulo

13

o meu samba transcende
a gravação de zii e zie

"O CD será a prova dos noves", escreveu Caetano Veloso, com o "nove" no plural mesmo, no blog Obra em Progresso, cinco dias antes de iniciar as gravações de *Zii e zie* no estúdio AR. Na mesma postagem, ele demonstrava animação ao falar da evolução de algumas músicas: "Muito aprenderemos sobre essas canções e suas concepções sonoras quando as ouvirmos gravadas em estúdio. De minha parte, estou curioso e um tanto impaciente. Suponho que a gente vai lançar o CD ainda este ano". Dois dias depois, ele voltou ao assunto: "Pedro Sá, Ricardo Dias Gomes e Marcelo Callado: eis em quem penso agora". Após o último show do *Obra em progresso*, Caetano e a bandaCê fizeram mais três ensaios.

Estava praticamente tudo fechado. *Menina da ria*, "uma canção nova, que nem acabei de fazer ainda, sobre Aveiro, cidade querida de Portugal", entrou aos 44 do segundo tempo. A última faixa a fazer parte do pacote foi *Diferentemente*, que ele já tinha apresentado no show *A foreign sound*. Como se trata de um samba, o compositor imaginou que poderia ganhar o seu registro definitivo em *Zii e zie*, apesar das referências políticas datadas, segundo Caetano. A bateria de Marcelo e a pressão dos filhos Moreno e Tom foram responsáveis pela inclusão da faixa no álbum.

Nos cinco primeiros dias, entre muita falação e trabalho, foram gravadas dez bases. Nesse período, Jorge Mautner costumava aparecer no estúdio, enriquecendo ainda mais as conversas — um dos debates acalorados foi se Napoleão Bonaparte era cafona ou não. "Quase tudo foi saindo de primeira. Muito rápido. Só as mais fáceis tomaram mais tempo. Mas nada está pronto ainda", informou Caetano. "É bonito. É igual ao que se ouve nos shows e não é igual ao que se ouve nos shows. Precisamos completar os arranjos e ouvir mais para saber um pouco melhor. Às vezes nos emocionamos", completou. Àquela altura, ele ainda não sabia se realmente incluiria *Incompatibilidade de gênios* no álbum, e também pensava em gravar *Outra vez* (de Tom Jobim, influenciado pelo tributo com Roberto Carlos) e alguma canção de Carlos Lyra (provavelmente *Você e eu*).

O processo de gravação foi semelhante ao de *Cê*, de maneira analógica. A mesa de som Neve, porém, foi substituída por uma EMI, mesmo modelo usado nos álbuns dos Beatles, como o mítico *Sgt. Pepper's lonely hearts club band* (1967). "A mesa parece feita de manches de avião", deslumbrou-se Caetano. Uma curiosidade: a mesma mesa de som que gravou *Zii e zie* foi usada em *Clube da Esquina*, álbum-ícone que Milton Nascimento e Lô Borges lançaram em 1972. "Um equipamento mais vintage ainda", explicou Daniel Carvalho, responsável pelo registro.

O som, de fato, era melhor, com a utilização de fitas de 16 canais, mas havia uma limitação técnica que fazia com que, após a gravação analógica, o áudio tivesse que ser transmitido ao computador. Assim, os *overdubs* foram gravados através do programa Pro Tools, "sempre tentando manter esse calor de gravar tudo o mais ao vivo possível", segundo Daniel. A temporada *Obra em progresso* foi fundamental para a fluidez no disco no estúdio. "A gente já sabia como fazer. Caetano chegou com ideias mais formadas", conta Shogun, assistente de gravação. Ricardo Dias Gomes concorda: "Depois de tanta turnê, a banda estava à vontade. Não que o *Cê* tenha sido difícil, mas *Zii e zie* foi mais plenamente executado".

Apesar da restrição técnica, assim como acontecera em *Cê*, não houve praticamente *overdubs*. Pedro gravou apenas alguns detalhes rítmicos sobre a base de *A cor amarela*. Essa música, aliás, tem uma história interessante. Caetano estava na praia e viu uma menina preta de uns 12 anos. Ela usava um biquíni amarelo e ele se lembrou de outra moça, mais velha, que vira também numa praia com um biquíni da mesma cor. Daí nasceu a letra, com o detalhe das ondas do Rio, que, segundo Caetano, quando sobem ganham a cor verde cintilante, diferentemente das praias da Bahia, que têm uma água branca, quase transparente. "É Brown, Ivete e Daniela. É o samba do Recôncavo em transe no Psirico, no Harmonia, no Tchan: é transamba já construído por esses baianos geniais", escreveu sobre a canção em seu blog.

Durante a gravação das bases, que levou 11 dias, Marcelo foi quem mais suou por conta das levadas dos transambas. Treze no total. Treze levadas diferentes. Não era fácil. "Eu tive que dar uma rebolada. Não podia me repetir na batida e tinha que ser tudo interessante, porque era transamba". Para a gravação de *Diferentemente*, o baterista não sabia mais o que fazer. "Havia esgotado minhas possibilidades de entortar o samba", afirma. Ele então colocou o bumbo no pé esquerdo, o contratempo no pé direito (como se fosse um baterista canhoto), e também trocou as mãos. Por esse motivo, não havia possibilidade de a canção entrar no *setlist* dos shows da turnê que se seguiria.

* * *

Nesse segundo trabalho, a relação de Caetano com os músicos, em especial Ricardo e Marcelo, foi ampliada. No blog, ele era só elogios ao seu power trio. "Pedro Sá é o Pedro Sá. Mas noto que Ricardo Dias Gomes tem criado verdadeiras peças com o baixo. Ele não apenas pontua e sustenta a harmonia: ele compõe estruturas riquíssimas, que a gente entende como arquitetadas, mas percebe que foram espontâneas — é muito emocionante. E esse mote de 'transamba' estimulou Marcelo a glosar de mil modos surpreendentes e intrigantes: seu som divino de roqueiro elegante vai aqui ao encontro da história do samba em sua vida", observou. Em entrevista a Tárik de Souza, no JB, Caetano falou sobre essa afinidade: "Nunca, nem no *Cê* nem no *Zii e zie*, tivemos dificuldade de chegar à forma final de um arranjo. Em geral, eu digo tudinho que quero e eles entendem logo, gostam e realizam com perfeição. É inacreditavelmente sintônico".

Assim como Pedro Sá e Marcelo Callado, Ricardo Dias Gomes também cresceu no meio da música. Na casa onde morava, além de um estúdio, havia um piano. Ainda criança, começou a meter a mão no instrumento e, seu pai, o trompetista Guilherme Dias Gomes, ensinou-lhe algumas músicas. "Foi importante para o meu desenvolvimento psíquico. Era um momento meu, de inventar coisas em uma relação muito lúdica com o instrumento", recorda. Ele chegou a ter aulas de piano clássico e de jazz, e, na fase inicial, escutava Beethoven, os russos, os românticos e Bach. Depois, o jazz entrou com tudo, em especial os pianistas Thelonious Monk e Bill Evans. Um de seus professores, Tomás Improta (que fez parte da Outra Banda da Terra), apresentou-lhe a dois álbuns de Miles Davis que, até hoje, são alguns dos seus preferidos, *Miles smiles* (1967) e *Nefertiti* (1968).

Aos 17 anos, o neto dos dramaturgos Dias Gomes e Janete Clair fez prova para estudar em Berklee, a famosa escola de música de Boston. Chegou até a ganhar uma bolsa, mas desistiu. "Eu tocava com umas bandas de jazz e comecei a ver que havia ali uma certa neurose musical, que não era exatamente a minha linguagem". Talvez para compensar, Ricardo começou a tocar punk, e o contrabaixo entrou em sua vida. "Um *approach* diferente, de pura paixão", como ele diz. Tanto que nunca se preocupou em ter aulas do instrumento, na sua opinião, menos cerebral do que o piano. "Eu me joguei num lado mais selvagem e aquilo foi muito libertador. Você não precisa calcular tanto onde colocar a mão. Você sente no corpo". O baixista, que abandonou a faculdade de matemática e foi estudar música na Uni-Rio, diz que o novo instrumento foi a "cura" para a sua personalidade. "Eu sou muito racional e, quando toco contrabaixo, sou visceral; danço, sinto a música muito diretamente, me sinto um cara mais feliz", afirma.

Ainda na adolescência, Ricardo montou um primeiro estúdio caseiro dentro do quarto, com objetos que o pai descartava. "Eu tinha um sisteminha para gravar os instrumentos e fiz muita maluquice ali sozinho, com os amigos, muita experimentação", recorda. Não demorou para integrar bandas, chegando a contabilizar oito projetos ao mesmo tempo na cena alternativa do Rio, como Canastra, Zumbi do Mato e Jonas Sá & O Forte da Classe. A Brasov, com a sua sonoridade que mistura música dos bálcãs ao ritmo latino, também foi uma das mais importantes. "Era um desafio musical bom para mim, uma complexidade importante com um lado teatral de muita zoação e surrealismo", lembra. A Do Amor, formada com Marcelo Callado durante a bandaCê, também merece boas lembranças de Ricardo. "Os quatro membros têm uma amizade próxima, de vivenciar a cidade, de descobrir música e um mostrar para o outro. É uma banda de irmãos mesmo".

Marcelo, aliás, é só elogios para o parceiro e amigo. "O tocar de baixo do Ricardo é bem peculiar, porque ele tem uma noção de harmonia que vem do piano e transpõe para o contrabaixo de uma maneira muito bonita. Era perfeito porque eu tinha uma crueza na bateria e o Pedro era muito fluido musicalmente". E completa: "O tocar de baixo do Ricardo resolvia tudo isso".

* * *

Da mesma forma que acontecera em *Cê*, após a gravação das bases, Caetano foi sozinho para o estúdio gravar o violão e a voz. Só que ele não contava com uma forte gripe, que atrasaria a finalização dos trabalhos. A ideia era terminar tudo em 2008, mas o processo se arrastou até abril do ano seguinte. "Continuo sem poder pôr as vozes nas faixas do disco. Fui lá ontem, pensando que, por estar me sentindo bem (relativamente: é sempre assim), eu ia poder gravar voz. Ledo engano. O som de nariz tapado ficou horrível nos autofalantes", escreveu. Nesse período, a banda aproveitou para registrar o coro de *A base de Guantánamo* e as palmas de samba-de-roda em *A cor amarela*. Essas gravações finais tiveram que acontecer no estúdio Mega, já que o AR cerrara as suas portas — *Zii e zie* foi o último álbum gravado no local, que se transformaria numa pizzaria.

A mudança causou alguma dor de cabeça. "Tivemos que mudar microfone, pré-amplificador, mas tinha uma máquina de fita funcionando. Foi meio desesperador, não era a mesma mesa de som do AR. Foi um pouquinho sofrido, mas resolvemos", recorda Moreno, mais uma vez à frente da produção do álbum, ao lado de Pedro Sá. Uma curiosidade: a mesa EMI do AR, uma raridade, pertence hoje à cantora norte-americana Alicia Keys.

Antes do início das gravações, no dia 25 de julho, Caetano já dava pistas do nome de seu novo disco: "O título que resultará da obra em progresso não será 'transamba'. Diferentemente de alguns, adoro a palavra. Ela me veio de repente, e logo ligada à lembrança da palavra 'transvanguarda', que ouvi e li tanto nos anos 80 e que designava um movimento italiano na área das artes plásticas. Por causa disso — e por causa de minhas passagens pela Itália nos últimos anos — tenho vontade de pôr no disco um título em italiano. Embora não pretenda cantar nada em italiano". Na mesma postagem, explicou que a ideia surgira de um livro que ganhou de presente de um fã: "Também estou lendo a tradução italiana do *Istambul* de Orhan Pamuk, o que faz o livro ficar duplamente curioso, e lá encontro palavras ou conjuntos de palavras que (sobretudo essas expressões italianas feitas de fonemas repetidos, como *ben bene* ou *pian piano*, *a poco a poco*, *man mano* — embora já saiba que não será nenhuma dessas a escolhida) parecem não ter nada a ver com as canções do disco. (...) Por causa disso, tenho vontade de pôr no disco um título em italiano. (...) É um modo livre, misterioso e revelador de coisas que não sei, de nomear um disco tão lançado à aventura". Acabou *Zii e zie*. "O italiano do título vem muito da saudade de São Paulo, do prazer em ouvir e ler paulistas dizendo 'tios' e 'tias' (ou mesmo 'tiozinhos') para se referirem aos adultos", explicou. Ele desejava um título abstrato, "que não explicasse nada do disco, que parecesse título de disco de banda de rock. Na tradução para o português é 'tios e tias', que é como somos chamados pelos meninos que fazem malabares nos sinais de trânsito", afirmou na coletiva de lançamento.

Apesar do título estrangeiro, o álbum é repleto de referências ao Rio de Janeiro. *Falso Leblon* e *Lapa* já trazem dois bairros cariocas em seus títulos. *Sem cais* cita Barra da Tijuca, Gávea e Arpoador. *A cor amarela* traz a imagem das praias do Rio. *Perdeu* conta a história de uma criança que cresce e vai trabalhar a serviço do tráfico na favela — uma espécie de *Meu guri* (de Chico Buarque) mais nu e mais cru. *Lobão tem razão* faz referência ao Redentor, bem como ao "tamborim na escola de samba". Até mesmo *Menina da ria*, diretamente ligada a Portugal, traz à lembrança *Menino do Rio*, que Caetano fez para Baby Consuelo em 1979. *Incompatibilidade de gênios*, da dupla Bosco/Blanc, cita o Clube de Regatas do Flamengo. "*Zii e zie* é um disco feito com a bandaCê, concebido para ela. (...) *Cê* foi concebido para criar uma banda. Mas foi um disco de letras muito pessoais minhas. Eu olhava para meu entorno próximo. Em *Zii e zie*, as letras olham para mais longe", escreveu Caetano no release.

O Rio está presente também na capa de *Zii e zie*. A soturna imagem do mar do Leblon foi registrada por Pedro Sá, que jamais imaginaria uma foto de sua autoria virar capa de disco. Ele gostava de fazer fotos do Rio debaixo de chuva e, um dia, Caetano perguntou-lhe qual fotógrafo contratar para... tirar fotos de lugares do Rio sob chuva. Ele tinha receio de convocar um profissional e não gostar do resultado.

— Caetano, olha só, eu vou tirar umas fotos e você me diz se curte, nem precisa me pagar — disse Pedro.

E assim foi. O guitarrista pegou sua câmera Holga de plástico — adquirida durante a turnê *Cê*, nos EUA —, comprou alguns rolos de filme vencidos e foi à Praia do Leblon debaixo de um temporal.

Quando viu o resultado, Caetano disse:

— Isso é tudo o que eu quero.

"Caetano desejava coisas do Rio, mas que fosse uma visão de quem está no Rio, de quem vê um Rio triste, do dia a dia, que tem uma beleza que nunca se coloca", lembra Pedro, autor de outras fotos do encarte do CD. "Tem uma coisa de transe, que vem das fotos em dupla exposição", disse Caetano ao *Jornal do Brasil*. Depois, o cantor fez um layout no computador, com o seu nome e o título do álbum, e Pedro Einloft finalizou. E, claro, com o resultado aprovado, o guitarrista-fotógrafo foi remunerado.

Quando terminaram as gravações, em abril, após 107 postagens e 9.517 comentários de internautas durante quase 11 meses, o blog Obra em Progresso encerrou suas atividades. "Hoje passei o dia dando entrevistas. Me perguntaram várias vezes se eu não sentiria saudade do blog. Claro que vou sentir muitas saudades deste blog. Hoje ele pára — com acento agudo. Sentirei saudades de todos os que se habituaram a escrever aqui". Caetano também não deixou de homenagear Hermano Vianna na despedida: "Para mim, Hermano é um dos maiores heróis do Brasil. Gosto muito do pensamento dele, da inteligência, mas acho que ele é um homem de ação, um herói moral e intelectual, que sente a força e o peso prático dos atos e das ideias. (...) Sei que alguns de vocês sabem: Hermano é uma das pessoas mais importantes de nossas vidas". No entanto, mais tarde, em entrevista à revista *Billboard Brasil*, Caetano afirmou não sentir falta da aventura cibernética: "Foi muito bom enquanto durou, mas também não sinto saudades de ter que escrever no blog. Quando parei, eu senti um certo alívio, aquilo me cansava um pouco".

A avaliação do CD pela imprensa variou. Rosualdo Rodrigues, do *Correio Braziliense*, ressaltou que os arranjos da banda, "que caíam como luva no repertório do disco anterior, parecem fora de lugar quando aplicados aos sambas deste. (...) Mas logo se percebe que os contrastes criados a partir dessa aparente secura é que fazem a beleza de *Zii e zie*. Aspereza e suavidade convivem em harmonia, em nome de uma música que, por passar ao largo do óbvio (como era de se esperar do artista em questão), pede apenas um tempo para ser compreendida". Na *Folha de S.Paulo*, Ramiro Zwetsch elogiou *Sem cais*, mas destacou que o álbum "não cumpre a promessa experimental de um rock sobre estrutura de samba", e finalizou: "Caetano e a bandaCê podem mais — como se constata, aliás, nos shows deste quarteto. Basta simplificar".

O *Estadão* foi mais incisivo na resenha de Daniel Piza. "Nem mesmo os que foram capazes de ver algo interessante em *Cê*, disco que procurava sem achar um som de rock de garagem, gostaram do novo CD de Caetano Veloso, *Zii e zie*. (...) Palavras e *riffs* primários se repetem e, desta vez, mal ecoando suas boas melodias de outrora, quando trabalhava com músicos como Rogério Duarte, Arto Lindsay ou Jaques Morelenbaum. É uma obra em retrocesso". No mesmo jornal, Lauro Lisboa Garcia comparou o novo álbum ao disco anterior com a bandaCê. "Por tudo de genial que Caetano já fez, esta é uma obra sem progresso. *Cê* era melhor".

Caetano sabia que, pelo fato de ter sido gravado com os mesmos músicos, parte da crítica compararia *Zii e zie* a *Cê*, tanto que fez questão de explicar, também ao *Estadão*, a principal diferença entre ambos: "*Zii e zie* não quer ir mais fundo no que há no *Cê*, mas ir a lugares aonde o *Cê* não foi". O produtor Moreno Veloso corrobora: "*Cê* tem a primeira explosão das necessidades internas do meu pai. O segundo tem a experiência do *Cê*, que chegou num nível de intercomunicação de arranjos, de intercomunicação da equipe, que ficou muito melhor".

Pedro Sá considera esse segundo trabalho mais "heterogêneo, poroso e feminino" do que o primeiro. "É um disco de expansão nesse sentido mais feminino, ele acomoda mais coisas. O *Cê* é vertical, muito masculino, direto ao ponto", observou. Definir a sonoridade não era das tarefas mais fáceis. Em entrevista ao *Jornal do Brasil*, Arnaldo Brandão, ex-parceiro de Caetano na Outra Banda da

Terra, fez graça ao afirmar que os lojistas teriam dificuldade onde encaixar *Zii e zie*, se em rock ou MPB. "De qualquer jeito, acho que, se o som novo dele é rock, trata-se de uma questão que vai além do sim ou do não. Acho que rock é algo que vai além de ter ou não guitarras distorcidas", disse Rodrigo Amarante. Já Nelson Motta afirmou que "o disco novo tem uma riqueza de samba instrumental. Algo que lembra muito até o último disco do Lulu Santos (*Longplay*, de 2007), que também tinha isso".

O *Jornal do Brasil* convocou quatro críticos. Mario Marques opinou que "*Zii e zie* tem cheiro de inacabado e recheio de frescor", ao passo que Leandro Souto Maior ressaltou o aspecto inovador e surpreendente do álbum, enquanto Márvio dos Anjos afirmou que a obra não parecia bem costurada musicalmente. "Soa mais como um conjunto de esboços, que levantam cenas cariocas em boas letras, mas sem alçar grandes voos melódicos — exatamente como em *Cê*", escreveu.

Mas *Zii e zie* também ganhou elogios assertivos, como o de Arthur Dapieve, no jornal *O Globo*. "Depois do surgimento deles [Los Hermanos] e do Rappa, para mim, foi Caetano Veloso quem fez o melhor rock brasileiro dos anos 00, em discos como *Cê* (2006) e *Zii e zie* (2009)". O álbum também mereceu crítica entusiasmada do jornal britânico *The Guardian*, que lhe concedeu quatro estrelas e avaliou as músicas como "intimistas e surpreendentes", com "mistura perfeita de instrumentos e vocais".

O Grammy Latino também reconheceu *Zii e zie* como Melhor Álbum de Cantor/Compositor de 2009. Porém, Caetano não deu bola às críticas, positivas ou negativas. Em entrevista ao *Estado de S. Paulo*, disse: "Não sinto as reações a *Zii e zie*. Não consigo dar importância. As canções circulam na internet desde 2008, todas. Ninguém as conheceu agora. Nem li as críticas todas que saíram no Brasil. Não apareceu nada em minha cabeça nem no meu coração que me desse vontade de comentar as poucas coisas que li". Só que à *Folha*, ele demonstrou o contrário: "Outro dia li um idiota desqualificando meu canto em *Zii e zie* porque supostamente pareceria com Cauby Peixoto e Angela Maria. Mas eu penso que os EUA só se salvarão quando entenderem Chico Buarque e Lulu Santos".

"Zii e zie" ganhou uma turnê internacional tão concorrida quanto à do primeiro álbum e teve um DVD ao vivo gravado no Rio, com direito a uma asa-delta em pleno palco

capítulo 14

**eu sou terrível,
eu sou o samba**
o transamba cai
na estrada

Em uma primeira audição, *Zii e zie* soa como um álbum carioca, por conta de diversas citações ao Rio de Janeiro. No entanto, ouvintes mais atentos observaram um DNA "paulista" no disco. O jornalista e produtor musical Marcus Preto ressaltou este ponto na *Folha de S.Paulo*. "Nele, mais do que simplesmente rock e samba, Caetano cruza informações que não querem conviver, criando um disco paulista na forma (escuro, experimental) e carioca no conteúdo (quase metade das faixas tem o Rio como tema). Parece querer tornar ainda mais óbvias as diferenças entre as duas cidades, entre o túmulo e o berço do samba".

Caetano já estava atento a esse aspecto. No blog, quando discorreu sobre a faixa *Lapa*, escreveu: "Há muito do que penso sobre o Rio hoje. Como vejo sua força, sua potência. O renascimento dos blocos no carnaval é outro sintoma. Los Hermanos, Roberta Sá, +2, Marisa Monte, Teresa Cristina. O hábito de virem os artistas viver no Rio: Lenine, Alceu Valença, Djavan, Adriana Calcanhotto. A quase eleição de Gabeira. Mas enfatizo Sampa e seus atributos porque sei que ainda é preciso repetir".

Apesar de o trabalho ter sido gestado inteiramente na capital fluminense, Caetano pensava muito em São Paulo, tanto que desejava iniciar a turnê por lá, no Studio SP, um espaço alternativo e pequeno. Mas, por conta do custo da produção, *Zii e zie* tomou forma no palco do tradicional Canecão, no Rio. "Eu quis muito São Paulo para começar matando as saudades, mas o Rio tá mandando em mim. Fico feliz que seja no Canecão. O Canecão é a casa de show real do Brasil. As outras, com todo o respeito, são imitações. Não se pode imitar um boteco que atrai gente há muito tempo e não é pelo conforto nem pelo luxo nem mesmo pela qualidade do serviço. Pode-se imitar um bar bem feito e 'bom'. Mas o Canecão é um boteco afavelado cheio de magia. Não adianta fazer um 'melhor'", escreveu na última postagem do blog.

Os shows da turnê *Zii e zie* seriam diferentes dos de *Obra em progresso*. Se no ano anterior os arranjos das canções ainda enfrentavam um processo de maturação, agora estavam tinindo. "Estão todas gravadas e fazem parte de uma estrutura estável. Suponho que representarão mais o som que conseguimos no disco do que na época do Vivo Rio", afirmou Caetano ao *Correio Braziliense*. "As canções que estão no show e não são do disco novo não são as mesmas que cantei no *Obra em progresso*. São outros números, que compõem melhor todo o show, tal como idealizei, para conviver com o som da banda que lhe dá vida", complementou. O guitarrista Pedro Sá considera esse novo show melhor do que o *Cê*. "Caetano já sabia mais o que funcionava e o que não funcionava. Ele foi muito mais certeiro no *set*, focou mais, condensou mais".

Assim como acontecera no estúdio, Marcelo Callado teria que cortar um dobrado no palco. Para ele, foi o show mais complexo da trilogia. "Tudo era samba, mas eu tinha que entortar o samba. Não podia ter uma batida de samba normal. Era um show difícil. Só estava eu no ritmo e tinha que segurar isso. Exigia muita atenção", lembra. Não por acaso, Moreno revelou que o baterista andava tenso nas primeiras apresentações.

Os fãs estavam ansiosos para descobrir o *setlist* da nova turnê — isso sempre acontece nas estreias de Caetano. Para a abertura, ele desencavou *A voz do morto*, que, em 1968, havia sido lançada em um raro EP de quatro músicas com participação dos Mutantes e gravada por Aracy de Almeida no mesmo ano. Só que agora tudo seria diferente. Caetano direcionou a sua antena para misturar a Tropicália ao pagode baiano que tanto influenciara *Zii e zie*. Assim, ele encheu a nova versão de referências como *Cole na corda* (Psirico), *Viola* e *Kuduro* (ambas do Fantasmão). Pode-se dizer que essas referências, misturadas ao verso "Viva o Paulinho da Viola!", e o transamba executado pela banda fechavam o conceito do espetáculo. "Caetano estava com a abertura do show muito resolvida", afirma Ricardo Dias Gomes.

Para Márcio Victor, a iniciativa de Caetano começar o show com *Cole na corda* foi mais do que um prêmio, uma mudança de patamar. "Ele consagrou a música do Psirico como algo conhecido e respeitado por todos. O engraçado é que as pessoas não sabiam que a música era minha. Nos shows em que eu tocava, achavam que era do Caetano", diverte-se Márcio. "Um dos maiores artistas do mundo abrindo o seu show com a minha música chamou atenção de um público que não costumava ouvir o Psirico. Ele assinou embaixo e foi um dos primeiros artistas a abençoar o pagode baiano".

A turnê, que estreou no Canecão em 8 de maio, contou com 11 das 13 faixas do novo álbum — apenas *Ingenuidade* e *Diferentemente* ficaram de fora. O restante do *setlist* foi recheado por antigos sucessos, como *Trem das cores*, *Eu sou neguinha?* e *Força estranha*. *Não identificado* entrou após Caetano ter participado de um show de Jonas Sá e cantado a música. "Não me lembrava o quanto isso era legal", disse ao irmão de Pedro Sá. Incluiu também *Irene*, mais uma de seu mítico *Álbum branco*, gravado em Salvador antes do exílio. Caetano escreveu a música na cadeia.

Além de homenagear a irmã caçula, ele lembrou *Maria Bethânia*, de seu disco que saiu dois anos depois. "São referências ao período do Tropicalismo, da prisão e do exílio", disse à *Folha*. Seria uma forma também de celebrar Augusto Boal, que dirigira o primeiro show de Bethânia no Rio e morrera seis dias antes da estreia de *Zii e zie*. Para o momento voz e violão, Gal Costa foi lembrada com *Aquele frevo axé*, música que Caetano e Cézar Mendes escreveram para a cantora e que batiza o álbum lançado por ela em 1998. Carlos Gardel seria homenageado com *Volver*, enquanto *Manjar de reis* era o aceno a Jorge Mautner e Nelson Jacobina, que participaram de todas as apresentações de *Obra em progresso*.

Outra surpresa foi a inclusão de *Água*, de Kassin. "Essa foi ideia do Caetano mesmo, e tem relação com a separação dele", recorda Pedro. A letra fala por si só: "Eu vou ficar aqui torcendo/ Para tudo melhorar/ Eu juro que vou / E sei que vai passar o seu rancor/ O sangue não se torna água / Eu vou ficar aqui torcendo/ Pra você se recuperar/ Eu vou ficar/ Sim, cantando pra você ninar/ Eu quero que tudo melhore". *Odeio*, não tão antiga, mas já um clássico, seria a recordação do primeiro disco da trilogia no repertório da turnê. Acertadamente. Nos shows, era um dos maiores coros da plateia, se não o maior. Por sua vez, *Branquinha*, uma joia do álbum *Estrangeiro*, foi ensaiada, mas acabou de fora.

O figurino de Caetano ficou a cargo de Felipe Veloso, enquanto Maneco Quinderé pilotou a iluminação e Hélio Eichbauer idealizou o cenário, com projeções de imagens criadas por Miguel Przewodowski e Lais Rodrigues. O cenário, aliás, é um dos mais bacanas já criados no país, com uma asa-delta montada no fundo do palco. "Ele teve a ideia de fazer um show com projeção, com fragmentos ou filmagens do Rio de Janeiro, da praia, da chuva, das montanhas", contou Eichbauer no documentário do DVD *Zii e zie – MTV ao vivo*. A partir dali, ele pensou no equipamento. "Me lembrei dos voos livres, da liberdade que se tem. Aí propus a colocação em cena como objeto cênico, como escultura, uma asa-delta, que é uma grande escultura. E a introdução do filme em profundidade, atrás da asa-delta, dá a impressão de que os músicos, os intérpretes e Caetano estão voando sobre o Rio, Lapa e Cuba", explicou o cenógrafo. De um modo geral, a iluminação do show era fria e desbotada, dialogando com a capa de *Zii e zie*.

Hermano Vianna, Alessandra Negrini, Fernando Gabeira, Moraes Moreira, Rodrigo Amarante, entre outros, prestigiaram a estreia no Canecão. *Não identificado* foi dedicada aos internautas que comentaram no blog e que vieram dos mais variados locais, como Veronica Jeroian, uruguaia de 40 anos que vendeu seu Fusca para pagar a viagem. Já a cantora Exequiela Goldini se deslocou de Buenos Aires e se deslumbrou com a interpretação do artista para *Volver*.

Nos bastidores, Jaques Morelenbaum aprovou a estreia.

— Apesar do power trio, é um show muito delicado — disse.

Logo que Caetano saiu do palco, Chico Buarque o aguardava no camarim. Deu um abraço no amigo e falou em seu ouvido:

— Te amo, cara! Te amo, cara!

A crítica também elogiou. Na resenha "Caetano: jovem, plural e conciliador", do *Globo*, João Pimentel escreveu: "O público carioca acompanhou, aplaudiu entusiasticamente e foi para casa com a sensação de que o Rio de Caetano, para o bem e para o mal, é lindo".

A segunda parada do show foi em Brasília. E quase houve uma tragédia. Enquanto cantava a última música, *Força estranha*, Caetano caiu do palco. "A gente só viu ele sumindo e aquele barulho de violão batendo no chão", recorda Marcelo. "O cantor, de 66 anos, havia voltado para o bis e, emocionado com a participação da plateia que o acompanhava em coro, avançou até a beira do palco, se desequilibrou e caiu de uma altura de um metro e meio, abraçado ao instrumento, em frente às cadeiras da primeira fila de espectadores", noticiou o *Correio Braziliense*.

Felizmente, a queda não teve maiores consequências. Caetano se levantou e, mesmo sem microfone, continuou cantando a música, aliás, a preferida de sua mãe, Dona Canô. "Nós três vimos ele andando e sumir. Foi surreal. Mas logo depois deu pra ver que ele estava bem", lembra Ricardo. No camarim, com um saco de gelo no joelho e o auxílio de um bombeiro, disse, rindo, que o acidente foi ridículo. "Só o joelho que ficou um pouco machucado, mas nada grave, nem dor muscular", tranquilizou os fãs no dia seguinte.

Assim como acontecera na estreia, a crítica se derreteu em elogios. "*Zii e zie* é um show enxuto, elegantemente despojado, que evita enfeites e ressalta a música e a emoção que um artista do porte de Caetano Veloso sempre é capaz de provocar em cena", escreveu Rosualdo Rodrigues no *Correio*.

Depois de Brasília, o show passou por Belém, Maceió, Fortaleza, Juazeiro do Norte e Salvador, até chegar finalmente aonde deveria ter estreado: São Paulo, nos dias 12 e 13 de junho, no imenso e sisudo Credicard Hall, bem diferente do alternativo Studio SP. Em entrevista ao *Estadão*, Caetano explicou o que os paulistas veriam: "É um show mais histórico, mais político, mais abrangente — o *Cê* era muito eu comigo mesmo e, em poucas palavras, muito anglo-saxão. Este agora é Brasil no mundo, mundo no Brasil, nós na fita, Psirico e Aracy de Almeida. Começa com 'Viva Paulinho da Viola' e termina com 'Viva Roberto Carlos'. Tem Mário Reis e Kassin. Muitas vezes tenho que me controlar para não chorar". A crítica de Guilherme Werneck avaliou o show como "ótimo". "Há uma evolução grande em termos de composição e sonoridade em relação ao *Cê*. Embora *Odeio* esteja no repertório, o show mostra um Caetano acima do ódio virulento, muitas vezes rancoroso do disco anterior. Em *Zii e zie*, o clima é de uma leve indecência, transgressora em sua aparente ingenuidade. No lugar da crise, está a liberdade e um bocado de solidão".

A turnê seguiu por Porto Alegre, Curitiba, Belo Horizonte e Vitória, para retornar novamente a São Paulo em novembro. No dia 6, Caetano recebeu visitas ilustres de duas das maiores bandas de rock dos Estados Unidos: Sonic Youth e Faith No More. Os dois grupos estavam participando de festivais no país e fizeram questão de prestigiar o baiano. Clarice Saliby, coordenadora executiva da turnê e fã do Faith No More, vira um show da banda no Rio na véspera. No camarim, fez o convite para Mike Patton e companhia assistirem a *Zii e zie* na capital paulista. O vocalista ficou louco. Caetano adorou a visita, e o papo com os músicos das duas bandas rendeu.

O espetáculo voltou ao Rio (Vivo Rio, dessa vez) nos dias 27 e 28 de novembro, antes de ser eleito um dos melhores shows do ano pelo jornal O *Globo*, ao lado de Céu (*Vagarosa*), Maria Bethânia (*Amor, festa, devoção*), Gilberto Gil (*Concerto de cordas*) e Roberto Carlos (no Maracanã, debaixo de tempestade).

Em 2010, Caetano e a bandaCê caíram na estrada internacional. Passaram o mês de março praticamente inteiro na América Latina para mais shows memoráveis no Grand Rex de Buenos Aires, além de Assunção, Montevidéu, Lima, Cidade do México e Guadalajara. Em abril, foi a vez dos Estados Unidos: seis apresentações entre os dias 8 e 20. O show no Terminal 5 de Nova York foi aclamado por crítica e público. Em entrevista à agência France-Presse, Caetano disse não pensar "em ganhar ou perder espaço nos Estados Unidos, mas sim em poder fazer uma música cada vez melhor".

Na segunda semana de maio, houve apresentação no Teatro Caupolicán, em Santiago, no Chile, e, no mês seguinte, todos embarcaram para 18 shows na Europa. O primeiro, que aconteceu como parte de um festival no La Défense, em Paris, no dia 27 de junho — Wayne Shorter foi o outro *headliner* —, seria dos mais marcantes. "Estava quente pra caralho, comprei um presente para o Caetano na loja da Uniqlo, uma camiseta amarela do Vincent Gallo. Ele cantou com a camisa e estava muito animado. A gente sentiu que tinha mudado com relação ao *Cê*", recorda Pedro. O jornal *Le Monde* festejou o show: "O privilégio do patriarca é poder unir os jovens ao seu redor. (...) Caras que, como ele, adoram desconstruir os fundamentos, colocar guitarras caribenhas em um tango (*Volver*), faixas eletrônicas desde o início (*Perdeu*) e voz principal de apoio para *Maria Bethânia*, um hino de sete minutos".

No dia 4 de julho, o show foi no Royal Danish Theater, em Copenhague, na Dinamarca. Além de Caetano, participariam do Copenhagen Jazz Fest — o principal festival do gênero nos países nórdicos — Herbie Hancock, Marcus Miller e Martha Wainwright. Mas o que ficou desse show foi uma situação pra lá de inusitada. Após a apresentação, uma brasileira que trabalhava na produção foi falar com o cantor enquanto ele jantava.

— Oi, Caetano, trabalho aqui, moro aqui há muitos anos — começou.
— Poxa, foi bonito o show... Mas não teve aquelas músicas que a gente vê no YouTube, aquelas coisas bonitas que você toca, que a gente fica vendo...

Sempre gentil e atencioso com os fãs, Caetano, dessa vez, não se segurou:
— Música bonita? De que música bonita você tá falando? Eu gosto dessas músicas do show.

Enquanto a pobre coitada balbuciava *O leãozinho* e *Sozinho*, Caetano explodiu:

— Você é chata! O que você tá fazendo aqui? O que você tá falando comigo? Você tá louca! Você é chata! Chaaaaaaaata!! — E continuou, batendo no peito: — Música bonita é o que eu faço. Eu adoro o que eu tô fazendo aqui. Se você não quer, vai ver o seu YouTube na sua casa, não vem aqui encher meu saco. Vai embora daqui sua chaaaaaaata!

* * *

A apresentação em Atenas aconteceu em 12 de julho, dia seguinte à final da Copa do Mundo. Caetano e banda estavam torcendo para a seleção da Espanha, que se sagrou campeã ao vencer a da Holanda. O show no Herod Atticus Odeon, na Acrópole, foi o melhor da temporada europeia, segundo os integrantes da bandaCê. "A gente voltou ao palco três vezes, foi nível Buenos Aires", lembra

Pedro. Arto Lindsay prestigiou a apresentação em Parma no dia 19 de julho. O derradeiro show aconteceu em Helsinque, capital da Finlândia, em 3 de agosto. Apesar de o público ter compreendido um pouco melhor a sonoridade de Caetano com o trio, ainda assim houve estranhamento em algumas cidades, conforme lembra o técnico de PA Vavá Furquim: "Quando começavam os shows sempre tinha gente indo embora. Era um choque, não é aquela musicalidade que algumas pessoas queriam ver. O Caetano é muito corajoso, tipo 'eu quero fazer isso', 'eu quero mostrar isso', que nem Bob Dylan".

De toda forma, a recepção do público em *Zii e zie* foi mais forte fora do país. Em algumas cidades do Brasil, sobretudo aquelas em que Caetano nunca tinha se apresentado, muitas vezes era anunciado apenas "um show de Caetano Veloso", e as pessoas esperavam ouvir sucessos. "Em Juazeiro do Norte, por exemplo, ninguém entendeu nada. Berravam para ele cantar os sucessos. E ele cantava as novas, como faz em qualquer turnê. Era culpa do contratante que não anunciava a turnê corretamente", explica o assistente de produção Miguel Lavigne.

Após descansar em um hotel budista em Buenos Aires, em 8 de outubro Caetano retornou ao Rio para se despedir da turnê. Mais ainda: gravar o DVD e o CD ao vivo, exatamente onde tudo começou: no palco do Vivo Rio. O encerramento oficial, de fato, estava marcado para Helsinque, mas Zeca, filho de Caetano, insistiu para gravar o DVD. Durante a turnê europeia, ele reparou que os dois shows no Coliseu dos Recreios em Lisboa lhe soaram diferentes. "A banda estava improvisando, agregando coisas, era um show ao vivo, e não mais um show do disco", disse ao *Globo* o rapaz, então baixista da banda evangélica Os Anormais. Ele botou pilha, correu atrás de patrocinadores e ainda acompanhou o processo e a monitoração das câmeras, ajudando na direção do DVD. Ainda bem. Àquela altura, a gravação do *Obra em progresso*, no Teatro Casa Grande, estava engavetada e talvez nem fizesse mais sentido o seu lançamento depois de tanto tempo.

As mesas foram retiradas da casa de shows, e o público pagou 20 reais (preço popular) para um ingresso de pista. Apesar da forte concorrência — houve shows do Bon Jovi na Praça da Apoteose e da Dave Matthews Band na Arena dos Jogos Pan-Americanos na mesma noite —, os bilhetes esgotaram. Em entrevista ao *Globo*, Caetano se mostrava animado: "Em disco, prefiro *Cê*, mas no palco *Zii e zie* rendeu melhor, gosto do repertório, misturando as músicas do CD com canções antigas, tropicalistas, do período de Londres". Na mesma entrevista, ele garantiu que completaria a trilogia com a bandaCê.

A gravação foi tudo o que a de *Cê – Multishow ao vivo* não foi. O equipamento cedido era de primeira. Caetano e banda estavam bem, o roteiro foi seguido à risca e nenhuma música precisou ser repetida. Após *Maria Bethânia*, o cantor leu um trecho de *1822*, livro recém-lançado de Laurentino Gomes.

— "Na história da independência do Brasil, a primeira vila do Recôncavo Baiano a se pronunciar foi Santo Amaro da Purificação, cidade famosa por ter Dona Canô, mãe de Caetano Veloso e Maria Bethânia, com um detalhado programa de Brasil independente" — leu, antes de completar: — Lembro que nós saíamos marchando todo 14 de junho. Aqui, as ruas de Ipanema são nomeadas em relação à independência da Bahia: Maria Quitéria, Visconde de Pirajá, Maria Angélica, Barão da Torre, todas figuras da independência na Bahia. Ipanema é dominada.

O roteiro ainda contou com a dobradinha *Billie Jean/Eleanor Rigby* no momento voz e violão. A primeira era uma homenagem a Michael Jackson, morto quatro meses antes, aos 50 anos. A apresentação teve a participação de Jorge Mautner, no projeto desde o início.

O Rio mais uma vez compareceu em peso à gravação. Amora Mautner, Nina Becker, Gilberto Gil, Flora Gil, Lucinha Araújo... O show, muito bem captado, por sinal, contou com a direção de vídeo de Hélio Eichbauer e de Fernando Young. O som ficou a cargo de Moreno Veloso. Young revela um segredo da gravação: "A gente filmou uma passagem inteira no dia anterior, com a câmera habitando lugares que não conseguiríamos com a presença do público".

Em fevereiro de 2011, *Zii e zie – MTV ao vivo* chegou às lojas. Além do CD com 17 números extraídos do show, um DVD duplo e uma versão em blu-ray de altíssima definição traziam a apresentação completa (23 canções), bem como um farto documentário e mais nove faixas registradas no *Obra em progresso* antes da gravação do álbum de estúdio. Ou seja, um documento valioso, da forma que o projeto *Zii e zie* merecia, tanto que ganhou o Grammy Latino de Melhor Álbum de Rock Brasileiro. Carlos Calado, da *Folha de S.Paulo*, elogiou o lançamento: "Um show tão coeso e atraente que pode fazer balançar até as opiniões daqueles que não apreciam esta fase de Caetano".

O baixista Ricardo Dias Gomes resumiu a gravação: "Foi um momento feliz, porque foi o fim da turnê e a gente teve a noção do quanto tínhamos evoluído". Talvez nem ele, nem Pedro ou Marcelo imaginasse o quanto evoluiria mais. Antes disso, porém, Caetano tinha assuntos a resolver.

FAMOSOS

Caetano Veloso passeia pelo Leblon e estaciona o carro

Fausto Candelaria / AgNews

10 mar 2011 21h14

MIRANDA
UM TOM ACIMA

GAL COSTA
no show de lançamento do CD "RECANTO"
Direção Artística: Caetano Veloso
Pós-show: Rodrigo Penna

Apoio   Promoção:

25-03-2012 00:01:00

Documento: 08443880767

Miranda
Lagoon Av Borges de Medeiros 1424
Informações: 4003-2330
Classificação: 16 anos
UM TOM ACIMA
A   04
Sexta   R$400,00
30/03/2012 22:00
Abertura da casa: 20:30
FIDELIDADE
8800671   000671-88   VA 000010

Entre 2011 e 2012, Caetano se dedicou a outros projetos pessoais, como o CD "Recanto", de Gal Costa, e virou meme por estacionar o carro no Leblon, noticiado pelo portal Terra

capítulo 15

**eu venho de um
recanto escuro**
gal costa e o entreato
de uma trilogia

Mal se encerraram as gravações do DVD de *Zii e zie*, Caetano Veloso já estava imerso em um novo projeto. Não era ainda o terceiro disco com a bandaCê e não envolvia conceitos sonoros como "transrocks" ou "transambas", mas um encontro emblemático com uma figura proeminente da nova geração: uma jovem cantora de voz doce e jeito tímido: Maria Gadú, com quem fez uma pequena turnê entre o fim de 2010 e o início de 2011.

Nascida em São Paulo, Gadú era apaixonada por música desde criança. No início de 2008, mudou-se para o Rio e começou a se apresentar com seu violão em barzinhos e pequenos clubes. Foi o bastante para que sua voz chamasse a atenção de nomes importantes e as portas se abrissem. Em janeiro de 2009, quando a Rede Globo estreou a série biográfica *Maysa – Quando fala o coração*, era a voz de Gadú que entoava os versos de *Ne me quitte pas* na trilha sonora. Nesse mesmo ano, assinou com a Som Livre e lançou seu primeiro disco, que a elevou ao status de nova superestrela da MPB, graças à repercussão do hit *Shimbalaiê*. A música invadiu incessantemente as estações de rádio.

Caetano Veloso viu Gadú pela primeira vez ainda antes da estreia da cantora no mercado fonográfico, num show no extinto Cinemathèque, no Rio. Ele foi recomendado por uma amiga, que se referiu à garota como "uma nova Cássia Eller". Ao chegar lá, Caetano se deparou com uma menina cantando em posição de lótus, de um jeito suave, com uma voz que para ele se aproximava mais da doçura de Marisa Monte do que da agressividade de Cássia. Quase um ano depois, Caetano e Maria Gadú se encontraram no palco pela primeira vez para tocar num evento fechado da Globosat. O entrosamento foi quase imediato. Pouco depois, no dia 24 de agosto de 2010, estiveram juntos novamente, dessa vez na cerimônia do Prêmio Multishow de Música Brasileira, no Rio, dividindo os vocais em *Rapte-me camaleoa*. Desses encontros breves, mas produtivos, nasceu a ideia de um show em conjunto. O fim da turnê do *Zii e zie* foi a brecha ideal na agenda para viabilizar o projeto.

Antes da estreia, no dia 7 de novembro, em Salvador, foram poucos os ensaios. Apenas reuniões, em que Caetano e Gadú se sentaram para definir o repertório. Imaginaram um show voz e violão, com dois *sets* individuais e alguns duetos. Cada um fez suas exigências. Gadú, por exemplo, pediu que Caetano cantasse *O quereres*, sua música preferida, cuja letra ela tinha pintada na parede da cozinha de casa. Já o baiano queria cantar *Alegria, alegria* e *Shimbalaiê*. A ideia era fazer um paralelo entre as duas canções e sublinhar a importância para a carreira de cada um. Se *Shimbalaiê* lançou Gadú para o estrelato com uma força esponjosa no imaginário coletivo, *Alegria, alegria* simbolizou a mesma coisa para o então estreante Caetano Veloso de 1967. Além disso, as duas músicas foram lançadas por cada um quando tinham a mesma idade, 23 anos. O repertório privilegiou outros sucessos radiofônicos da carreira de ambos, como *Sampa* e *Menino do Rio* (dele) e *Bela flor* e *Dona Cila* (dela). Mas houve espaço para a fase *Cê* marcar presença no *set* individual de Caetano, com a já então indispensável *Odeio*. Depois da estreia em Salvador, o show seguiu por Bauru, São Paulo e Belo Horizonte. No Rio, foi feito o registro ao vivo, lançado em maio de 2011 em CD e DVD.

Nessa época, Caetano ainda protagonizou um dos momentos mais folclóricos de sua carreira, que marcou uma geração, levantou debates entre os jornalistas e mora até hoje no imaginário popular. Na tarde de uma quinta-feira modorrenta pós-Quarta-Feira de Cinzas, o cantor e compositor parou o carro no Leblon. Sim, essa foi a manchete estampada pela editoria Diversão do portal Terra no dia 10 de março de 2011: "Caetano estaciona carro no Leblon nesta quinta-feira". A notícia vinha acompanhada por uma foto que o mostrava em pé na rua, parado, de camisa branca, calça bege e tênis também brancos, com detalhes em vermelho, enquanto olhava para o lado esquerdo. Na legenda, mais uma informação reveladora: "Caetano Veloso se prepara para atravessar uma rua no Leblon".

A notícia foi massivamente compartilhada e não demorou para virar um dos precursores dos memes. Muita gente achou graça um acontecimento tão banal ganhar destaque no site de entretenimento. Até hoje a fotolegenda é relembrada todo dia 10 de março, que se tornou, oficialmente, o Dia em que Caetano Estacionou o Carro no Leblon. Dez anos depois, a autora do post escreveu uma carta aberta a Caetano, intitulada "Eu existo!" e publicada pela revista *Piauí*. A jornalista Elisangela Roxo, que na época trabalhava no portal Terra, explicou que deu a notícia porque tinha uma meta diária de postagens e naquela quinta-feira após o carnaval o movimento de celebridades pelo Rio andava devagar. Caetano flagrado por um paparazzo parando o carro no Leblon para ir à sessão de análise ajudou-a a cumprir a meta.

Em seu longo relato, Elisangela detalhava os acontecimentos desse dia e explicava o que a motivou a publicar o material. "Desculpe a minha petulância com sua imagem, Caetano, mas eu precisava rir de mim mesma naquela atividade tão carente de sentido. Precisava me satirizar enquanto satirizava o jornalismo sobre o nada, entende?", escreveu. Ela já havia deixado o jornalismo de fofocas e morava em Aarhus, na Dinamarca, onde fez mestrado e desenvolveu uma tese sobre identidade afro-brasileira no YouTube. Em dezembro de 2021, em entrevista ao programa *Roda viva*, Caetano afirmou que leu a carta de Elisangela e que chegou a esboçar uma resposta, mas nunca a enviou.

* * *

Ao longo de 2011, Caetano e Gadú ainda fariam shows para o lançamento do DVD, mas até lá ele já estaria envolvido em um novo projeto. Antes de voltar suas energias para a bandaCê novamente, houve um encontro com outra cantora. Dessa vez, uma velha conhecida e parceira de muitos anos: Gal Costa, para quem idealizou, compôs e produziu o disco *Recanto*, lançado em fins de 2011. De certa forma, o projeto nasceu sob a mesma sinergia experimental e rejuvenescedora que deu luz às rupturas (e retomadas) estéticas de *Cê* e *Zii e zie*.

Caetano e Gal se conheceram muito moços em Salvador, unidos por uma característica em comum: a devoção radical e absoluta a João Gilberto. Iniciaram suas carreiras praticamente ao mesmo tempo, enfrentaram lado a lado o tribunal estético de fins dos anos 1960 com a Tropicália e atravessaram as décadas seguintes com carreiras paralelas, mas sempre unidas por um fio invisível. Em quase todos os discos de Gal, há músicas de Caetano. Ela foi a voz primordial de muitas criações dele, como *Da maior importância*, *Minha voz, minha vida*, *Meu bem, meu mal*, *Vaca profana*, *Dom de iludir*, entre tantas outras.

Além dos Doces Bárbaros (ao lado de Maria Bethânia e Gilberto Gil), Gal e Caetano se encontraram mais especialmente em dois projetos, antes do *Recanto*. O primeiro foi *Domingo*, disco de estreia de ambos, lançado na longínqua era pré-tropicalista do ano de 1967. Como na época os dois ainda eram praticamente desconhecidos, João Araujo, então diretor da gravadora Philips, achou que não tinham fôlego para discos individuais, e resolveu lançá-los num mesmo LP. Com arranjos de Dori Caymmi e composições de Caetano, Gilberto Gil, Sidney Miller e Edu Lobo, *Domingo*, como não poderia deixar de ser, era uma ode ao estilo interpretativo de João Gilberto. As gravações feitas de manhã bem cedo ajudaram a intensificar o minimalismo da interpretação de ambos, em faixas como *Coração vagabundo*, *Avarandado*, *Onde eu nasci passa um rio* e *Nenhuma dor*.

O disco vendeu pouco, mas chamou a atenção da imprensa e da classe artística, abrindo portas para que se firmassem no meio e dessem continuidade às carreiras individuais — algo que não demoraria a acontecer.

O novo encontro aconteceu em 1974. Àquela altura, os dois já eram ídolos e a Tropicália, um fato consumado, não mais um movimento em construção. Quando Gil e Caetano retornaram do exílio, dois anos antes, Gal os queria envolvidos diretamente em seus novos trabalhos. Em 1973, Gil assinou a produção musical de *Índia*, com o qual Gal atingiu o auge de sua figura de musa hippie libertária, sobretudo pela transgressora (e censurada) capa, que retrata um close frontal da cantora vestida de índia, usando apenas uma microtanga e colares de miçanga. Sonoramente, o álbum já apontava para uma quebra no que vinha fazendo, fugindo da barulheira eletrificada que dominava seus álbuns desde a Tropicália.

No ano seguinte, foi a vez de Caetano produzir o disco de Gal. Mas com uma ruptura radical. Disposta a se livrar definitivamente da imagem de "musa tropicalista", Gal queria retornar às suas primeiras influências e não havia ninguém mais adequado para conduzir essa transformação do que o amigo com quem dividia as mesmas raízes musicais. "É a retomada da minha própria pegada, após anos como diva tropicalista. É a volta à minha essência, à essência da menina que descobriu João Gilberto na adolescência e com ele reaprendeu a ouvir e a cantar". Foi assim, em depoimento a Marcelo Fróes, que Gal Costa definiu o disco produzido por Caetano, batizado de *Cantar*.

Polêmico naqueles tempos, justamente pelo radicalismo, o álbum é considerado um dos pontos altos de sua discografia. Nele, Gal se reencontra com a jovem cantora de *Domingo*, classificada na época como "João Gilberto de saias", em composições de Gilberto Gil, Jorge Mautner, Carlos Lyra e, claro, Caetano, como em *A rã*, *Lua, lua, lua, lua*, *Flor do cerrado* e *Joia*. O disco contou com arranjos de Gil, Perinho Albuquerque e João Donato, então recém-chegado dos Estados Unidos e praticamente esquecido no Brasil. Sua contribuição em faixas como *Até quem sabe* ressalta de forma ainda mais intensa a relação daquele trabalho com a Bossa Nova de João Gilberto.

A grande presença do disco, porém, era a voz de Gal, como destacou Nelson Motta em texto publicado à época no *Globo*: "A proposta fundamental do disco — já expressa em seu título — é valorizar ao máximo o cantar perfeito de Gal e envolvê-lo no clima musical que mais favoreça ao difícil exercício do canto, que ela faz como poucas já fizeram em nossa música".

E foi esse mesmo propósito que inspirou Caetano a produzir um novo disco de Gal mais de 30 anos depois. Desde meados dos anos 2000, ao mesmo tempo em que amadurecia as ideias que viriam a desaguar em *Cê*, ele já sentia vontade de criar algo especialmente para a amiga, mas que fosse diferente. Tempos antes, ouviu do jornalista Tárik de Souza a pergunta:

— Por que você não experimenta criar com sons eletrônicos?

A provocação estimulou Caetano. A certeza definitiva de que deveria concretizar aquela ideia veio em dezembro de 2009, quando esteve em Lisboa com o poeta, filósofo e compositor Antonio Cícero para uma conferência na Casa Fernando Pessoa. Na ocasião, os dois foram assistir a um show de Gal na capital portuguesa — um recital de voz e violão, em que ela privilegiava clássicos da música brasileira, de Dorival Caymmi a Tom Jobim. Da plateia, Caetano foi tomado mais uma vez pela beleza do canto da amiga, pelo gestual típico com os cabelos e pela grandeza do que ela representava para o Brasil.

Depois daquele show, Caetano não conseguia pensar em mais nada, apenas em Gal e no que gostaria de fazer com sua voz. Ao longo de 2010, seguiu com a turnê do *Zii e zie* ao lado da bandaCê, enquanto começava a compor o repertório que ele imaginava para o disco. Em algum ponto da turnê europeia, encontrou-se com Moreno em um quarto de hotel, e esse foi o tema da conversa. Caetano dividiu com o filho (e afilhado de Gal) seu novo ímpeto criativo.

— Todas as vezes que não estou no palco, estou pensando nela — confessou, antes de mostrar no violão as primeiras composições.

De cara, Moreno levou um susto. Aquilo era muito radical, totalmente diferente do que Gal fazia naquele momento — basicamente shows de sucessos e *standards*, sobretudo no exterior. Caetano disse ao filho que gostaria de tê-lo na produção, e que o projeto era sua nova prioridade.

A essa altura, Gal já sabia por alto do desejo de Caetano de produzi-la com canções inéditas. Ficou empolgada, mas achou que levaria anos para se concretizar. Mas poucos meses depois, quando já havia novas músicas compostas, Moreno foi até sua casa, em Salvador, com uma fita em que Caetano apresentava algumas delas no violão. Eram canções cheias de estranhezas, puxadas para um experimentalismo que tiraria Gal de sua zona de conforto. Ou talvez a levasse de volta até lá. Por isso, sua reação foi imediata:

— É isso! É disso que eu gosto! Eu vivo disso!

Com o aval da cantora e o repertório se desenhando, o disco poderia começar a ser produzido. Caetano queria que as novas canções tivessem como base programações eletrônicas, e pediu a Moreno sugestão de um programador que trabalhasse ao seu lado dando vida aos sons que imaginava. Moreno fez uma lista extensa com diversos nomes, inclusive de artistas internacionais. Caetano leu todos, mas não hesitou em escolher aquele que, de certa forma, era o que estava em sua cabeça desde o início: Kassin, amigo de adolescência de seu filho e com quem trabalhara na produção do disco *Eu não peço desculpa*, seu trabalho com Jorge Mautner de 2002.

Já era quase meia-noite quando Caetano ligou para Kassin o convidando para ir a sua casa, que àquela hora da madrugada funcionava como se o sol estivesse a pino. Ele disse que produziria o novo disco de Gal Costa, com músicas feitas especialmente para ela. Com o violão, tocou parte do repertório, no tom que achava adequado para Gal, e já imitando com a boca o tipo de som ou como queria as programações. "A coisa já estava toda na cabeça dele", lembra Kassin.

O disco foi produzido praticamente em sigilo. Só quem estava envolvido diretamente no projeto sabia. Visitas de amigos nas gravações, nem pensar. Kassin criava as bases em seu estúdio, no Rio, e Moreno ia até Salvador, onde Gal estava morando, para ajudá-la a encontrar a tonalidade adequada. Sobre essas bases, Gal gravava uma voz-guia, posteriormente enviada para Kassin. Ele desenvolveria a base final, que depois ganharia a voz definitiva de Gal. Enquanto isso, Caetano comandava no Rio o trabalho com os outros músicos envolvidos no projeto: antigos e frequentes parceiros, como Pedro Sá, Davi Moraes, Jaques Morelenbaum e Daniel Jobim, além de outros especialistas em música eletrônica, como Donatinho, a banda Rabotnik e Duplexx.

Na Bahia, Gal se empolgava com o que recebia, mesmo com as programações mais radicais. Kassin custava a acreditar que aquilo iria em frente. Ligava para Moreno quase todos os dias:

— Cara, ela está topando isso mesmo? Nessa última eu peguei pesado. Ela gostou mesmo?

No fim do processo, Caetano se uniu a Moreno e Gal no estúdio Ilha dos Sapos, de Carlinhos Brown, em Salvador, para finalizar as faixas. "As canções foram virando elas mesmas na voz de Gal, com bastante organicidade. Sem tensão. Eu tinha muita noção do que eu imaginava que esse disco devia ser, mas na hora de ouvir Gal cantar no estúdio, tudo desapareceu. Parecia que era só ali. Parecia que não tinha um projeto", relembrou Caetano na divulgação do álbum.

O repertório final de *Recanto* foi formado por 11 canções, nove delas inéditas e feitas especialmente por Caetano. Apenas duas já tinham sido gravadas, mas eram pouco conhecidas. *Madre Deus* foi composta para o espetáculo *Onqotô*, do Grupo Corpo, cuja trilha o baiano produziu ao lado de José Miguel Wisnik. Aliás, foi ele quem sugeriu que a canção estivesse presente em *Recanto*. Já *Mansidão* tinha sido gravada por Jane Duboc em 1982, mas Caetano achou que se encaixaria bem no ambiente do novo disco. Além da programação de Kassin, a faixa ganhou o luxuoso acompanhamento de Jaques Morelenbaum no violoncelo e Daniel Jobim no piano.

Caetano sempre achou que *Recanto* tem uma ligação profunda não só com a sua história e a de Gal, mas também com a Música Popular Brasileira. "Gal é figura de grande centralidade no Tropicalismo. É como se Gil e eu, assim como Bethânia à sua maneira, fôssemos o pensamento sobre a coisa — e Gal fosse a coisa em si", explica. Em julho de 2011, quando já estavam prestes a encerrar as gravações, Caetano contou ao repórter Ronaldo Evangelista, da *Rolling Stone Brasil*, o que o levou a criar o álbum: "Gal tem uma qualidade de emissão vocal muito especial e um papel histórico muito importante, e as duas coisas estavam relativamente subvalorizadas nos últimos tempos. Então fiquei com desejo de fazer o repertório e produzir um disco todo para Gal. Me interesso muito por fazer este disco agora, para equilibrar a visão histórica".

Por isso, foi inevitável que grande parte do repertório de *Recanto* refletisse sobre o ato de cantar. Em *Autotune autoerótico*, uma das primeiras que Caetano idealizou, ele fala sobre o programa utilizado para corrigir digitalmente imperfeições na voz: "Não, o *autotune* não basta pra fazer o canto andar/ Pelos caminhos que levam à grande beleza". *Mansidão* aborda o poder de usar a voz com exatidão, a qualidade de Gal que sempre fez Caetano descrevê-la como a "maior cantora do Brasil": "Esta voz que o cantar me deu/ É uma festa paz em mim".

O tema também aparece nos versos finais de *Recanto escuro*, em uma sutil referência ao álbum de Gal produzido por Caetano em 1974: "Espírito é o que enfim resulta/ De corpo, alma, feitos: cantar". Essa música é uma das mais fortes do disco, e a que emocionou Gal quando a escutou pela primeira vez. Numa espécie de simbiose biográfica, a letra embaralha acontecimentos da vida tanto de Gal quanto de Caetano. A menção ao "chão da prisão militar" remete à prisão de Caetano em 1968, enquanto os versos "o álcool só me faz chorar" se referem a Gal, que, quando jovem, caía em prantos toda vez em que se embriagava. A citação ao *cool jazz* aponta para mais um elo em comum, já que esse era um dos interesses compartilhados por ambos desde que se conheceram. A música causou tanto impacto em Gal que a versão definitiva foi a gravação da primeira voz-guia. Caetano e Moreno não tiveram coragem de refazer o que eles consideraram a interpretação perfeita. "É porque a música arrebata a gente, então eu abstraí e me deixei levar pela canção", explicou Gal, em entrevista a Jô Soares, sobre o momento em que colocou voz em *Recanto escuro*.

Há apenas uma faixa que poderia ter se tornado uma parceria. Zeca Lavigne Veloso, filho do meio de Caetano, na época tinha 19 anos e gostava de música eletrônica — já vinha até se apresentando como DJ. Um dia, ele estava em casa fazendo um remix para uma música francesa, quando Caetano ouviu a batida e pensou que algo como aquilo poderia estar no disco de Gal. Fez o pedido a Zeca, que criou uma nova base. Pouco depois, numa viagem ao México, Caetano teve a ideia da melodia que se encaixaria naquela batida. Em seguida, pensou nos usos da expressão "neguinho" na linguagem popular e desenvolveu a letra a partir daí. A música saiu como um retrato crítico dos anseios da então nova classe média brasileira: "Neguinho compra 3 TVs de plasma, um carro GPS e acha que é feliz/ Neguinho também só quer saber de filme em shopping". A música tocou muito nas rádios de MPB na época e se tornou uma espécie de hit do disco.

Outra faixa central de *Recanto* é *Tudo dói*, a primeira a ser composta por Caetano. Sua intenção era criar uma melodia não convencional e uma letra que não se preocupasse em dizer coisas belas: "Viver é um desastre que sucede a alguns/ Nada temos sobre os não nenhuns/ Que nunca viriam". Caetano achou que Gal poderia estranhar, mas foi a de que ela mais gostou desde o início. Ao ouvir os versos junto com a base de Kassin, Gal sentiu a mesma estranheza que experimentou ao ouvir João Gilberto cantar *Chega de saudade* pela primeira vez. Caetano não precisou explicar nada, ela entendeu imediatamente: aquela música e aquele disco eram João Gilberto e Bossa Nova, eram o radicalismo estético que os dois sempre enxergaram nesse movimento e que adotaram como uma religião. Eram, sobretudo, o fio invisível que sempre uniu Caetano a Gal, que aparece explicitamente em *Domingo* e poeticamente em *Cantar*. Agora, em *Recanto*, surgia na forma de experimentação pop.

No lançamento de *Recanto*, no início de dezembro de 2011, o impacto foi grande. A imprensa, os fãs e o público em geral celebraram a nova guinada na carreira de Gal. Seu último disco de estúdio, *Hoje*, tinha sido lançado em 2005, sem muita repercussão e sem novidades. Nesses seis anos de intervalo, lançou álbuns ao vivo e fez shows cantando um repertório clássico, consagrado, a maioria em formato de concerto voz e violão. *Recanto* devolveu a Gal algumas das características mais marcantes de sua persona artística, que para muitos já pareciam coisa do passado: a ruptura estética, o experimentalismo, a falta de pudor em potencialmente chocar ouvintes mais desatentos. Era, enfim, o reencontro de Gal com uma energia criativa que lhe faltava naquele momento, e que mudou os rumos de sua carreira. A própria cantora descreveu a sensação na época do lançamento: "Esse disco me gera até uma ansiedade. É quase como se ele estivesse me dizendo: 'Acorda, mulher!'".

Por ser um trabalho totalmente idealizado e conduzido por Caetano, foi impossível não comparar *Recanto* à experiência da bandaCê. O jornalista Marcus Preto, que logo depois se tornaria diretor artístico de Gal, escreveu na *Folha de S.Paulo*: "Ouvir Gal cantando melodias e letras tão arrojadas — e mais que isso, levadas sobre arranjos eletrônicos distantes da caretice de seu passado recente — causa estrondo proporcional ao de *Cê*, em seu lançamento". Arthur Dapieve também percebe essa semelhança: "Conscientemente ou não, ele quis, com a produção desse disco, mostrar que a Gal é relevante para um público mais jovem, que foi o que a trilogia fez com ele. A sonoridade é diferente, mas é o mesmo impulso. Como se dissesse: 'Nós estamos vivos. Não estamos presos ao passado'".

Moreno Veloso, produtor tanto dos discos da bandaCê quanto de *Recanto*, concorda com a ligação entre os dois trabalhos: "*Recanto* para mim é uma espécie de continuação daquele impulso criativo. A mesma força de transformação que está no *Rock'n'Raul* do *Noites do Norte*, no *Come as you are* do *A foreign sound* e nos discos da bandaCê, está no *Recanto*". Para Pedro Sá, que tocou guitarra em algumas faixas, a relação vai além da experimentação sonora, e se manifesta também no campo semântico. "Tem músicas como *Tudo dói* e *Estou triste*, que vêm da mesma inspiração. *Miami maculelê* é totalmente a partir da ideia do transamba. *O herói*, *Perdeu* e *Neguinho*, todas estão falando do mesmo personagem", reflete o guitarrista.

Caetano explica que se tratam de dois trabalhos totalmente autorais. "Nos dois casos eu tinha um repertório novo. Assim como compus canções para a bandaCê, compus as canções de *Recanto* para sons eletrônicos. *Cê* e *Recanto* são dois álbuns que foram compostos como se fossem peças inteiras". Ele vai além:

diz que a experiência com Pedro, Marcelo e Ricardo influenciou decisivamente sua motivação na produção do disco de Gal.

Em 2012, *Recanto* ganhou os palcos com um show também dirigido por Caetano. Do repertório ao figurino de Gal Costa, tudo foi idealizado por ele. A formação da banda também fazia lembrar a bandaCê, apenas três jovens músicos: Domenico Lancellotti (bateria e programações), Pedro Baby (guitarra e violão) e Bruno di Lullo (baixo). Assim como aconteceu nas turnês do *Cê* e *Zii e zie*, os shows de Gal começaram a receber plateia cada vez mais jovem, interessada em ouvir as novas e as antigas canções, transportadas para a ambientação do *Recanto*. O Circo Voador, fundamental na história de Caetano com a bandaCê, também foi importante na fase de renovação de Gal. Em janeiro de 2013, quando pisou no palco da Lapa, ela foi ovacionada por mais de cinco minutos e precisou pedir silêncio com as mãos para que começasse a cantar *Da maior importância*. "A partir daí, as pessoas ouviram quase todas as músicas em total silêncio. Foi uma coisa linda, saí muito comovida de lá", contou para a *Folha de S.Paulo*.

E se *Cê* foi constantemente associado (até pelo próprio Caetano) ao disco *Transa*, o show de *Recanto* passou a simbolizar "o novo *Fa-Tal*" de Gal. A reverência do público jovem, a postura no palco, o clima de renovação e, sobretudo, a nova interpretação de *Vapor barato* (com um solo de guitarra inesquecível de Pedro Baby), tudo isso remetia a lembranças do histórico show de Gal em 1971. Ainda mais quando o DVD de *Recanto* teve sua gravação feita no Theatro Net, antigo Tereza Rachel, em Copacabana, onde *Fa-Tal* também foi registrado e lançado em LP duplo — o mais cultuado de sua discografia. Era a manifestação do fio invisível que sempre uniu as trajetórias de Caetano e Gal.

No encarte do CD *Recanto*, Caetano resumiu a inspiração para a empreitada: "Vi que ela e eu podíamos fazer soar um objeto não identificado que tivesse a ver com tudo que essencialmente somos". Do *cool jazz* ao Circo Voador, de João Gilberto a Kassin, de João Donato a Moreno Veloso, do *Transa* ao *Fa-Tal*, tudo isso abduziu muita gente extasiada com as novas criações dos baianos. Mas enquanto Gal seguia voando em seu objeto não identificado, era hora de Caetano voltar à Terra. Pedro, Marcelo e Ricardo o aguardavam na estação.

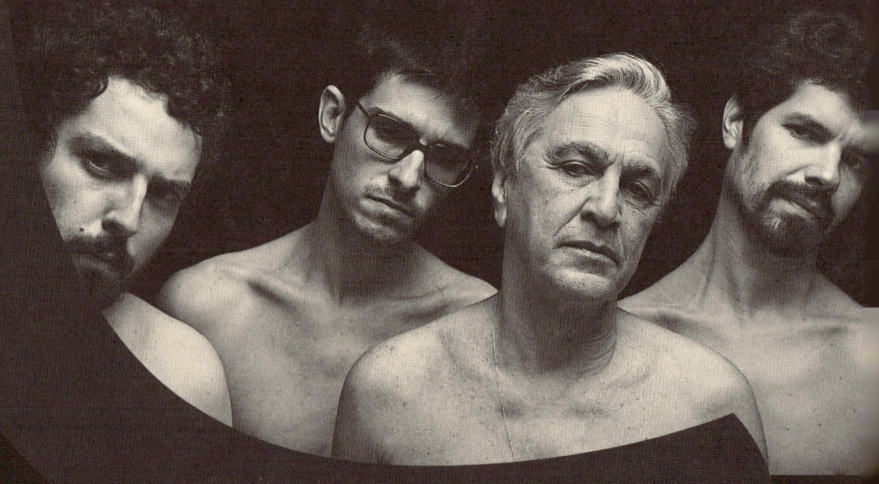

Cartaz em Paris da turnê mundial de "Abraçaço"; Caetano e a bandaCê no clipe "A bossa nova é foda", assinado por Fernando Young, que criou também o conceito gráfico do disco

capítulo 16

hoje eu mando um abraçaço
o último disco com a bandaCê

Para a numerologia, 3 é considerado o número perfeito, porque resulta da soma da unidade (1) com a dualidade (2), gerando o equilíbrio entre opostos; para os numerólogos, ele harmoniza e equilibra. Dentro do Cristianismo, é também um número repleto de simbolismos, a começar pela Santíssima Trindade: o Pai, o Filho e o Espírito Santo como a união entre a mente, o corpo e a alma. Além disso, Jesus ressuscitou no terceiro dia e foi tentado pelo Diabo não uma, não duas, mas três vezes. Na filosofia, Montesquieu definiu a organização política a partir da Teoria dos Três Poderes, que nos guiam até hoje: o Executivo, o Legislativo e o Judiciário. A literatura está cheia de trios famosos, como os Três Porquinhos ou os Três Mosqueteiros. A mesma coisa na cultura pop, dos Três Patetas às três Panteras de *Charlie's Angels*. Desde a tragédia grega, artistas, sejam eles escritores, músicos ou diretores de cinema, desenvolvem trabalhos divididos em três partes distintas, mas que podem ser entendidas como uma unidade — as chamadas trilogias. Do *Poderoso chefão* de Coppola ao *Senhor dos Anéis* de Tolkien, passando até pela fase indianista de José de Alencar, são infindáveis os exemplos.

Depois de colocar no mundo *Cê* e *Zii e zie*, Caetano sentiu que os dois poderiam ser parte de uma trilogia e quis um terceiro disco para fechar o ciclo com a bandaCê. Com um *Recanto* no meio do caminho, isso só foi possível a partir de abril de 2012. Dessa vez, seria um processo diferente dos anteriores, mais relaxado e menos incisivo em termos de conceito. *Cê* foi o chute na porta ou um "esporro roxo", como define Pedro Sá, a ruptura com a fase anterior e o susto incômodo nos ouvintes mais desavisados. *Zii e zie* representou a continuação e o desenvolvimento do novo formato. Para o terceiro disco, portanto, não haveria a necessidade de reafirmar um conceito ou uma sonoridade àquela altura já mais do que estabelecida e conhecida pelos fãs. Como resumiu Pedro na época ao jornal O *Globo*: "Se um lançou o conceito e o outro o firmou, *Abraçaço* é o conceito sem se preocupar em sê-lo".

Por isso, a ideia era compor uma série de novas músicas que simplesmente seriam executadas pelo grupo, dentro de seu estilo próprio. "No início, eu estava fazendo as canções e ia criar uma banda para tocar aquelas canções. Agora eu tenho uma banda e faço canções para essa banda tocar. Já sei que eles funcionam para vários lados, e tudo que eu apresento eles desenvolvem", resumiu Caetano sobre o processo em entrevista ao *Estado de S. Paulo*.

Assim, entre abril e julho, sem que Pedro, Marcelo e Ricardo tomassem conhecimento, as músicas foram surgindo a partir do violão de Caetano. Antes de entrar em estúdio, ele passou quase um mês refugiado em seu apartamento em Nova York, na companhia apenas de sua assistente pessoal, Giovana Chanley, para finalizar o repertório. Virava as madrugadas com o violão, terminava as letras, modificava alguns detalhes e depois mostrava o resultado, animado, para Giovana.

De volta ao Brasil, ingressou com a bandaCê, Moreno Veloso e Daniel Carvalho em estúdio, dessa vez no Monoaural, na Gávea. O disco foi gravado em fitas, da mesma forma dos dois anteriores, mas as músicas eram depois jogadas para o computador e editadas no Pro Tools. As gravações se deram sem sobressalto e de forma muito mais rápida e orgânica, como lembra Moreno, novamente o produtor: "Todo mundo estava muito afiado. A interação da banda era bonita de se ver. Não é algo que se encontre facilmente por aí". O próprio Caetano confirmou essa percepção em uma entrevista ao *Globo* na época do lançamento do disco: "Adoro essa banda, tocar com ela. É miraculoso. Nunca tive com eles dez segundos de atraso, de dizer uma ideia e esperar para que ela se resolva. Quando vai, já é. É incrível, mais do que qualquer outra banda com a qual eu já tenha tocado".

Desde o início do processo, algo parecia estar nítido para os envolvidos: ali era o auge do grupo em seu entrosamento, no entendimento de suas possibilidades sonoras e interações com Caetano. Algo adquirido através da experiência e do intenso convívio. Àquela altura, eles vinham tocando os quatro juntos há pelo menos seis anos. Tinham na bagagem dois discos, duas turnês internacionais e incontáveis viagens de ônibus, avião, check-ins em hotéis, breves visitas turísticas, jantares nos cantos mais curiosos do país e do mundo, sessões de gravação, ensaios, passagens de som, incontáveis shows... Enfim, uma convivência muito intensa, que os ajudou a alcançar um ponto de intimidade musical que uma banda de acompanhamento dificilmente atingiria.

Nesse clima de maturidade e relaxamento, o terceiro e último disco de Caetano com a bandaCê começava a nascer. Boa parte do repertório estava pronto, mas novidades surgiriam no estúdio. Uma das primeiras canções gravadas foi também uma das primeiras compostas. Era a preferida de Caetano, que pensava em abrir o álbum com ela: *A bossa nova é foda*.

Depois de reencontrar no *Recanto* de Gal a substância radical de João Gilberto, Caetano abordou novamente o tema; pretendia retratar a Bossa Nova como "gesto histórico e estético agressivo", como contou à *Folha de S.Paulo*, e não como clichê de música doce e suave. Ele lembrou que João Gilberto tinha muito interesse por luta e chegou a caracterizar seu estilo de atacar os acordes como um golpe de caratê. Por isso, a letra cita lutadores de MMA, como Minotauro, Júnior Cigano, José Aldo, Anderson Silva e Vitor Belfort. Antes, Caetano lista uma série de personagens e canções importantes para o movimento da Bossa Nova, mas de forma cifrada. João Gilberto, por exemplo, é o "Bruxo de Juazeiro". O "Louro francês", dono da caverna onde o Bruxo se esconde, é André Midani, nome lendário da indústria fonográfica brasileira, um dos responsáveis pelo lançamento comercial dos artistas da Bossa Nova pela gravadora Odeon, ainda em fins da década de 1950.

Já o misterioso verso "O magno instrumento grego antigo" faz referência a Carlos Lyra. Não entendeu? Eis a equação: "Magno" = Carlos Magno. "Instrumento antigo grego" = a lira. Portanto: "Magno instrumento antigo grego" = Carlos Lyra. O trecho "Um dom que muito homem não tem que é a influência do jazz" remete aos versos da canção *Maria Ninguém*, um dos sucessos de Lyra, gravado até por Brigitte Bardot: "Maria Ninguém/ É um dom que muito homem não tem/ Haja visto quanta gente que chama Maria/ E Maria não vem...". Os versos "O tom de tudo/ Comanda as ondas do mar..." são alusão a Tom Jobim, descrito em seguida como "Homem cruel/ Destruidor, de brilho intenso, monumental", que dá a chave de casa como munição ao "poeta, velho profeta", leia-se, Vinicius de Moraes. Na letra de Caetano, é Vinicius o responsável por transformar o "mito das raças tristes" nos lutadores de MMA. Sobra até para o norte-americano Bob Dylan, "o bardo judeu romântico de Minnesota".

O título da canção *A bossa nova é foda*, que é também o seu refrão, lembra uma frase proferida por Caetano muitos anos antes, em uma dessas entrevistas famosas em que ele se exalta, compartilhadas até hoje por sua comicidade involuntária. Foi em 2003, no lançamento em DVD de seu filme *Cinema falado*, quando Caetano relembrou uma crítica desfavorável de um jornalista da *Folha de S.Paulo*: "Tem muita gente que tem problema com a gente de música popular porque a gente é foda. É diagnóstico definitivo: problema porque a gente é foda! A verdade é essa. Chico Buarque é foda. Eu sou foda. Milton Nascimento é foda. Gilberto Gil é foda. Djavan é foda. A verdade é essa". No lançamento de *Abraçaço*, Caetano afirmou à mesma *Folha de S.Paulo* que não se lembrava da entrevista quando compôs a canção, mas depois percebeu a coincidência do termo e achou graça: "Eu acho que a Bossa Nova é mais foda que o Tropicalismo e do que toda essa turma que eu citei, que em geral é mais foda do que eu".

Outra música do disco foi *Um comunista*, faixa de quase nove minutos, com extensa letra que biografa, em tom narrativo e explicativo, Carlos Marighella, um dos líderes da luta armada contra a ditadura militar brasileira. Caetano não o conheceu pessoalmente, mas teve com ele um contato indireto através de Maria de Lourdes Mello Vellame, a Lourdinha, a quem dedica a canção, ao lado de Barbara Browning. Lourdinha foi colega de sala de Caetano na faculdade de filosofia da Universidade Federal da Bahia, no início dos anos 1960. Anos depois, ela se casou com o pintor Humberto Vellame e se mudou para São Paulo, onde reencontrou o ex-colega, àquela altura vivendo com Dedé e comandando o movimento da Tropicália. Os casais se viam com frequência.

Nessa época, Lourdinha, comunista desde os tempos da faculdade, ingressou na luta armada de Marighella e, em dado momento, pediu que Caetano desse apoio logístico ao movimento. "Eu fiquei mais ou menos inclinado a talvez fazer isso, se me fosse possível, se soubesse como, porque eu admirava Marighella, mas temia, possivelmente não chegaria a fazer isso", lembrou Caetano anos depois em entrevista à *Folha*. De toda forma, não haveria tempo para a ajuda, porque em fins de 1968 Caetano foi preso com Gil e no ano seguinte se exilou na Inglaterra. Na música, inclusive, ele faz referência a uma passagem de sua própria biografia: "O baiano morreu/ Eu estava no exílio/ E mandei um recado/ Que eu que tinha morrido/ Mas ninguém entendia".

De fato, quando Marighella foi morto em uma emboscada armada pelos militares, em novembro de 1969, Caetano e Gil estavam morando em Londres. A edição da revista *Fatos e Fotos* que anunciou a morte do guerrilheiro trazia também uma reportagem sobre o exílio londrino da dupla. Era uma coincidência profundamente simbólica: sob a manchete, com letras garrafais, MARIGHELLA: A MORTE DO TERRORISTA, a revista publicou uma foto de Caetano e Gil sorridentes em frente ao Big Ben, com o subtítulo: "Caetano e Gil, de Londres, mandam aquele abraço".

Uma semana depois, em 27 de novembro, Caetano enviou ao *Pasquim*, publicação com a qual colaborava, um texto em que revelava sua depressão por conta daquela notícia: "Hoje quando eu acordei, eu dei de cara com a coisa mais feia que já vi na minha vida. Essa coisa era a minha própria cara". Em seguida, descreve sua tristeza e comenta sobre uma visita de Roberto Carlos, que um dia antes passara em sua casa para mostrar uma canção então inédita, *As curvas da estrada de Santos*. A música lhe causou enorme impacto e fez Caetano chorar copiosamente de saudades do Brasil. No fim do texto, ele manda uma mensagem cifrada sobre a morte do guerrilheiro baiano, que também fazia referência à capa da *Fatos e Fotos*: "Talvez alguns caras no Brasil tenham querido me aniquilar; talvez tudo tenha acontecido por acaso. Mas eu agora quero dizer aquele abraço a quem quer que tenha querido me aniquilar, porque o conseguiu. Gilberto Gil e eu enviamos de Londres aquele abraço para esses caras. Não muito merecido porque agora sabemos que não era tão difícil assim nos aniquilar. Mas virão outros. Nós estamos mortos. Ele está mais vivo do que nós". Como Caetano descreveria anos mais tarde na letra de *Um comunista*, ninguém (ou quase ninguém) no Brasil entendeu do que estava falando.

O império da lei foi outra música composta mais ou menos na mesma época de *Um comunista*, e também de temática política, embora de forma diferente. Caetano a escreveu após assistir ao filme *Eu receberia as piores notícias dos seus lindos lábios*, de Renato Ciasca e Beto Brant, baseado no romance homônimo de Marçal Aquino. "Vendo o filme, fiquei muito emocionado e pensando nessa situação do interior do Pará, com a sensação de que o império da lei ainda não pôs seus tentáculos ali de modo firme", disse ao jornal *O Globo*. O longa conta a história de um fotógrafo de 40 anos que troca São Paulo pelo interior do Pará, onde conhece a bela Lavínia, interpretada por Camila Pitanga, e acaba envolvido em um triângulo amoroso. Como pano de fundo, um retrato da violência urbana da região.

O arranjo faz referência ao carimbó, ritmo tradicional do Norte brasileiro, que nasceu no Pará, e foi inspirado por uma cena específica, como o compositor também explicou ao *Globo*: "No filme, Dona Onete canta sobre uma batida, e eu queria essa batida para a música. Falei com a banda, e eles entenderam logo. Queria algo bem forte, para ser um brado mesmo. Pelo ritmo, tem um certo caráter de canção de festa, mas é nitidamente de luta". Para o baterista Marcelo Callado, foi a música mais difícil de pegar. Nos primeiros ensaios, quando ainda construíam o arranjo, ele criou uma batida mais rápida, mas foi corrigido por Moreno:

— Isso aí que você está fazendo é maracatu. Essa parada de Belém é diferente — advertiu o produtor. Marcelo construiu, então, uma batida ainda mais quebrada.

Além dessas canções de tom mais analítico e descritivo, que de certa forma faziam lembrar O herói ou A base de Guantánamo, houve também espaço para certa tristeza pessoal, como na maioria das canções de Cê. A diferença é que no terceiro disco há menos da raiva e do rancor presentes no primeiro e mais uma melancolia que parece ora resignada, ora sentida. É o caso, por exemplo, de *Estou triste*, das mais melancólicas da obra de Caetano: "Eu me sinto vazio/ E ainda assim farto/ Estou triste tão triste/ E o lugar mais frio do Rio/ É o meu quarto". "Fiz [essa música] porque estava mesmo triste e até fazer a canção me ajudou a superar aquele momento", contou à *Folha de S.Paulo*, antes de completar a resposta: "Eu conheço a tristeza desde sempre".

O arranjo da faixa é simples, quase minimalista, com poucos elementos, mas traduz a angústia profunda descrita na letra. Na hora de gravar a voz definitiva, Caetano não conseguiu fazer o *overdub* em cima da base registrada anteriormente pela banda. Ele ouvia a sua guia, tentava, tentava mais uma vez, mas não conseguia acertar o tempo. "O processo era tão orgânico que a gente precisava acompanhar o tempo do Caetano de cantar, então tivemos que refazer tudo ao vivo", conta Pedro Sá. O problema é que todas as bases já tinham sido gravadas e, àquela altura, o estúdio Monoaural estava sendo usado para outros projetos. O jeito foi improvisar. Marcelo e Ricardo montaram cada instrumento em um canto diferente, e Caetano gravou a voz na sala da técnica, sentado num pequeno sofá, com Pedro tocando a guitarra ao seu lado. Segundo o músico, seu solo — um dos melhores da discografia da bandaCê — ficou desafinado e precisou passar pelo Auto-Tune.

Outra canção de tom melancólico foi composta quando o disco estava quase pronto e acabou batizando o novo trabalho: *Um abraçaço*. O neologismo foi criado por Caetano muitos anos antes e era o termo que usava para encerrar os e-mails aos amigos: "Um abraçaço, Caetano". A letra fala sobre um amor que se desfaz e se distancia: "Esse laço era um verso/ Mas foi tudo perverso/ Você não se deixou ficar/ No meu emaranhado/ Foi parar do outro lado/ Do outro lado de lá de lá...". A inspiração possivelmente veio do término do namoro com Natalia Mendez, argentina que conhecera em Buenos Aires após um show da turnê *Cê* no Teatro Gran Rex. Ela chegou a morar no Brasil por um tempo, mas o caso não deu certo e Natalia voltou para a Argentina. O refrão da canção — "Ei!/ Hoje eu mando um abraçaço" — faz referência aos versos de *Paraíba*, música de Luiz Gonzaga e Humberto Teixeira: "Hoje eu mando um abraço/ Pra ti pequenina". Só que na canção de Caetano, o "abraçaço" que lhe resta mandar é uma saudação por e-mail, já que a proximidade física não permite.

O namoro com Natalia também inspirou a criação de músicas de amor, como o lânguido blues *Vinco*, que Caetano descreve como uma "canção de amor físico", e a romântica *Quero ser justo*, cujo refrão é uma declaração de amor: "Eu vi você/ Uma das coisas mais lindas da natureza/ E da civilização". Este arranjo, aliás, é um bom exemplo da economia que caracteriza quase todas as faixas do disco. "Eu não faço quase nada nessa música, só toco a melodia. Eu fico emocionado com essa gravação. Não tem quase nada, mas está tudo ali", afirma Pedro.

Outra "canção de amor físico" é *Quando o galo cantou*, sobre "a paz que o sexo traz". A letra surgiu, em parte, por causa de seu filho, Tom, na época com 15 anos e fã de pagode romântico. Caetano quis fazer uma música nessa linha para homenagear o caçula, que se animou diante da novidade. Mas a ideia não era seguir à risca os preceitos do gênero, e sim mencioná-lo, o que ele faz na letra: "Deixa esse cântico entrar no sol/ No céu nu/ Deixa o pagode romântico soar...". Quando mostrou o resultado a Tom, ele respondeu:

— É, tá legal, mas por que você não fez algo parecido com pagode?

Na verdade, *Quando o galo cantou* nada mais é do que um transamba. Em um dos ensaios para o disco, Caetano ouviu Ricardo improvisando com seu baixo e gostou, "algo meio rock, meio samba", de acordo com o baixista. Mais tarde, na hora de pensar no arranjo, Caetano instruiu Ricardo sobre a levada de baixo que, de certa forma, havia inspirado a composição da melodia:

— Lembra da levada que você estava fazendo naquele ensaio? É por aí.

Além das canções amorosas, mais leves, há pelo menos uma que retoma a linhagem das músicas de maior agressividade presentes em *Cê* em faixas como *Rocks* ou *Odeio*. Como o próprio Caetano descreveria, *Funk melódico* é sobre "brigar com mulher". Era uma citação ao funk carioca, assim como fizera para Gal Costa em *Recanto*, com *Miami maculelê*. Na letra, ele retoma e atualiza a *Mulher indigesta* de Noel Rosa, aquela que "merece um tijolo na testa". A de Noel merecia porque era ladina, interesseira, chantagista, não namorava nem deixava ninguém namorar. A de Caetano só sabe produzir "raiva, confusão, tristeza e dor", com a ressalva de que o tijolo é metafórico: "Nem com cheiro de flor/ Bateria em você/ Não sou bravo nem forte/[...]/ O paralelepípedo/ É um jeito de verso/ Que quer dizer raiva/ E mais raiva e mais raiva/ Raiva e desprezo e terror".

Houve espaço para outras referências, além da *Mulher indigesta* de Noel.

"O ciúme é o perfume do amor", famoso verso de *Medo de amar*, canção de Vinicius de Moraes, foi atualizado para "o ciúme é só o estrume do amor". O verso final da canção, "você me exasperou", entoado repetidamente, é uma autorreferência à canção *Tempestades solares*, do disco *Noites do Norte*: "Você provocou/ Tempestades solares no meu coração/ Com as mucosas venenosas de sua alma de mulher/ Você faz o que quer/ Você me exasperou...".

* * *

No dia 7 de agosto de 2012, em meio às gravações do novo disco, Caetano completou 70 anos. Por causa de seus compromissos com a bandaCê, não houve show comemorativo nem festa. Ele reuniu num jantar em casa os filhos, os netos e as duas ex-esposas, Paula e Dedé. Para o evento, fez uma única exigência: queria a sopa de abóbora que Giovana preparara para ele meses antes em Nova York. Sua assistente pessoal morava em São Carlos, interior de São Paulo, e só o acompanhava em viagens ou eventos pontuais. Para os compromissos locais, o artista contava com o apoio de Miguel Lavigne, que ligou para Giovana avisando que Caetano havia reservado passagens para ela ir ao Rio preparar a iguaria. Giovana trouxe na mala as abóboras, compradas em São Carlos mesmo, com medo de não achar o tipo certo no Rio. Os jornais chegaram a publicar depois que Caetano recebera em casa uma cozinheira baiana que preparou para ele uma série de pratos tradicionais. Ninguém achou necessário desmentir.

Nesse dia, Caetano gostou especialmente do e-mail de felicitações do cineasta e amigo Mauro Lima: *"Caetano, tudo mega bom, giga bom, tera bom. Uma alegria excelsa pra você no paraíso astral que começa hehehe"*. Gostou tanto que resolveu transformar aquilo em versos de música, assim como fizera com o texto de e-mail que deu origem a *A base de Guantánamo*. Poucos dias depois, chegou com a mensagem de Mauro no estúdio e mostrou para Pedro, Marcelo e Ricardo, que na hora começaram a pirar em cima dos versos. E assim nasceu a faixa *Parabéns*, que ganhou um coro especial de vozes, formado pela cantora Nina Becker, a percussionista Lan Lanh e a atriz Alinne Moraes, esposa de Mauro Lima, coautor da canção.

A faixa que fecharia o disco foi também a última a ser gravada. Quando já estavam quase encerrando os trabalhos em estúdio, Caetano recebeu outro e-mail, dessa vez de Rogério Duarte, velho parceiro dos tempos da Tropicália, responsável pela identidade gráfica do movimento em capas de discos e cartazes. Rogério estava morando no Rio Vermelho, em Salvador, e passava por um momento especialmente produtivo em termos musicais. Já tinha feito mais de 20 composições, e enviou uma delas para Caetano. Em *Hino gay* (esse era o nome original da canção), homenageava figuras da história que foram homossexuais, e por isso falava, de forma direta, de um amor que não era dito, mas que estava prestes a se tornar público: "O amor que vive em mim/ Vou agora revelar/ Este amor que não tem fim/ Já não posso em mim guardar/ Eu amo muito você".

Caetano ficou encantado e mostrou a Moreno e aos integrantes da banda. No estúdio, todos assistiram num laptop ao vídeo enviado por Rogério, em que interpreta a canção. "Ele passou uma convicção tão grande naquele vídeo que foi inspirador", lembra Ricardo. Empolgados, os músicos criaram o arranjo e gravaram. Moreno participou tocando baixo e pratos. Gravaram sem saber se realmente entraria no disco, mas o resultado agradou e *Hino gay* fecharia a *tracklist*. Poucos dias depois, Rogério enviou novo e-mail dizendo que queria trocar o título da canção para *Gayana*, nome feminino comum na Índia, e que lhe parecia mais sugestivo e enigmático do que o título original. Caetano concordou.

O repertório do novo álbum estava oficialmente fechado, com 11 canções inéditas. Em outubro, com mixagem de Moreno e Daniel Carvalho e masterização de Ricardo Garcia, o disco ficou pronto. Ouvidas em conjunto, as 11 músicas apontam para uma grande variedade de temas. Se *Cê* era quase todo passional, de uma tristeza raivosa e rancorosa, e *Zii e zie* privilegiava um tom mais analítico, observador, *Abraçaço* mistura tudo isso e um pouco mais. Há raiva em *Funk melódico*, discurso biográfico e histórico em *Um comunista*, violência urbana em *O império da lei* e história da música brasileira em *A bossa nova é foda*. Mas tem também a calmaria dos amantes em *Quando o galo cantou*, o sexo poetizado em *Vinco*, a melancolia resignada em *Um abraçaço*, a angústia profunda em *Estou triste*, a celebração em *Parabéns* e as declarações de amor desembaraçadas em *Quero ser justo* e *Gayana*. Sonoramente, se *Cê* e *Zii e zie* transitavam entre o transrock e o transamba, em *Abraçaço* cabe transrock, transamba e ainda blues, funk, carimbó, balada e pagode romântico.

Moreno Veloso, produtor do disco ao lado de Pedro Sá, conta que na época achava que o trabalho estava amplo demais, com o conceito um pouco frouxo, apesar de gostar do som e das músicas individualmente. Mas depois de um tempo, com distanciamento, ficou impressionado com a qualidade do conjunto.

"Quando o disco acaba, você fecha o olho e fica um universo enorme voando na sua cabeça. E a gente tem que resolver nossa vida, nosso amor, nosso Brasil, a Rússia... Tudo isso está acontecendo ali no *Abraçaço*", filosofa.

Daí a razão do título do disco. Caetano explicou em sua conta no Twitter, pouco antes do lançamento: "[A palavra abraçaço] parece um eco, um *reverb verbivocovisual*. E sugere não só um abraço grande, mas um abraço espalhado, abrangente ou múltiplo. Tudo isso tem a ver com como percebo o disco", escreveu. Ou seja, o conceito do álbum é justamente sua amplidão de aspectos líricos e sonoros. Muito mais do que um simples abraço ou um quase modesto abração, é um *Abraçaço*.

* * *

Encerradas as gravações, Caetano viajou a Las Vegas poucas semanas depois, para a 13ª edição do Grammy Latino. Naquele ano, ele seria homenageado como Personalidade de 2012, o segundo brasileiro a receber a honra — o primeiro foi Gilberto Gil, em 2003. A homenagem aconteceu um dia antes da cerimônia oficial da premiação, em 14 de novembro, em um jantar de gala para 1.500 pessoas na MGM Grand Garden Arena. A pedido de Caetano, a renda com os convites seria revertida para a Sociedade Viva Cazuza. O evento foi apresentado pela cantora mexicana Julieta Venegas e Gabriel Abaroa, então presidente da Academia Latina de Gravação, e Caetano viu alguns de seus sucessos interpretados por artistas como Alejandro Sanz (*Força estranha*), Nelly Furtado (*O leãozinho*) e Juan Luis Guerra (*Lindeza*), além dos brasileiros Alexandre Pires (*Livros* e *Não enche*), Maria Gadú (*De noite na cama*) e Seu Jorge (*Beleza pura*) — Ivete Sangalo também cantaria, mas quebrou a perna e não pôde viajar. Por fim, o próprio Caetano encerrou a noite interpretando *Não identificado* e recebeu o tradicional gramofone dourado das mãos da amiga Sonia Braga.

No dia seguinte, o baiano ainda faturou um Grammy na categoria Melhor Álbum de MPB por *Ivete, Gil e Caetano*, registro do especial exibido pela Rede Globo em 23 de dezembro de 2011. No programa, Caetano, Gilberto Gil e Ivete Sangalo cantaram músicas autorais, como *Tigresa* e *Drão*, e de outros compositores, entre eles Chico Buarque (*Atrás da porta*) e Herbert Vianna (*Se eu não te amasse tanto assim*). Tudo com o acompanhamento de uma superbanda regida por Lincoln Olivetti. Caetano falou da passagem por Las Vegas em sua coluna semanal no jornal O *Globo*: "Vi poucas putas e nenhum Elvis. Mas fui a um restaurante que tinha, ao mesmo tempo, uma das melhores comidas que já experimentei (um peixe ao forno melhor do que o da Osteria dell'Angolo) e a mais feia decoração de interiores que já vi".

De volta ao Brasil, era hora de começar a divulgar o disco que fecharia a trilogia com a bandaCê. No fim de novembro, sua conta oficial no Instagram divulgou o repertório e a capa, que chamou a atenção dos fãs. Assinada pelo fotógrafo Fernando Young e o designer Tonho Quinta-Feira, retrata Caetano sobre um fundo preto, envolvido pelo emaranhado das mãos de Pedro, Marcelo e Ricardo, que lhe cobrem a cabeça, o pescoço e os ombros, como se o cantor estivesse sendo engolido por um voraz "abraçaço".

No encarte, havia ainda o restante do ensaio fotográfico, que mostra Caetano de peito nu, em diversas poses, sempre amparado pelas mãos ou braços dos três integrantes da banda, também sem camisa, formando um contraste entre a nudez da pele e o fundo escuro. Da trilogia com a bandaCê, *Abraçaço* é o único que traz o rosto de Caetano estampado na capa e um ensaio fotográfico profissional no miolo.

O cantor já conhecia Fernando Young desde 2009, quando ele assinou as fotos de divulgação de *Zii e zie* e depois dirigiu o DVD do mesmo álbum. Para o novo trabalho, Caetano procurou o fotógrafo, explicou que seria seu último disco com os músicos, e queria fotos profissionais para a capa. Fernando logo pensou em trazer Pedro, Marcelo e Ricardo para o ensaio. "Eu acompanhava a troca dele com o grupo desde 2009, e sempre o ouvia dizer que, de todas as bandas, foi com essa que teve mais sintonia, mais química. Eu queria registrar isso. Desde o início me veio essa imagem na cabeça, da interação de Caetano com a banda", conta.

Antes da sessão oficial, Fernando reuniu em seu estúdio Tonho Quinta-Feira, que seria responsável pela arte gráfica final, Ovelha, seu assistente, e a amiga e bailarina Tatiana France. Juntos, eles testaram possibilidades de movimento, inclusive a ideia da cabeça envolvida por mãos alheias. Feito o teste, Young levou o ensaio a Caetano, com um rascunho do que seriam as opções de movimento e de inserção da banda nas imagens.

Caetano e os músicos se entusiasmaram com a ideia. Mas quando Fernando explicou a ideia ao telefone individualmente para Pedro, Marcelo e Ricardo, deixou um detalhe de fora: iria fotografar todos sem camisa. "Eu queria a coisa da pele, porque o figurino sempre traz informações a mais. E eu estava buscando a essência da banda. Queria que a sintonia entre eles estivesse ali sem nada para interferir. São eles se tocando: tem harmonia, melodia e muita intimidade naquela cena. Luz, sombra e pele. Isso é lindo", explica.

No estúdio, houve um clima de desconforto e constrangimento. Para o fotógrafo, Pedro, Marcelo e Ricardo resistiam à ideia de tirar a camisa com Caetano, que ficou na sua, sem interferir nem tentar convencer ninguém. Mas na memória dos três músicos, era Caetano quem não estava se sentindo confortável com a proposta de Young. De toda forma, Pedro tomou a iniciativa de tirar a camisa, seguido por Marcelo e Ricardo. Depois dos primeiros cliques, os pudores ficaram de lado e o ensaio aconteceu naturalmente.

Além da intimidade entre Caetano e os músicos, o fundo escuro, misterioso, ajuda a ilustrar a densidade lírica e sonora presente em *Abraçaço*. "Caetano é a pessoa mais incrível do mundo para fotografar, porque é muito expressivo. Num ensaio com dez fotos dele, há dez intenções, dez possibilidades, dez sentimentos diferentes. O encarte combina muito com o disco", acredita Young.

Além dos quatro, estavam no estúdio Paula Lavigne, Moreno Veloso e Rogério Duarte, o autor de *Gayana*. Os três também foram para a frente das câmeras e entraram no projeto gráfico final. O rosto de Moreno estampa uma das páginas do encarte, enquanto Rogério aparece escondido sob o furo do CD, sério, sem o famoso tapa-olho, com a mão de Paula Lavigne (com as unhas pintadas de vinho) encobrindo o olho de vidro.

Meses depois, já com o disco lançado, o mesmo conceito da capa foi usado na gravação do clipe de *A bossa nova é foda*. A princípio, o clipe seria de *Um abraçaço*, mas Caetano optou por sua música predileta. Os quatro mais uma vez tiraram as camisas e recriaram as poses, agora para uma câmera de filmagem. Ao longo de 2013, essa capa faturou prêmios importantes: o Grammy Latino por Melhor Arte de Capa (primeira vez que um indicado brasileiro venceu na categoria) e um Prêmio da Música Brasileira por Projeto Visual.

* * *

No dia 4 de dezembro de 2012, uma terça-feira, *Abraçaço* chegou às lojas, cercado por grande expectativa. Dias antes, quase todos os cadernos culturais dos jornais deram destaque ao lançamento. "*Abraçaço* fecha a fase que distanciou Caetano Veloso das canções", manchetou o *Estado de S. Paulo*; "Canções de melancolia e raiva", descreveu o *Correio Braziliense*; "Medalhão rebelde", definiu *O Globo*; "Galo de briga: em novo disco, Caetano Veloso ressalta teor agressivo da bossa nova", anunciou a *Folha de S.Paulo*.

Àquela altura, fazia mais de três anos desde o lançamento de *Zii e zie*, o álbum de inéditas anterior, e havia curiosidade do público sobre o que Caetano, Pedro, Marcelo e Ricardo apresentariam depois de dois discos desbravadores. Aconteceu que o novo trabalho ganhou, de cara, uma aceitação grande e mais ampla do que os anteriores. "O *Abraçaço* foi a consagração da banda. Desde o início. Antes de ser lançado, as pessoas já amavam a capa. Acho até que essa recepção fez Caetano ficar balançado de ser só uma trilogia", opina Pedro.

Caetano percebeu o entusiasmo com o lançamento. "Tenho em mente o fato de esse disco ter agradado mais do que os outros dois. Meu favorito é *Cê*. Mas *Abraçaço* teve receptividade surpreendente para mim. Mesmo meus amigos estrangeiros, que foram sóbrios em relação a *Cê* e *Zii e zie*, reagiram com entusiasmo a esse novo disco. Talvez isso se deva à despretensão, à quase ausência de intenções deliberadas em sua concepção. Mas certamente ao fato de a bandaCê estar tocando com relaxamento e naturalidade impressionantes", disse para o *Estado de S. Paulo*. Ricardo Dias Gomes concorda que a aparente despretensão do disco ajudou a cativar um público mais amplo: "Apesar de ter várias coisas ousadas ali, *Abraçaço* tem uma vocação um pouco mais pop que os outros dois".

A crítica foi receptiva, mas com parcimônia. Apontou-se para um desgaste na identidade sonora da bandaCê, como se aquele formato — apesar de vigoroso — pudesse estar a um passo da exaustão. Na *Folha de S.Paulo*, Rodrigo Levino escreveu que *Abraçaço* estaria "longe de ser ruim", mas o caracterizou como "um disco que flagra o esgotamento entre o baiano e os garotos cariocas da banda, a um passo da repetição exaustiva". E questiona o que muitos fãs de Caetano também queriam saber: "O fim da trilogia forja a pergunta: o que vem após essa fase tão vigorosa? Que Deus o guarde dos excessos orquestrais de Jaques Morelenbaum, como em parte dos seus discos dos anos 1990".

Em seu blog Notas Musicais, o crítico Mauro Ferreira compartilhou uma visão semelhante: "No mesmo bom nível de *Zii e zie*, *Abraçaço* está longe de ser um discaço — como tantos feitos por Caetano Veloso — mas dialoga bem com seus dois antecessores, ao mesmo tempo em que procura outros timbres e caminhos para não desgastar a fórmula já perto da exaustão, mas ainda (bem) eficaz". O saldo, contudo, foi positivo. Em janeiro de 2013, a revista *Rolling Stone Brasil* publicou sua lista com os melhores discos do ano anterior e *Abraçaço* ficou em primeiro lugar, seguido por *Tudo tanto* (Tulipa Ruiz) e *Sintoniza lá* (BNegão & Seletores de Frequência).

Antes disso, ainda em dezembro, passada a maratona de entrevistas do novo álbum, Caetano viajou à Bahia para o Natal ao lado da mãe e dos irmãos. Iria descansar e, só após as férias de verão, começaria a pensar na turnê de *Abraçaço*. Porém, na noite de Natal, pouco depois de a família se reunir, Dona Canô começou a passar mal. Eram 5h da manhã do dia 25 de dezembro e às 9h40 ela morreu em casa, aos 105 anos de idade, rodeada por mais de 20 parentes. Caetano, que estivera com a mãe horas antes, retornou a Santo Amaro no fim do dia para o velório no Memorial Caetano Veloso.

A então presidente Dilma Rousseff lamentou o falecimento de Canô em uma nota que a descrevia como uma "mulher forte e sábia, que nos deixa muitas saudades". Naquela noite, Gilberto Gil abria o show de Stevie Wonder na Praia de Copacabana, no Rio, e tocou *Marinheiro só* em homenagem à paixão de Canô pelo samba de roda. No dia seguinte, Santo Amaro parou para se despedir de uma de suas moradoras mais ilustres. Caetano e os irmãos Maria Bethânia, Mabel, Clara, Rodrigo, Roberto e Irene carregaram o caixão da Igreja de Nossa Senhora da Purificação até o cemitério da cidade, onde foi sepultada.

ABRAÇAÇO

VELOSO

VIRADA CULTURAL
JULIO PRESTES
OD 20|21 Junho 2015
PREFEITURA DE SÃO PAULO
CULTURA

Credenciais da turnê de "Abraçaço", incluindo a de eventos históricos, como o Primavera Sound, no Porto, e a Virada Cultural, em São Paulo, o último show da bandaCê com Caetano

NOS PRIMAVERA SOUND 2014
05 - 07 JUN PORTO

05 JUN
ARTISTA
Caetano Veloso

capítulo

17

**e quero que você
venha comigo**
os primeiros shows
de abraçaço

Em um dos primeiros ensaios para a turnê de *Abraçaço*, no início de 2013, Caetano Veloso disse a Pedro Sá:

— Estou pensando em não fazer voz e violão nesse show.

O tradicional momento em que Caetano ficava sozinho no palco, em números solo, já havia resultado em registros ao vivo que se tornaram antológicos, como *Canção de amor* (*Fina estampa*), *Mimar você* (*Noites do Norte*) e, claro, *Sozinho* (*Prenda minha*). Até mesmo os shows de *Cê* e *Zii e zie* tinham o momento voz e violão, mesmo que mais curtos. Agora, no *Abraçaço*, a tradição seria quebrada.

Curioso é que isso ocorreria na turnê do disco em que o violão de Caetano, a princípio, seria fundamental. No início de 2011, enquanto rodava com o show com Maria Gadú e o terceiro trabalho da banda Cê era apenas uma ideia, ele já pensava num disco que explorasse de forma radical seu modo de tocar o instrumento. "O que fiz com Gadú terminou sendo, para mim, um desenvolvimento que não se dá em paralelo ao processo que desembocou no *Cê* e no *Zii e zie* — ele é, isso sim, continuação do mesmo processo. No palco com Gadú, ficou óbvio que aquilo já estava trabalhando comigo para o negócio que pretendo fazer. Quero fazer o transCê. Será o terceiro disco com a banda, mas o violão virá à frente. Quero me dedicar em casa, tocá-lo melhor", contou à *Folha de S.Paulo*.

A ideia, no entanto, não se concretizou quando *Abraçaço* começou a ganhar corpo, pouco mais de um ano depois. Mas ele parecia não ter se esquecido totalmente da proposta inicial. Tanto que na hora de montar o show insistiu em utilizar um violão acústico. Chegou a tentar em alguns ensaios, mas foi impossível. Com uma banda eletrificada, de som potente, não teria como escutá-lo. Resistiu até o último momento, mas cedeu à realidade.

Pedro Sá se lembrou de Gil Fortes, luthier que tinha em sua oficina um violão elétrico que imaginava ser adequado a Caetano. O baiano testou, gostou e encomendou o violão para a turnê. Segundo Caetano, a tocabilidade e as dimensões do braço lembravam o seu primeiro instrumento, e fez apenas um pedido: que fosse o mais leve possível. "A ideia era construir um violão resistente como uma guitarra elétrica, que suportasse bem a pressão das turnês, mas soasse no PA o mais próximo da doçura e das nuances do violão acústico", explica Gil Fortes. Passados dez anos, perguntado sobre a ausência do momento voz e violão em *Abraçaço*, Caetano diz não se lembrar dos detalhes: "Suponho que eu decidi assim, ou chegamos a isso nos ensaios". Mas Pedro Sá lembra que o artista temia que isso esfriasse o andamento do show, então concordaram que a apresentação devia correr sem voz e violão, apenas com o instrumento elétrico.

O guitarrista lembra, inclusive, que em um dos primeiros ensaios percebeu que aquela seria, de fato, a última turnê de Caetano com a bandaCê, pelo menos naquele formato. "Antes de ele chegar, tínhamos ensaiado muito alto, minha guitarra tinha dois amplificadores. Caetano ficou assustado e saiu do estúdio meio irritado", recorda Pedro. Mas qualquer desconforto se desanuviou nos ensaios seguintes, que transcorreram no mesmo clima que os das turnês anteriores. Tanto que, certo dia, Caetano quebrou sua tradição de beber cerveja apenas uma vez no ano, na terça-feira de carnaval. Depois de um ensaio produtivo, Marcelo Callado abriu uma garrafa para relaxar. Caetano ficou observando o baterista se deliciar e se insinuou:

— Tá com uma cara boa essa cerveja...

Marcelo ofereceu um gole e ele aceitou. Segurando a garrafa com as duas mãos, bebeu um gole longo, lento, e depois exclamou, extasiado:

— Es-pe-ta-cu-lar!

* * *

Antes que a turnê estreasse no fim de março, Caetano se apresentou no polo Marco Zero, palco principal do carnaval de Recife, ao lado da bandaCê, no dia 13 de fevereiro.

— Temos criado um som de personalidade do qual tenho muito orgulho — falou à plateia.

Além de antigos sucessos, eles testaram pela primeira vez ao vivo duas canções do novo álbum: *Um abraço* e *O império da lei*. A reação da plateia, que acompanhou ambas em coro, era um prenúncio do que esperar da nova turnê.

A estreia oficial foi no Circo Voador. Depois das históricas noites na época de *Cê*, Caetano, Pedro, Marcelo e Ricardo retornariam ao espaço mais "*cool* e popular" do Rio de Janeiro para uma nova temporada consagradora. Foram três shows, de sexta-feira a domingo, de 21 a 23 de março, com ingressos esgotados. Poucos dias antes, Caetano falou ao *Globo* sobre a importância daquele palco: "O Circo é uma linda plateia. Quis estrear lá porque combina com o som da bandaCê, e gosto do jeito como o pessoal fica na plateia. Desde o Arpoador e de Perfeito Fortuna, o Circo Voador tem um histórico de ambiente desembaraçado, nada careta, que eu adoro", resumiu. O público correspondeu às expectativas naquela noite de sexta-feira. Diante de um fundo todo preto, Caetano surgiu vestido pelo estilista Felipe Veloso, com calça preta, camisa grená e tênis All Star. Como nas outras turnês, os rapazes da banda também se vestiam de forma despojada.

Era um show forte, direto, calcado na sonoridade e nas temáticas presentes em *Abraçaço*. O repertório da estreia valeu-se, basicamente, do roteiro definitivo da turnê, que sofreria pequenas mudanças ao longo da enorme temporada que se seguiria. Eles já abriam, de cara, com o mesmo impacto do disco, com *A bossa nova é foda*, para logo em seguida quebrar com *Lindeza*, uma canção bossanovista lançada em 1991 no disco *Circuladô*, que se ligava à delicadeza romântica-sensual da canção seguinte, *Quando o galo cantou*.

Já na quarta música do *setlist*, *Um abraçaço*, acontecia o momento que se tornaria a marca registrada do show. No fim da canção, os três músicos deixavam seus instrumentos e se posicionavam em fila indiana atrás de Caetano. Enquanto ele entoava o refrão, "Ei!/ Hoje eu mando um abraçaço", eles mexiam os braços, para dar a ideia de movimento. Era o truque aprendido com Fernando Young na sessão de fotos para a capa do disco, que Caetano transpôs ao palco; parecia, de fato, que os quatro estavam dando um *abraçaço* no público. "Caetano é muito performático, uma coisa bonita de se ver. A gente que é músico muitas vezes se liga só no aspecto musical de um show. Acho fantástico esse olhar do Caetano para o lado de performance da apresentação", opina Ricardo.

Claro que o *Transa* não ficaria de fora. Mais uma vez Caetano iria reforçar a ligação da nova banda com seu trabalho de 1972. De início, cogitaram tocar *It´s a long way*. Chegaram a ensaiá-la, mas não funcionou. Trocaram, então, por *Triste Bahia*, colagem de sambas de roda com a poesia de Gregório de Matos, que entrou no bloco mais melancólico do roteiro, posicionada entre *Um comunista* — uma das músicas mais aplaudidas pelo público do Circo Voador na noite de estreia — e *Estou triste*.

A recente morte de Dona Canô era sutilmente mencionada em dois momentos distintos. Pela primeira vez Caetano cantava *Reconvexo*, música lançada por Bethânia em 1989, no álbum *Memória de pele*, que arrancava aplausos quando a mãe era citada na letra: "Não tenho escolha, careta, vou descartar/ Quem não rezou a novena de Dona Canô...". O outro momento também se dava com uma música autoral pouco conhecida em sua própria voz: *Mãe*, lançada por Gal

Costa em 1978 no disco *Água viva* e que também fez parte da turnê *Recanto*. A letra dialogava com as canções mais melancólicas de *Abraçaço*: "Sou triste, quase um bicho triste/ E brilhas mesmo assim". A música, contudo, saiu do roteiro pouco depois, porque Caetano se emocionava demais ao cantá-la. O próprio compositor já havia falado de suas dificuldades com essa canção anos antes, em depoimento a Eucanaã Ferraz no livro *Sobre as letras*: "Tenho uma espécie de superstição, porque ela, de fato, nasceu de uma sensação de profunda tristeza, de quase depressão, e toda vez que eu cantava ela me provocava aquela tristeza, a mesma sensação".

Quem foi aos shows de estreia no Circo Voador presenciou uma cena inusitada na apresentação de *Alexandre*, o épico em estilo de axé music lançado no disco *Livro*, de 1997. Caetano nunca conseguiu decorar a letra quilométrica da canção, então pediu que Hélio Eichbauer produzisse um caderno cênico, de onde poderia "colar" os versos. Ele tentou no primeiro e no segundo show, mas não funcionou, porque era difícil cantar lendo e a interação com a plateia ficava prejudicada. Nos shows seguintes a música foi substituída por *De noite na cama*, que se tornaria outro grande momento do show, com direito a Caetano abrindo os botões da camisa e deixando a barriga à mostra por alguns segundos. A sugestão partiu de Pedro Sá, mas foi Marcelo Callado quem propôs que se reproduzisse o famoso *riff* de guitarra da gravação de Erasmo Carlos, do disco *Carlos, Erasmo*, de 1971.

O show de *Abraçaço* também abriu espaço a canções mais pop, para serem entoadas em coro pela plateia, como *Você não entende nada* (sugestão de Marcelo), que encerrava o roteiro antes do bis. Um dos momentos mais marcantes, já no bis, era *A luz de Tieta*, que há muito não fazia parte de um *setlist* de Caetano. Havia ainda a explosão com *Eclipse oculto*, uma das mais aplaudidas. A ideia foi de Paula Lavigne que, num dos ensaios, achou que faltava uma música mais conhecida para animar o show. Caetano pensava em tocá-la desde *Cê*, mas Pedro o desencorajou, achando que ainda não era a hora. "Depois que a gente já tinha construído a estética, aí sim essa música pôde chegar com toda aquela carga. No final da bandaCê a gente poderia tocar qualquer coisa do repertório do Caetano que ia ficar com a nossa cara, ia fazer sentido", avalia o guitarrista.

Mas havia também escolhas menos óbvias de canções antigas, sobretudo dos anos 1970, como *Alguém cantando*, faixa lançada em 1977 no disco *Bicho*, originalmente interpretada por Nicinha, irmã de Caetano. Nos ensaios, ele comentou que precisava de algo entre *Odeio* e *Funk melódico*, uma música curta que servisse como uma vinheta de transição. Pedro deu a deixa:

— Poderia ser alguma coisa do *Joia*.

Marcelo completou

— Por que não tocamos *Escapulário*?

E assim entrou a música que servia quase como uma tomada cinematográfica do Rio, para introduzir a citação ao funk carioca que viria a seguir, a partir dos versos de Oswald de Andrade musicados por Caetano: "No pão-de-açúcar/ De cada dia/ Dai-nos, Senhor/ A poesia de cada dia".

Quando se aprende redação na escola, é ensinado que um bom argumento se desenvolve em três partes: introdução, desenvolvimento e conclusão. E a conclusão nada mais é do que a retomada dos pontos iniciais, já desenvolvidos, para fechar a ideia como uma unidade. Caetano parece ter se lembrado desse passo a passo ao construir o *setlist* de *Abraçaço*: resgatou três músicas de *Cê*, o início de tudo. Havia, claro, *Odeio*, àquela altura número obrigatório em qualquer show com a bandaCê, além de *Homem*, tocada pouco antes no programa *Grêmio Recreativo*, que Arnaldo Antunes apresentava na MTV. Eles gostaram do resultado e Caetano decidiu ressuscitá-la. Finalmente, já depois do bis, o roteiro se encerrava oficialmente com *Outro*, justamente a música que abre tanto o disco quanto o show de *Cê*, ponto de partida de toda aquela empreitada. Com isso, Caetano fechava de forma redonda (ou triangular?) o ciclo iniciado em 2006.

O show de estreia, no dia 21 de março, teve a renda destinada à Sociedade Viva Cazuza. Lucinha Araújo, então presidente da fundação, subiu ao palco para agradecer a Caetano. Ela lembrou quando costumava ir ao Circo Voador com o cantor assistir aos shows de Cazuza com o Barão Vermelho e os dois, da plateia, gritavam: "Gostoso! Gostoso!".

— Agora é ela que fica gritando gostoso pra mim — brincou Caetano.

Antes de ir embora, Lucinha arrancou gargalhadas e aplausos da plateia ao brincar com os versos de *Estou triste*:

— Caetano, o lugar mais frio do Rio é o seu quarto só porque você quer! Por favor, quando você estiver sozinho assim, pode me chamar.

As três noites iniciais de *Abraçaço* revelaram um show quente, que ainda poderia render muito, e agradaram aos quatro músicos. "Foram talvez dos melhores shows que a gente já fez. Estrear no Circo você já começa no dez", avalia Ricardo. "Essa primeira tacada do *Abraçaço* no Circo foi a nossa consagração", completa Pedro. Veículos de quase todo o Brasil acompanharam a estreia, e os críticos parecem ter concordado com os músicos. "*Abraçaço* é show pleno de vida pela alegria excelsa e jovial que dissimula a senhora tristeza do artista", escreveu Mauro Ferreira em resenha publicada no *Estado de S. Paulo*. "A plateia, bem heterogênea, foi um show à parte. Entre as aproximadamente mil pessoas, havia desde antigos fãs do ídolo até adolescentes de diferentes tribos (doidões, caretas, gays, mauricinhos e patricinhas), que se revelaram tietes do juvenil setentão", destacou o repórter Irlam da Rocha Lima, do *Correio Braziliense*.

Na *Folha de S.Paulo*, Marcos Augusto Gonçalves destacou a importância do Circo para o clima de despojamento do espetáculo: "A diferença do Circo é ser um ponto de encontro de uma juventude com a qual o compositor se religou — e que passou a cultuá-lo. Uma turma tipo 30 anos cantando todas as canções. O show carioca fez lembrar uma época em que se podia ver Caetano em pequenos teatros, impossível na era pós-Canecão, quando venceu o sistema da Babilônia: ingresso caro, mesa apertada, garçom de costeleta e um Black Label, por favor", escreveu.

Depois da estreia consagradora na Lapa, o show seguiu por outras cidades: Recife, Salvador, Fortaleza, Belo Horizonte, Porto Alegre e Goiânia, até desembocar em São Paulo em mais uma curta temporada, de 11 a 13 de abril, no HSBC Brasil. A essa altura, já ia ficando claro para a banda que aquele show era especial. Fazendo um balanço hoje em dia, os três músicos são unânimes sobre essa última turnê. "Eu adoro o show do *Abraçaço*. Para mim, é a maturidade da banda. Era o show que eu mais gostava de fazer, o mais agradável de tocar", afirma Pedro. Marcelo concorda: "O *Abraçaço* passava voando. O *Zii e zie* era difícil pra mim, porque tinha uma complexidade grande nos arranjos, e o *Cê* também, porque era longo, e havia aquele primeiro contato com o Caetano. Já o *Abraçaço* foi relax. Era o show em que eu entrava mais tranquilo". Ricardo vai além: "No show do *Abraçaço* havia sempre a sensação de que se estava caminhando para uma apoteose. O tesão de tocar sempre crescia. O público ia ficando cada vez mais empolgado".

Mas 2013, primeiro ano de vida da turnê, seria marcado por acontecimentos impactantes para o país e para a trajetória de Caetano, respingando, de forma direta ou indireta, no show. O primeiro deles foi a explosão, no meio do ano, de uma onda de revolta da população conhecida como as "Jornadas de Junho". A fagulha foi acesa pelo aumento de 20 centavos na tarifa de transporte coletivo em São Paulo. No dia 6 de junho houve o primeiro grande ato contra a medida, em frente ao Teatro Municipal, que reuniu cerca de cinco mil pessoas. A polícia usou de violência para dispersar os manifestantes, com gás lacrimogêneo e balas de borracha. Os protestos se espalharam pelo Brasil, quase todos marcados pela repressão policial. Com isso, a maioria dos shows de *Abraçaço* agendados para junho teve que ser cancelada, tamanho o clima de insegurança.

A partir de julho as apresentações foram retomadas, mas o pano de fundo do Brasil era um cenário quase de guerra, como Caetano relatou em uma de suas colunas no *Globo*: "Estou em Curitiba, onde acabo de fazer show num teatro muito bom de acústica. Depois saí para jantar com os caras da banda. Na TV do restaurante (...) vi imagens de pneus sendo queimados em estradas, líderes do MTST e da Força Sindical dando entrevistas, reincidência de truculência da polícia carioca, nesta quinta-feira de greve geral".

A pauta dos protestos tornou-se mais ampla: corrupção, governantes, Justiça... Os manifestantes se dividiam entre os que defendiam ações pacíficas e sem a presença de partidos políticos ou movimentos organizados, e os que acreditavam em uma resposta mais incisiva, com depredação do patrimônio privado — os chamados *black blocs*. Caetano, claro, não se isentou da polêmica. Em setembro, o portal Mídia Ninja, que cobria aqueles eventos de forma alternativa à grande imprensa, publicou uma foto do cantor com o rosto envolvido por um pano preto, aludindo aos *black blocs*. Na legenda, uma convocação do artista: "É uma violência simbólica proibir o uso de máscaras. Dia 7 de setembro, todos deveriam ir às ruas mascarados". A foto repercutiu nas redes sociais e estampou os jornais.

Apesar de tudo, a turnê seguia seu rumo. E, pela primeira vez, haveria um direcionamento maior para vender os shows com a bandaCê ao circuito de festivais, algo que curiosamente não aconteceu com *Cê* ou *Zii e zie*. Tais eventos, com apresentações grandes a um público predominantemente jovem, eram o *match* perfeito com o estilo da bandaCê. Em agosto, tocaram no festival Natura Musical, em Belo Horizonte, para mais de 40 mil pessoas. Nesses eventos, o repertório do show costumava ser adaptado, com a exclusão de canções "mais difíceis", como *Um comunista* e *Triste Bahia*, e a inclusão de antigos sucessos, que Caetano costumava cantar sozinho com seu violão, como *Luz do sol*, *Terra*, *Sampa* ou *Desde que o samba é samba*.

Antes disso, em 20 de julho, Caetano tocou pela primeira vez no Festival de Inverno de Garanhuns, em Pernambuco, com a participação especial de

Arto Lindsay, produtor dos discos *Estrangeiro* e *Circuladô*, e que viveu naquela cidade. O responsável pelo encontro foi Marcelo Callado. Semanas antes do festival, ele esbarrou com Arto em um show da turnê *Recanto*, que Gal Costa fazia no Rio. Comentou que tocaria em Garanhuns com Caetano e Arto disse que também estaria por lá, acompanhando o grupo Orquestra Contemporânea de Olinda, que produzia na época.

— Vamos chamar o Arto para tocar com a gente! — disse o baterista para Caetano.

E assim foi. Ao final de um show arrebatador, Arto Lindsay subiu ao palco com Caetano e a bandaCê e, juntos, os cinco fizeram uma versão de *Copy me*, dos Ambitious Lovers, e emendaram com *Você não entende nada*, que ganhou incursões da guitarra distorcida de Arto. O jornalista Leonardo Vila Nova descreveu o evento para o portal Cultura Nordestina: "Um reencontro que reapresentou a Garanhuns um filho seu que se jogou no mundo para dar cria a uma música incomum e admirável. Foi no abraçaço de Caetano Veloso, durante o show deste sábado, que Arto se reencontrou com parte de sua história de vida, tendo como elo fundamental a música". O encontro deu tão certo que tempos depois Arto ainda voltaria a participar de novas apresentações de *Abraçaço*, em Nova York.

Mas antes que chegasse a etapa internacional da turnê, Caetano tinha pressa em registrar o show para a posteridade.

Cenas do DVD "Abraçaço", com cenário criado por Hélio Eichbauer, e brincadeiras na turnê de Marcelo, Ricardo e Pedro com Giovana Chanley, assessora pessoal de Caetano

capítulo 18

**agora olhe pra lá
porque eu fui me embora**
a despedida da bandaCê

Em agosto, nos dias 16 e 17, *Abraçaço* retornou ao Rio de Janeiro para a gravação do DVD no Vivo Rio, novamente com direção de Fernando Young. Dessa vez, o registro se daria no início da turnê, e não no final, como costumva acontecer. Mas àquela altura, cinco meses após a estreia, o show já estava quente o suficiente para ser filmado e a banda, mais afiada do que nunca.

Como é de praxe, a primeira noite serviu de teste, com a plateia sentada. A gravação pra valer aconteceu no segundo dia, com o público de pé na pista. Por conta das experiências com o DVD *Cê – Multishow ao vivo*, Caetano evitava repetir músicas, algo comum nesse tipo de gravação. Na passagem de som, com a banda já vestida e cenário e iluminação prontos, os quatro ensaiaram algumas canções para registrar ângulos difíceis de serem captados quando há público. Mas não seria mesmo necessária nenhuma repetição — o show saiu perfeito. "Caetano foi foda nesse dia. Ele estava meio sem voz, mas cantou muito. Foi a melhor performance ao vivo dele com a bandaCê", afirma Pedro Sá. Duda Mello, responsável pela mixagem de *Abraçaço ao vivo*, teve a mesma impressão: "A voz dele nesse DVD não precisou de um conserto sequer, nenhuma edição, o que é raro de acontecer".

O roteiro foi basicamente o mesmo apresentado no Circo Voador na estreia, mas com a substituição de *Alexandre* por *De noite na cama* e a inclusão de *Um índio* no bis, que aparece como único extra. Aliás, dos DVDs da bandaCê, o de *Abraçaço* é o único que não possui um *making of* nos extras. Sinal dos tempos do mercado fonográfico. "Era algo que a gravadora gostava, mas depois abriu mão, porque precisava de investimento. E o *Abraçaço* chegou justamente nessa época", justifica Henrique Alqualo, coordenador executivo do DVD.

Durante a turnê, Caetano dedicava a música *Parabéns* a quem estivesse comemorando aniversário na plateia. No primeiro dia de gravação, contudo, o homenageado foi apenas o baterista Marcelo Callado, aniversariante de 16 de agosto. Houve também uma novidade apresentada na gravação do DVD: o novo cenário produzido por Hélio Eichbauer. De início, quando ainda estava idealizando o show de *Abraçaço*, Caetano não queria cenário nenhum. Assim como *Recanto* de Gal, sugeriu apenas um fundo preto. Eichbauer ponderou:

— Há pretos e pretos.

O cenógrafo lembrou da fase suprematista do pintor russo Kazimir Malevich, em que partia de elementos geométricos para criar quadros abstratos. A canção que desencadeou a ideia foi *A bossa nova é foda*, relacionando-a à centenária obra *Quadrado negro*. "Isso é a Bossa Nova russa, de 1913. E também a Bossa Nova brasileira do fim dos anos 1950, quando foi realizada a Exposição de Arte Concreta em São Paulo e no Rio. Eles são filhos e netos de Malevich", contou Eichbauer ao Globo. A partir daí, ele buscou outras telas da série suprematista que se encaixariam no conceito do show. De cara, pensou em três: *Cruz negra*, *Quadrado vermelho* e *Círculo vermelho*. Todas ficariam dispostas em cavaletes no palco, "como se o show estivesse acontecendo num museu de arte futurista". Cada um dos quadros seria iluminado em um momento específico, para dialogar com alguma música. O *Quadrado vermelho*, por exemplo, conversava com *Um comunista* e *O império da lei*, enquanto o *Círculo vermelho* referia-se a *Eclipse oculto*. Além disso, durante o solo de Pedro em *Estou triste*, Caetano caminhava até o *Quadrado negro* e o encarava de perto, como se admirasse um mundo através da janela.

O cenário do DVD ganhou outra novidade: um pano de fundo com quadrados virados na forma de losangos, encadeados um no outro, com três texturas diferentes, que reagiam à iluminação, em substituição ao fundo preto. Era uma releitura e referência ao *Quadrado negro*, e uma alusão ao minimalismo da sonoridade da bandaCê. Com novo cenário e duas apresentações afiadas, o show foi registrado da mesma maneira relaxada e despojada que o disco. *Multishow ao vivo: Caetano Veloso – Abraçaço* foi lançado no fim de janeiro de 2014.

Poucas semanas após as gravações, em 3 de setembro, Caetano foi à 20ª edição do Prêmio Multishow. Concorria com *Abraçaço* nas categorias Melhor Disco e Melhor Show. Quem venceu na primeira foi Guilherme Arantes (*Condição humana*); Caetano faturou o prêmio do superjúri da segunda, em empate com o grupo Gang do Eletro. A cerimônia, apresentada por Ivete Sangalo e Paulo Gustavo, teve como destaque uma revelação do pop brasileiro, que naquele ano emplacava seu primeiro hit de alcance nacional: Anitta e seu *Show das poderosas*. Mas Caetano não ficou atrás em repercussão depois de cantar ao lado do rapper Emicida, com um *medley* unindo as canções *Tropicália*, *Um abraçaço* e *A bossa nova é foda*.

A turnê teve sua primeira parada internacional no fim de setembro, com um giro por quatro países: Argentina, Uruguai, Bolívia e Equador. O destaque, claro, ficou por conta do público argentino, que a essa altura já fazia parte da história da bandaCê. No fim da primeira noite no Gran Rex, Caetano já estava de roupa trocada, pronto para voltar ao hotel, quando um funcionário do teatro avisou que as 1.110 pessoas presentes não arredariam pé se ele não retornasse ao palco. Vinte minutos depois, o brasileiro foi mais uma vez ovacionado e cantou *Sampa* e *O Leãozinho* no violão. Na apresentação do dia seguinte, nem o terceiro bis satisfez os *hermanos*. O som já estava sendo desmontado, mas o público se recusava a ir embora e os produtores do Gran Rex temiam que o palco fosse invadido. Caetano retornou e cantou a capela, sem PA, uma versão intimista de *Pecado*, bolero argentino gravado no disco *Fina estampa*. Quem viu não se esquece mais.

Na volta ao Brasil, antes que setembro terminasse, ainda fez uma apresentação em Niterói, um show gratuito na praça do Teatro Popular, no Caminho Niemeyer. O mês seguinte, porém, seria marcado por fatos polêmicos em que ídolos da MPB apareceriam diariamente nas páginas de jornal — mas não exatamente nos cadernos de cultura.

* * *

A "polêmica das biografias", como o caso ficou conhecido, teve início bem antes. Em 2011, o Sindicato Nacional dos Editores de Livros entrou com uma Ação Direta de Inconstitucionalidade (Adin) no Supremo Tribunal Federal contra os artigos 20 e 21 do Código Civil, que previam a obrigatoriedade de autorização prévia para a publicação de biografias. Roberto Carlos, que em 2007 proibira na justiça o livro *Roberto Carlos em detalhes*, do pesquisador Paulo Cesar de Araújo, decidiu abrir fogo contra a mudança na lei.

Dois anos depois, em julho de 2013, quando a ação estava prestes a ser votada, para surpresa geral, o Rei compareceu ao Senado Federal com Paula Lavigne, Caetano Veloso, Gaby Amarantos, Carlinhos Brown, Fernanda Abreu e outros artistas para acompanhar (e defender) a votação de um projeto de lei que reduziria gradualmente a taxa administrativa do Ecad. Foi a primeira aproximação de Roberto com o grupo Procure Saber, criado sob a liderança de Paula Lavigne para atuar na distribuição de direitos autorais.

No dia 2 de outubro, o jornalista Ancelmo Gois anunciou em sua coluna no *Globo* que o grupo também iria encampar o tema das biografias, a favor da manutenção dos artigos 20 e 21 do Código Civil, apelidados por Ancelmo em sua nota de "Lei Roberto Carlos". Três dias depois, a capa do caderno *Ilustrada*, da *Folha de S.Paulo*, trazia a manchete: "Gil e Caetano se juntam a Roberto contra biografias". A reportagem citava outros medalhões da MPB defensores da causa: "Roberto Carlos, que é contrário à publicação de biografias não autorizadas e já tirou de circulação obras sobre sua vida, conseguiu um apoio de peso. Os músicos Caetano Veloso, Chico Buarque, Milton Nascimento, Gilberto Gil, Djavan e

Erasmo Carlos agora estão a seu lado. Os sete cantores são fundadores do grupo Procure Saber, que, segundo a produtora Paula Lavigne, deve entrar na disputa para manter a exigência de autorização prévia para a comercialização dos livros".

A opinião pública imediatamente se posicionou contra os artistas — e a favor da mudança no Código Civil. A imprensa descreveu o Procure Saber como um grupo que lutava pela censura prévia. Caetano, Gil e Chico seriam citados com destaque nos jornais. Parecia impensável que símbolos da luta contra a repressão na ditadura militar agora se posicionassem a favor de uma pauta conservadora e ao lado de Roberto Carlos, espécie de antítese política desses outros artistas, pelas posições que tomou ao longo da vida — ou pela falta delas.

Em 9 de outubro, o escritor e historiador norte-americano Benjamin Moser, autor da biografia *Clarice*, publicou na *Folha de S.Paulo* uma carta aberta a Caetano, na qual lamentava a posição do artista: "Fico constrangido em dizer que achei as declarações suas e da Paula, exigindo censura prévia de biografias, escandalosas, indignas de uma pessoa que tanto tem dado para a cultura". Dias depois, Caetano abordou o assunto em sua coluna no *Globo*. No início do texto, ele questiona a narrativa criada pela imprensa na época e rechaça o título de censor: "Aprendi, em conversas com amigos compositores, que, no cabo de guerra entre a liberdade de expressão e o direito à privacidade, muito cuidado é pouco. E que, se queremos que o Brasil avance nessa área, o simplismo não nos ajudará. O modo como a imprensa tem tratado o tema é despropositado. (...) A sede com que os jornais foram ao pote terminou dando ao leitor a impressão de que meus colegas e eu desencadeamos uma ação, quando o que aconteceu foi que nos vimos no meio de uma ação deflagrada por editoras, à qual vimos que precisávamos responder com, no mínimo, um apelo à discussão. Censor, eu? Nem morta!".

Em outro momento do texto, ele se posiciona contra mudanças nos artigos 20 e 21 do Código Civil e sublinha diferenças entre sua posição e a dos colegas do Procure Saber: "Tenho dito a meus amigos que os autores de biografias não podem ser desrespeitados em seus direitos de informar e enriquecer a imagem que podemos ter da nossa sociedade. Pesquisam, trabalham e ganham bem menos do que nós (mas não nos esqueçamos das possibilidades do audiovisual). Não me sinto atraído pelo excesso de zelo com a vida privada e muito menos pela ideia de meus descendentes ficarem com a tarefa de manter meu nome "limpo". (...) Mas diante dos editoriais candentes, das palavras pesadas e, sobretudo, das grosserias dirigidas a Paula Lavigne, minha empresária, ex-mulher e mãe de dois dos meus três maravilhosos filhos, tendo a ressaltar o que meu mestre Jorge Mautner sintetizou tão bem no verso 'Liberdade é bonita mas não é infinita/ Me acredite: liberdade é a consciência do limite'".

Nos dias seguintes, a crise atingiria seu ápice com dois acontecimentos que prejudicaram ainda mais a imagem do Procure Saber. Em 16 de outubro, Chico Buarque publicou um artigo no *Globo* em que afirmava nunca ter concedido entrevista ao historiador Paulo Cesar de Araújo, como constava nos créditos de sua biografia sobre Roberto. No dia seguinte, contudo, o *Globo* publicou uma reposta do biógrafo, na qual ele provava, através de fotos e vídeos, que entrevistara o autor de *Apesar de você*. No mesmo dia 16, Paula Lavigne teve um embate no programa *Saia justa*, do canal GNT, com a jornalista Barbara Gancia, uma das vozes mais incisivas contra a autorização prévia das biografias.

Pouco depois, O *Globo* revelou que o advogado de Roberto Carlos, Antônio Carlos de Almeida Castro, o Kakay, passaria a comandar a estratégia do grupo, afastando Paula da função. Outra reportagem informava que o Procure Saber recrutara um especialista em gestão de crise para contornar a situação. Em 1º de novembro, Caetano escreveu no *Globo* uma coluna em que se mostrava irritado com as reportagens e com Roberto Carlos, que em entrevista ao *Fantástico* abordara o assunto das biografias de forma dúbia, sem tomar posição clara, pedindo apenas "diálogo". "E RC só apareceu agora, quando da mudança de tom. Apanhamos muito da mídia e das redes, ele vem de Rei. É o normal da nossa vida. Chico era o mais próximo da posição dele; eu, o mais distante", escreveu Caetano.

Alguns dias depois, foi anunciada a saída de Roberto Carlos do grupo Procure Saber. Na semana seguinte, Caetano voltaria ao tema com um pedido de desculpas: "Paulinha não gostou do jeito que escrevi sobre o Rei. Mas acho que não tomo jeito, não vou mudar, esse caso não tem solução. Eu tinha feito muito esforço para defender a parte que acho defensável de uma causa que me é estranha. Peço perdão". Mais ou menos nessa época, a música *Força estranha*, composta por Caetano para Roberto no fim dos anos 1970, e que fizera parte do roteiro dos shows de *Zii e zie*, voltou a ser tocada pela bandaCê em apresentações de *Abraçaço*. Talvez uma forma de Caetano exaltar sua relação com o Rei, maior e mais profunda do que rusgas pontuais.

A polêmica esfriou, o Procure Saber deixou de tratar de biografias e Caetano passou a expor seu ponto de vista de forma ainda mais direta: "Sempre fui pela liberação total das biografias. Quando meus amigos queridos se mostraram contra, procurei entender o que eles diziam e explicar um pouco a quem me lesse no *Globo*. Mas, como se pode ver lá, não mudei muito o essencial do que pensava", explicou ele ao *Estado de S. Paulo* em janeiro de 2014, época do lançamento do DVD de *Abraçaço*. Mas o fim definitivo de toda a história só se deu mesmo em junho de 2015, quando o STF decidiu, por unanimidade, pela liberação no Brasil da publicação de biografias não autorizadas.

* * *

— Cadê o Amarildo?

A pergunta feita por Caetano no dia da gravação do DVD *Abraçaço*, eternizada na introdução de *Você não entende nada*, reverbera uma dúvida até hoje sem resposta. No dia 14 de julho de 2013, durante a Operação Paz Armada, oito policiais da Unidade de Polícia Pacificadora (UPP) da Rocinha abordaram o pedreiro Amarildo Dias de Souza; ele foi algemado e jogado numa viatura, que percorreu diversos pontos do Rio até retornar à sede da UPP, na parte alta da Rocinha. Lá, foi posto num contêiner, usado para reparo de viaturas, e testemunhas ouviram gritos por 40 minutos. Amarildo não voltou para casa e até hoje não se sabe o paradeiro de seu corpo. O caso se tornou símbolo, naquele momento, da violência policial que ainda se alastrava pelo Rio e por outras cidades do Brasil.

No dia 20 de novembro, uma quarta-feira, Caetano e Marisa Monte lotaram o Circo Voador com o show *Somos todos Amarildo*, que arrecadou dinheiro para a família do pedreiro e o IDDH (Instituto dos Defensores dos Direitos Humanos), voltado a um projeto que traçaria o perfil dos desaparecidos na região metropolitana do Rio. Caetano começou sozinho com o violão.

— Eu quero abrir a noite com uma canção que nós vamos cantar juntos como se fosse um mantra, uma oração pelo Rio de Janeiro, escrita por um paulista no início do século XX, que diz tudo, com poucas palavras, que a gente precisa começar dizendo — ele anunciou, antes de iniciar *Escapulário*, baseada num poema de Oswald de Andrade, do roteiro de *Abraçaço*.

Houve espaço para antigos sucessos, além de *Odeio*, que rendeu gritos contra o então governador do Rio, Sérgio Cabral. Antes de entregar o palco a Marisa, fez coro com a plateia em *A luz de Tieta*.

Depois do solo de Marisa Monte, os dois cantaram juntos, entre outras, *De noite na cama*, que fazia parte dos shows de *Abraçaço* e que Marisa registrara em 1991, em seu disco *Mais*. A noite terminou com *Canta, canta, minha gente*, de Martinho da Vila. Antes, porém, Marisa Monte pediu ao público que vestisse a máscara com o rosto de Amarildo (prática comum nas manifestações da época) para tirar uma foto com seu celular.

— Fica registrado para a posteridade esse momento em que nós incorporamos o Amarildo, e graças a isso conseguimos transformar tantas coisas. É assim que a gente pode transformar esse país, a partir da mobilização e da união das pessoas — disse à plateia.

No dia seguinte aconteceu a 14ª edição do Grammy Latino. Diferentemente do ano anterior, em que Caetano estivera presente como homenageado especial, dessa vez ele não compareceu a Las Vegas. Mesmo assim, faturou um dos principais prêmios: Melhor Álbum de Compositor, por *Abraçaço*.

A turnê do disco seguia firme e forte. As canções do álbum pareciam agradar tanto às plateias quanto as músicas antigas presentes no roteiro. Poucos dias depois do show *Somos todos Amarildo*, Caetano já estava com Pedro, Marcelo e Ricardo em Bogotá, na Colômbia. Na época, escreveu no *Globo* sobre a receptividade das canções recém-lançadas. "Se *Cê* foi recebido respeitosamente (com as naturais intensificações dos aplausos para as músicas já conhecidas), *Abraçaço*, por razões que vou aprendendo com o desenrolar de seu histórico, parece capaz de agradar por si mesmo".

A essa altura, a pergunta que mais se fazia a Caetano era: "O que virá em seguida?". Estava mais do que divulgado que aquele era o último trabalho com a bandaCê — ao menos nesse formato e com esse nome, que já durava oito anos. Em entrevista ao *Globo* no início de 2014, Caetano disse que não visualizava um futuro próximo sem a banda: "A gente criou um entendimento muito rápido sobre o que queremos fazer, desde o primeiro ensaio para o *Cê*. Tenho consciência de que é um trabalho modesto. Mas nem eu nem os caras da banda seremos os mesmos depois disso. Eles são jovens, isso é natural. Para mim, é difícil imaginar o que fazer depois dessa trilogia", disse ele.

O sucesso de *Abraçaço* e o lançamento do DVD e do CD ao vivo fizeram a turnê redobrar seu fôlego e ganhar demanda de público e contratantes. O show ainda viajaria para muitos países, faria repetecos em cidades brasileiras e, claro, arrebataria muitos outros festivais — dentro e fora do país. Dois deles aconteceram em 2014 e ficaram marcados na memória dos integrantes da banda como pontos altos das apresentações.

O primeiro foi em 31 de maio, no Primavera Sound, em Barcelona. Eles se apresentaram para uma arena lotada com o repertório de *Abraçaço* e inclusões como *Nine out of ten* e *O leãozinho*. "Foi um daqueles shows em que tudo está no seu lugar perfeito", descreve Ricardo Dias Gomes. "É muito legal tocar em teatros clássicos, mas esse show teve a ver com um clima meio Woodstock. Tudo era mágico, até a nuvem que você via passar do palco", diz o baixista.

Outro show inesquecível foi em Los Angeles, no Passo de Cahuenga, no tradicional Hollywood Bowl, em 21 de setembro. Era a primeira vez de Caetano naquele palco e o público, eufórico, o recebeu com o repertório na ponta da língua. Um detalhe, porém, o irritou: no melhor estilo *time is money* dos norte-americanos, havia um enorme relógio de frente para o palco que cronometrava, segundo a segundo, o tempo de show, para que não ultrapassassem o horário limite. Isso não impediu que a apresentação corresse bem, com a energia lá em cima e os quatro cada vez mais entrosados. No dia seguinte, o crítico Randall Roberts, do *Los Angeles Times*, publicou resenha elogiosa que saudava a apresentação como uma das mais poderosas da noite. O jornalista ainda deu destaque a Pedro Sá e descreveu seu desempenho como "um dos melhores solos de guitarra, brasileiro, americano, terrestre ou não, que já ecoou no Passo de Cahuenga".

A turnê atravessou 2014 e chegou viva a 2015, mais de dois anos depois do lançamento do disco. No fim de janeiro, o quarteto tocou no tradicional Festival de Verão de Salvador, com a inclusão de antigos sucessos, como *Tigresa* e *Você não me ensinou a te esquecer*, música de Fernando Mendes que o baiano gravou para a trilha sonora do filme *Lisbela e o prisioneiro* (2003).

Na saída do palco, Caetano foi entrevistado pelo Multishow.

— Como é que tem sido essa turnê? — perguntou a repórter Dedé Teicher.

— Muito longa — respondeu Caetano, rindo. — Eu lancei o *Abraçaço* e não esperei que ia provocar tanto interesse nas pessoas. Aí a gente fez o show e toda hora chamam a gente de um lugar, nos chamam para voltar...

A jornalista, claro, também perguntou sobre o futuro. Caetano foi vago:

— Eu também estou na curiosidade, não sei... Eu posso tocar ainda com Pedro, Ricardo e Marcelo, porque para mim é quase inimaginável tocar sem eles agora. Mas mesmo que seja a gente de novo, faremos uma coisa diferente.

Apesar do cansaço com o tempo prolongado da turnê, a exaustão e o desgaste da fórmula apontados pela crítica não se confirmaram. Os shows seguiam atraindo um público grande e a banda se encontrava mais entrosada do que nunca. Os últimos momentos não tiveram nada de cansaço ou despedidas protocolares. Ao contrário, o ato final da bandaCê é lembrado até hoje pelo trio como um dos pontos altos de sua trajetória. Mas embora a história do grupo estivesse diretamente ligada ao Rio de Janeiro, o cenário da despedida foi São Paulo.

Entre os dias 3 e 6 de junho, Caetano e bandaCê cumpriram uma curta temporada na Choperia do Sesc Pompeia. Com capacidade para 800 pessoas, o local pode ser comparado ao Circo Voador em sua energia jovem, de festa, confraternização e entrosamento entre artista e público. Os shows, lotados, foram perfeitos como o início de uma despedida. Isso não era dito objetivamente, não havia uma notícia oficial de que eram seus últimos shows. Mas, no fundo, todos sabiam que o tempo estava acabando, após dois anos e meio de turnê *Abraçaço* e quase dez de bandaCê. Além disso, Caetano e Gil já haviam anunciado, para o fim do mês, a turnê *Dois amigos, um século de música*, na qual celebrariam 50 anos de carreira. "Me lembro que nesses shows do Sesc Pompeia os abraços que dávamos no Caetano antes de subirmos ao palco começaram a ficar mais apertados. Já sabíamos que estávamos nos despedindo", lembra Ricardo. Paula Lavigne percebia a comoção e às vezes brincava, para aliviar o clima:

— Ah, que bonitinho! Calma, gente, que vai ter mais, não vai acabar agora!

Talvez pela sensação do fim iminente ou pelo tempo de estrada juntos — ou as duas coisas — o fato é que quem viu aqueles shows no centro da boemia paulistana presenciou quatro dos melhores momentos de *Abraçaço*. Claro, *Sampa* foi incluída no roteiro. Thales de Menezes publicou uma resenha na *Folha de S.Paulo* que consagrava tanto as apresentações quanto o *Abraçaço* como um todo. "É, sem dúvida, o álbum mais impactante de Caetano neste século. O terceiro com a ótima e jovem bandaCê, cada vez mais afiada depois de tanta estrada. Mas a excelência do repertório o coloca muito acima de *Cê* e *Zii e zie*", sentenciou.

Ovacionados no palco nas quatro noites, Pedro, Marcelo e Ricardo recebiam elogios de amigos, colegas ou desconhecidos ao fim de cada noite. Gente que provavelmente já assistira ao show muitas vezes antes, mas continuava se surpreendendo com o incêndio que ainda provocavam. A banda gaúcha Cachorro Grande foi a uma das apresentações e, no final, os músicos se encontraram com os da bandaCê, os agarraram e os jogaram repetidamente no ar, num grande e psicodélico "viva!". De fato, nada mais distante da "exaustão".

O sucesso foi tanto que no domingo, após a última apresentação no Sesc Pompeia, eles fizeram mais uma em São Paulo, dessa vez no Sesc Itaquera, ao ar livre, para 11 mil pessoas, que ajudou a coroar *Abraçaço* como um "clássico contemporâneo". Este teria sido o derradeiro show da bandaCê, mas surgiu convite para tocar na Virada Cultural de São Paulo no fim daquele mês, dias antes de Caetano embarcar para a Europa com Gil. Não tinha como negar. Afinal, nada mais justo do que encerrar com um bis a fase que já durava tanto. A bandaCê merecia.

Assim, no dia 21 de junho de 2015, Caetano Veloso, Pedro Sá, Ricardo Dias Gomes e Marcelo Callado subiram ao palco juntos pela última vez, para o que certamente foi o maior público de toda a trajetória da banda. Uma multidão ocupou a Praça Júlio Prestes até as proximidades da Sala São Paulo. A organização do evento, contudo, não divulgou estimativa de público naquele ano, alegando "falta de rigor científico". Foi uma apresentação compacta, com mais hits e menos canções de *Abraçaço*. Tudo terminou, como sempre, com o público entoando em coro o refrão de *A luz de Tieta*. *Outro*, a canção inaugural da bandaCê que no início da turnê fechava o show, deixara de fazer parte das apresentações recentes. Talvez porque *A luz de Tieta* tivesse um clima de festa mais propício para se despedir da plateia ou porque o recado já tivesse sido dado.

"*Você nem vai me reconhecer quando eu passar por você*", dizia o Caetano de 2006 em *Outro*, num aviso certeiro e quase ameaçador: "*De cara alegre, cruel, feliz e mau como um pau duro acendendo-se no escuro*". Nove anos depois, quando esse ciclo estava prestes a se encerrar, Caetano era, de fato, outro. Havia passado por mais uma transformação como artista, como músico e talvez até como pessoa. Tinha mais de 70 anos, três filhos crescidos e três novos discos de inéditas, criados ao lado de três jovens músicos, com canções cheias de vigor e estranheza que traduziam da forma mais direta possível esses últimos dez anos. Depois do show na Virada Cultural, Caetano saiu do palco e entrou no carro em direção ao hotel; a fase *Cê* chegava ao fim. "*Agora olhe pra lá porque eu fui me embora*".

Alguém poderia dizer que se apagava ali a chama que se acendera no *Rock'n'Raul* do *Noites do Norte* e que deu origem ao *Come as you are* do *A foreign sound* e ao "esporro roxo" que foi *Cê* e tudo o que o sucedeu. Mas, em se tratando de Caetano, isso não é verdade. Essa chama de inspiração, quebra e ruptura nunca se apaga, apenas se transmuta. A qualquer momento, um novo esporro pode surgir na velocidade de um trem, de um gozo ou de uma canção de Caymmi. E da próxima vez, não necessariamente ele será roxo. Poderá ter qualquer cor que permita a criação.

epílogo

e eu vou, por que não? eu vou

Quatro dias após a bandaCê ter dado adeus no palco montado na Praça Júlio Prestes, Caetano Veloso se encontrava em um lugar muito diferente. Tinha início a turnê *Dois amigos, um século de música* no Concertgebouw, em Amsterdã, Holanda. Pedro, Ricardo e Marcelo não estavam mais ao lado dele, mas o seu parceiro na nova temporada de shows não era uma novidade.

— Tenho tido muitas companhias no palco ao longo dos anos, meninos e meninas. Que os outros não tenham ciúme, mas é dele que eu mais gosto — disse Gilberto Gil na sala de concertos holandesa, considerada uma das três melhores do mundo.

Caetano, que ainda se recuperava de uma gripe, retribuiu a gentileza:

— Eu gosto também, talvez até mais, mas fico nervoso, porque ele toca muito.

Mil e novecentas pessoas viram o primeiro show da turnê de Caetano e Gil, que aconteceu no dia 25 de junho e contou com 27 músicas em pouco menos de duas horas. Na última vez que Caetano tinha se apresentado em Amsterdã, durante a turnê *A foreign sound*, o show não foi dos melhores. Parte da plateia pediu para que ele cantasse músicas em português e o compositor se irritou.

— Vocês não se informaram sobre o show? — perguntou, antes de deixar o palco e não dar o bis.

No dia seguinte, o jornal *Trouw* publicou: "Caetano semeia a discórdia". Mas ao lado de Gil as coisas foram diferentes. Já na entrada da sala, havia uma dupla de baianas vestidas a caráter distribuindo fitinhas do Senhor do Bonfim, brigadeiros e bandeirinhas do Brasil. E no palco tudo rolou bem, com um repertório que unia sucessos como *Back in Bahia*, *Tropicália*, *Odeio* e *Andar com fé*.

A ideia da turnê de 19 datas pela Europa e Oriente Médio veio a partir do convite do empresário e produtor italiano Ettore Caretta, grande entusiasta da Música Popular Brasileira. Caetano estava feliz de reencontrar Gil nos palcos, mas parecia um pouco cansado com a agenda extenuante de shows. "Quase nada tenho composto. *Abraçaço* durou muito mais do que eu jamais previra, e agora já emendo na turnê com Gil. Tomara que os nossos shows no Brasil não sejam muito mais numerosos, pois quero parar para saber o que vou fazer de novo. (...) Quando o show da Virada terminou, senti que queria fazer mais coisas com a bandaCê", disse Caetano ao jornal *O Globo*.

Antes de sair do Brasil, o encontro com Gil já repercutia na imprensa. E o motivo não era nada musical. O agendamento de uma apresentação em Tel Aviv, Israel, um ano após a ofensiva militar que deixou mais de duas mil pessoas mortas em Gaza, causou indignação em muita gente, entre eles Roger Waters. No fim de maio, ele encaminhou uma carta aos dois baianos pedindo que desmarcassem o show. "Caros Gilberto e Caetano, os aprisionados e os mortos estendem as mãos. Por favor, unam-se a nós cancelando seu show em Israel. De tantas maneiras, vocês são um foco de luz para o resto do mundo", escreveu. Em carta endereçada ao ex-Pink Floyd, Caetano agradeceu "pela atenção e pelo esforço" dedicados para lhe esclarecer sobre a política na região, mas deixou claro que a apresentação aconteceria de qualquer maneira. "Eu nunca cancelaria um show para dizer que sou basicamente contra um país, a não ser que eu estivesse realmente e de todo o coração contra ele. O que não é o caso. Eu me lembro que Israel foi um lugar de esperança. Sartre e Simone de Beauvoir morreram pró-Israel". E continuou: "Eu gostaria de ver a Palestina e Israel como dois Estados soberanos. (...) Às vezes eu penso que é contraproducente isolar Israel. Isto é, se se está buscando a paz. Tenho muitas dúvidas sobre tema tão complexo".

Caetano ainda se declarou contra "a posição de direita arrogante do governo israelense" e disse odiar a política de ocupação "que Israel tomou naquilo que Netanyahu nos diz ser sua autodefesa". Escreveu também que cantou nos Estados Unidos durante o governo Bush e que isso não significava que ele aprovasse a invasão do Iraque. "Sempre falarei a verdade de meus pensamentos, e se eu fosse cancelar esse show apenas para agradar pessoas que admiro, eu não seria livre para tomar minhas próprias decisões. Eu vou cantar em Israel e prestar atenção ao que está acontecendo lá", completou de forma contundente.

Em entrevista ao *Globo*, ele voltou ao tema: "Nunca me imaginei numa situação semelhante. Voltei para o Brasil antes de a ditadura acabar. Ainda sob Médici. Por amor ao Brasil. Um dia vou escrever extensamente sobre isso. Cantar sob Bush ou Netanyahu não é nada comparado a essa experiência". No terceiro show da turnê, no Eventim Apollo, em Londres, cidade onde os dois viveram exilados, cerca de 20 pessoas do movimento In Mind, munidos de bandeiras e cartazes, protestaram contra o show em Tel Aviv. "A turnê com o Gil foi estranhamente política. Resolveram montar um show de amigos, e o negócio virou político. É a sina deles", espantou-se Moreno Veloso.

Quando finalmente chegaram em Israel, após shows em oito países, a dupla visitou um vilarejo de Susiya, no sul da Cisjordânia, com a ONG Breaking The Silence, fundada por ex-militares israelenses que apresentam a realidade palestina para seus conterrâneos. Após o passeio, Caetano escreveu no Instagram: "Acreditam que o militarismo israelense deve ser usado como defesa, nunca como forma de ataque e opressão ao povo palestino".

Na véspera do show, os dois foram recebidos pelo ex-primeiro-ministro e presidente de Israel, Shimon Peres, ganhador do Prêmio Nobel da Paz em 1994. Ele disse que os dois compositores agiam como "mensageiros da paz" ao se disporem a se apresentar no país. Porém, em entrevista ao *Globo*, Waters reprovou o ato. "Que patacoada se reunir com Peres, que é um 'Senhor da Guerra', é só ver o histórico dele! É como se tivessem se reunido, no passado, com Pinochet, para contribuir com o 'diálogo' no Chile. Ora, a conversa sobre 'dialogar' é papo furado. O governo israelense não quer diálogo nem paz". Mas a intenção dos baianos era clara: mostrar que, apesar de não terem cancelado o show, apoiavam uma solução pacífica para o conflito. No fim da coletiva que antecedeu o show, Caetano reprovou um boicote cultural ao país e foi firme:

— Um basta à ocupação, um basta à segregação, um basta à opressão.

Debates à parte, os fãs queriam vê-los. Os cerca de dez mil ingressos se esgotaram rapidamente. No início do show, que aconteceu em 28 de julho na Arena Menora Mivtachim, Gil gritou:

— Viva Tel Aviv!

Mas foi só isso. Nas duas horas que se seguiram, os dois não mais falaram de política.

Em 20 de agosto, a turnê estreou no Brasil no palco do Citibank Hall, em São Paulo. Na véspera, os dois escreveram a música *As camélias do quilombo do Leblon*. Caetano explicou à *Folha de S.Paulo* como ocorreu o processo de composição. "Eu dei o mote e Gil interpretou junto comigo. Nasceu da noite para o dia.

Não fizemos, nem mesmo esboçamos, nenhuma outra". A letra funde a paisagem das "tristes colinas ao sul de Hebron" (cidade palestina da Cisjordânia) ao bairro carioca do Leblon, no qual havia uma chácara onde se refugiavam escravos que cultivavam camélias, um dos símbolos do abolicionismo. Um CD duplo e um DVD foram gravados na capital paulista. "O show com Gil faz de qualquer redundância novidade. Tudo ganha dimensão histórica", disse Caetano. O jornal inglês The Sunday Times elogiou: "Para os amantes da música brasileira, a turnê foi equivalente a Bowie e Dylan pegando a estrada juntos".

A turnê continuou pelo sul do Brasil, América Latina, Belo Horizonte e Brasília, antes de chegar ao palco do Metropolitan, no Rio de Janeiro. Durante *Odeio*, o nome do presidente da Câmara Eduardo Cunha foi gritado raivosamente pela plateia. Segundo Gil, o episódio causou nele e Caetano "surpresa e indisfarçável satisfação". E completou: "Ficava claro, naquele gesto do público, que nossa potência cívica está intacta e que a capacidade de entendimento da vida pública está em intensa vibração". O presidente Michel Temer e o prefeito recém-eleito do Rio, Marcelo Crivella, também foram devidamente "homenageados" durante a canção em outros shows da turnê.

Enquanto *Dois amigos, um século de música* rodava os palcos, Caetano reatou o casamento com Paula Lavigne após 12 anos separados. "Parece que nunca teve separação, sabia? Caetano falou: 'A separação não deu certo, a gente tentou'. Você vai ficando mais velho e tem uma coisa que começa a valer muito, que é a intimidade. Depois de certa idade, a gente não suporta a expectativa de um relacionamento. Casamento é projeto de vida, é um objetivo em comum", disse Paula à revista *Marie Claire*. E também, no meio dos shows da turnê, Caetano e Gil tiveram mais um compromisso: a abertura dos Jogos Olímpicos Rio 2016 no Maracanã. Juntamente com Anitta, os dois apresentaram *Isto aqui o que é?*, o samba-exaltação de Ary Barroso, enquanto ocorria o processo de impeachment da presidente Dilma Rousseff. Em meio ao desfile de 10.500 atletas, cantaram para uma audiência estimada em três bilhões de pessoas em todo o mundo.

No mesmo ano de 2016, Caetano fez uma breve turnê ao lado da cantora Teresa Cristina. "Um dia a ouvi cantando *Gema*, que escrevi para Bethânia. Chamei Teresa para cantá-la [num dos shows da temporada do *Obra em progresso*]. E ela sabia todas as minhas músicas. E tudo de Roberto Carlos, canção brasileira tradicional (além do samba), *standards* americanos, rock do Police, dos Beatles ou do Who, mas também muito heavy metal", disse à *Folha*. Na temporada intitulada *Caetano apresenta Teresa*, a sambista interpretava canções de Cartola (acompanhada pelo violonista Carlinhos Sete Cordas) e, depois, Caetano, apenas com o seu violão, apresentava um *set* de sucessos — *Um índio*, *Luz do sol*, *Tá combinado*, entre outros. No fim, os dois se uniam para um bis com mais canções dele, como *Miragem de carnaval* e *Tigresa*.

A turnê começou em Paris e Lisboa em setembro e, no mês seguinte, partiu para Coreia, Japão e Estados Unidos, com direito a dois shows no centenário Town Hall de Nova York. Depois, chegou ao Rio de Janeiro e a São Paulo. Para as apresentações na Concha Acústica do Teatro Castro Alves, em Salvador, nos dias 20 e 21 de janeiro de 2017, houve uma surpresa. Caetano cantou *Me libera nego*, de MC Beijinho, um dos hits daquele verão. A história da música é surreal e merece ser lembrada. Ítalo Gonçalves fora preso acusado de furtar dois celulares em uma praia da capital baiana e apareceu no programa *Balanço geral*, da TV Record, cantando a música dentro do camburão da polícia. Quando dois dias depois Ítalo foi solto, o vídeo havia viralizado nas redes sociais; o delegado até desconfiou de que o rapaz tivesse roubado os celulares apenas para mostrar a composição na frente das câmeras. Ítalo virou MC Beijinho, Caetano gostou da música e a cantou nos shows em Salvador com Teresa Cristina — a parceria com a sambista deu tão certo que, no ano seguinte, ele assinou a direção musical do disco *Teresa Cristina canta Noel*.

Em 2017, Caetano estreou um projeto acalentado havia anos. Em setembro de 2006, um mês antes de *Cê* chegar às lojas, ele se apresentara ao lado de Moreno Veloso no projeto *Pais e filhos*, concebido pelo escritor e compositor Carlos Rennó. No show, os dois, juntos no palco, mostravam composições próprias. "A ideia era cantar o que cada um quisesse que o outro cantasse", lembra Moreno. A apresentação, que seria única, acabou se transformando em uma minitemporada de sucesso que chegou até a Argentina. "Quando veio outubro, esse show ficou importante para a gente e, ao mesmo tempo, nos demos conta de que tinha que estrear a turnê *Cê*".

Mal terminou a temporada de *Abraçaço*, Caetano ligou para Moreno e falou que seria uma boa retomar o projeto, já que os filhos mais novos, Zeca e Tom (então com 23 e 18 anos, respectivamente), haviam crescido e também poderiam participar do show. Moreno topou na hora, só que Tom estava reticente e Zeca não topava de maneira nenhuma. "A gente chorava vendo as composições do Zeca em casa, músicas lindas, e ele não queria", recorda Moreno. Caetano continuou ligando para o filho mais velho para dizer que só pensava no show com os três filhos. "Fiquei sonhando com isso por muito tempo, há ao menos uns três anos", disse à *Folha de S.Paulo*. Enfim, todos acabaram se acertando e, no fim de 2017, mesmo momento em que Caetano estava relançando a nova edição do livro *Verdade tropical*, nasceu *Ofertório*.

O esquema era basicamente o mesmo do projeto de Carlos Rennó. Cada um escolheu músicas dos outros que gostaria de escutar. Os quatro resolveram que não precisariam de músicos adicionais. Eles mesmos seriam a banda. Neste quesito, Pedro Sá enxergou uma certa semelhança com a bandaCê: "Tem a ver, porque ele não chamou nenhum músico tarimbado. Ele apostou nos três filhos, todos em pé de igualdade. Acho que a bandaCê abriu essa segurança, tipo 'dá pra fazer com pouco'".

O repertório inicial contava com mais de 50 músicas até chegar às 25 do *setlist* do show, que estreou em 3 de outubro no Teatro Net, no Rio de Janeiro. "Quero cantar com eles pelo que isso representa de celebração e alegria, sem dar importância ao sentido social da herança. É algo além até mesmo do 'nepotismo do bem', na expressão criada por Nelson Motta", escreveu Caetano para divulgar a turnê. No roteiro, Zeca mostrava as suas *Todo homem* (o grande sucesso do projeto) e *Você me deu*, enquanto Tom apresentava *Um só lugar*, e Moreno, *Um passo atrás*, *How beautiful could a being be* e *Um canto de afoxé para o bloco do Ilê*. Já de Caetano, foram escolhidos sucessos como *Alegria, alegria*, *Oração ao tempo* e *Não me arrependo*. A canção que dá título ao espetáculo, *Ofertório*, foi escrita por Caetano a pedido da irmã Mabel para a missa de 90 anos de sua mãe, Dona Canô.

"Moreno é um compositor publicamente conhecido. Para mim, ele tem a sabedoria de quem deixa a luz entrar no espírito. (...) Zeca é um compositor surpreendente. Ele gostava de música eletrônica, mas quando compõe é sempre algo nascido de algum sentimento profundo. Tom [que já fazia parte da banda Dônica] é músico que prefere tocar a cantar. Suas composições falam mais da música em si do que de conteúdos", derreteu-se o pai em texto distribuído à imprensa. A união foi mais do que aprovada. "Caetano acertou, os meninos são muito talentosos", disse Djavan no dia da estreia — segundo Zeca, o cantor alagoano foi o mais escutado enquanto ensaiavam. O cineasta Cacá Diegues fez coro: "Um espetáculo sobre pais e filhos, em que a mãe é o personagem ausente que estrutura tudo. Todo homem precisa de uma mãe, como diz a comovente canção de Zeca Veloso". Caetano se emocionou com o show. À revista *Elle*, confessou que, no início, sofreu imaginando que pudesse estar colocando os filhos em risco. "Felizmente, tive coragem de ir em frente: o show estreou e as pessoas que importam viram o que há de luz ali. Por tudo isso é que eu disse que não somos uma família de músicos, e sim músicos de família", afirmou.

A turnê, que rodou o Brasil e o mundo, colecionou shows vitoriosos, como o da Virada Cultural em São Paulo, para cerca de cem mil pessoas que lotaram o Vale do Anhangabaú e seus arredores. A nota triste foi o roubo da carreta que levava cenário, equipamentos técnicos, figurinos e instrumentos musicais, após a apresentação na Concha Acústica de Salvador. Um dos shows em São Paulo foi lançado em CD e DVD no fim de maio de 2018, com o país conturbado pela greve dos caminhoneiros.

No verão do ano seguinte, Caetano e o clarinetista Ivan Sacerdote se trancaram durante uma tarde no estúdio Ilha dos Sapos, de Carlinhos Brown, e depois partiram para outro estúdio em Nova York. Nascia assim *Caetano Veloso & Ivan Sacerdote*, que seria lançado em 2020, com participações pontuais do violonista Cézar Mendes, Moreno Veloso e do sambista Mosquito. No repertório, nove canções de diferentes fases de Caetano, de *Trilhos urbanos* a *Peter Gast*. Segundo ele, os arranjos nasceram de improvisos. "Combinamos a forma, o número de repetições, os andamentos, e tocávamos como saísse".

O convite de Caetano ao jovem clarinetista veio após escutá-lo tocar *Futuros amantes*, de Chico Buarque, na varanda de seu apartamento, no bairro do Rio Vermelho, em Salvador. "Ivan revela-se a cada toque, a cada contraponto, a cada intervenção, um Sacerdote da elegância na música", deslumbrou-se. O show de estreia do álbum aconteceu nos dias 8 e 9 de fevereiro, no Teatro Castro Alves, em Salvador. "Depois do carnaval, os artistas sairão em turnê por outras cidades brasileiras", informou o *Correio Braziliense*.

Mas ninguém imaginava o porvir. Logo após o carnaval, o mundo se fechou e a Covid-19 entrava na vida de todo o planeta. Para evitar a propagação do vírus, os shows pararam imediatamente, entre eles o de Caetano com Ivan Sacerdote. A partir daquele momento — e por um bom tempo — a forma de ver os artistas seria através da tela do computador ou de celulares. E Caetano soube como satisfazer os seus fãs. Em primeiro lugar, lançou o filme *Narciso em férias*, no qual recorda, de forma nua e crua, a sua prisão durante a ditadura militar. Para divulgar o documentário, foi lançado o *single* com a sua gravação para *Hey Jude*. "Eu me lembro nitidamente de que *Hey Jude*, dos Beatles, era a canção positiva. Quando tocava, era sinal de que ia melhorar minha situação, os portões iam se abrir, a luz ia ser vista de novo", Caetano relatou no filme.

"Começou aquela história maluca de pessoas pedirem a volta da ditadura, e era fundamental que ele falasse não só para enfatizar o horror que foi aquilo, como para esclarecer, já que muitos jovens perguntam: 'Caetano, você foi preso mesmo?'. Acham que é folclore", explicou a produtora Paula Lavigne ao jornal O Globo. O nome do filme, que foi tirado do romance *Este lado do paraíso*, de F. Scott Fitzgerald, é autoexplicativo. Durante os dois meses em que esteve preso, entre 1968 e 1969, Caetano ficou impossibilitado de se olhar no espelho. Aliás, é sempre bom registrar que ele e Gil foram presos por causa de uma fake news, décadas antes de existir o termo. Noticiou-se que eles haviam cantado o Hino Nacional de forma deturpada e com uma letra desrespeitosa. Duas semanas após a instauração do AI-5, os dois foram retirados de suas casas por agentes à paisana.

O documentário de 83 minutos de duração é uma longa entrevista com Caetano. A ideia original era falar também sobre o exílio em Londres, e colher depoimentos de outras pessoas, como Gilberto Gil, mas, no fim das contas, os produtores decidiram que qualquer gravação adicional seria desnecessária. "A beleza do filme está na maneira como Caetano (...) é capaz de nos levar de volta àquela cela para nos fazer compartilhar a impotência do rapaz preso. A simplicidade da encenação — um homem sentado de pernas cruzadas diante de uma parede de concreto, nada mais — dá voz ao essencial, uma escolha ao mesmo tempo estética e moral", disse o coprodutor associado João Moreira Salles ao *Estado de S. Paulo*. O filme, dirigido por Renato Terra e Ricardo Calil, estreou no Festival de Veneza; o único título brasileiro na lista do evento italiano.

Os fãs adoraram *Narciso em férias*, mas o que eles queriam mesmo era uma live, algo que se tornou uma febre durante a pandemia. No Brasil, quase todo mundo entrou na onda. No fim de março, o sertanejo Gusttavo Lima fez uma live patrocinada de cinco horas de duração e atraiu imenso público. No mês seguinte, Marília Mendonça convocou "todos os cornos" e arrebanhou impressionantes 3,3 milhões de pessoas para sua live. Teresa Cristina virou um fenômeno em transmissões diárias através de seu perfil no Instagram. Marcelo D2 também aparecia todo dia de seu apartamento no Leblon diretamente para a plataforma Twitch, criando junto com os fãs o disco *Assim tocam os meus tambores* (2020).

Já Caetano não se mostrava tão atraído pela novidade. Mas os seus admiradores tinham uma fortíssima aliada. Paula Lavigne passou a cobrar a tal live do marido em suas redes sociais. Geralmente de pijama e comendo paçoca, o baiano desconversava, com bom humor, em uma espécie de reality show. Uma paródia do humorista Marcelo Adnet imitando o casal viralizou na internet. E o próprio Adnet teve a honra de anunciar a tão esperada live do baiano — justamente batizada de *Live, a lenda* — em seu programa *Sinta-se em casa*. "No começo, eu nem via possibilidade de fazer live. Não achava que o que me era proposto era do meu feitio. Mas eu queria fazer. Acho graça de o assunto ter ficado tão falado. O fundamental, que é cantar, estar na companhia dos meus filhos e escolher canções, me dá prazer", afirmou Caetano em texto distribuído à imprensa.

No dia 7 de agosto de 2020, quando completava 78 anos, Caetano se apresentou na sala de seu apartamento em Ipanema ao lado de Moreno, Zeca e Tom Veloso, numa espécie de "Ofertório 2". Entre a abertura com *Milagres do povo* e o encerramento com *How beautiful could a being be*, a live de 90 minutos de duração, dirigida por Boninho, contou com clássicos como *Podres poderes* e *Sampa*, além das novidades *Pardo* (gravada pela cantora Céu, e inédita na voz de Caetano) e *Talvez* (composição de Tom Veloso e Cézar Mendes, lançada por Caetano e o filho nas plataformas de streaming no dia da live), além de uma versão de *Coisa acesa*, em homenagem a Moraes Moreira, morto quatro meses antes. Zuenir Ventura sintetizou o show com a maestria habitual em sua coluna no *Globo*: "Funcionou não como compensação, mas como consolo. Acho que nunca uma apresentação dele teve tanta repercussão. Nestes tempos sem graça e sem glória, que Camões classificaria de 'apagada e vil tristeza', houve uma comoção". Nota triste: no dia seguinte à apresentação, o Brasil alcançou o número de cem mil mortes pela Covid.

Caetano gostou tanto da experiência que decidiu repetir a dose quatro meses depois, às vésperas do Natal, dessa vez no Teatro Claro Rio. *Vai ter Natal*, de certa forma, substituiu o tradicional especial de Roberto Carlos, que foi cancelado em 2020 — por este motivo, o show começou com *Muito romântico*, que Caetano escreveu para o colega em 1977, e terminou com *Gente*, em homenagem a Simone, outra artista muito tocada no período natalino. Parte do repertório foi escolhido pelo público por meio de sugestões nas redes sociais. No total, foram 27 músicas, incluindo *Trem das cores*, que contou com a participação de Tom. Aliás, o filho de Tom (e neto de Caetano), Benjamim, nascido em 14 de maio, foi homenageado com uma música inédita chamada *Autoacalanto*. Zeca participou de *White christmas* e *Reconvexo* contou com o prato e a faca de Moreno. Caetano ainda lembrou a bandaCê antes de interpretar *Não me arrependo*. A irmã Maria Bethânia também foi homenageada com a música que leva o seu nome e também *Noite de cristal*, que Caetano compusera para ela em 1988.

* * *

— Feliz 2001! Que possa ser feliz, possa ser bem diferente de 2000. 2001 vai ser bem diferente. Em tudo! — despediu-se Caetano na live, ao lado dos filhos sentados no chão do palco.

A emoção — ou a vontade de estar bem longe de 2020 — pode ter confundido o baiano. Mas é fato que 2021 já foi um pouco melhor. Entre agosto e setembro, ele fez os seus primeiros shows com público depois de um longo tempo. Durante apresentações no formato voz e violão, independentemente do país, o coro era um só: "Fora Bolsonaro". Alemanha, França, Bélgica e Portugal foram os países visitados, quase todos com ingressos esgotados. Em Bruxelas, Caetano pisou no palco dizendo:

— Eu quase ia cantando de máscara. Isso tudo mexe com a cabeça da gente.

Depois, só cantou clássicos como *Coração vagabundo*, *Qualquer coisa* e *A luz de Tieta*. Durante o show na cidade do Porto, no dia 7 de setembro, Caetano interrompeu a apresentação para manifestar o seu repúdio aos atos antidemocráticos convocados pelo presidente Jair Bolsonaro para aquela data.

— O 7 de setembro é celebrado, já vão completar 200 anos no ano que vem, como Dia da Independência do Brasil. E hoje há manifestações no Brasil propondo um tipo de dependência que, nós que somos a maioria, não admitiremos que aconteça — disse, dando a deixa para o público gritar contra o presidente.

— Isso é o primeiro passo... Fora Bolsonaro — concordou o artista.

O que pouca gente sabia é que Caetano Veloso, àquela altura, já estava com um álbum pronto — o primeiro de inéditas desde *Abraçaço*, o último da trilogia *Cê*, lançado nove anos antes. O disco, com canções que começaram a ser compostas na Bahia ainda no verão de 2019, foi gravado em um estúdio montado em sua casa, na Avenida Niemeyer, entre os bairros do Leblon e de São Conrado. Em janeiro de 2020, ele já havia revelado à *Folha de S.Paulo* o desejo de gravar um disco novo. O [álbum com] Sacerdote não foi um projeto de disco. (...) Não faço ideia do que poderá haver de *Ivan* num futuro álbum meu. Nem sei o quanto de *Ofertório* haverá nele".

A ideia original acabou partindo de uma batida no violão que, segundo Caetano escreveu em texto distribuído à imprensa, "soaria original a qualquer ouvido em qualquer lugar do mundo". E assim nasceu a canção *Meu coco*, segundo ele, "trazendo sobre o esboço rítmico uma melodia em que se história a escolha de nomes para mulheres brasileiras, cortava uma batida de samba em células simplificadas e duras". Ou seja, inspirada na batida do transamba, Caetano dava a partida em seu novo trabalho. Acontece que ele tinha um plano ousado, que seria impossível em tempos pandêmicos: juntar dançarinos do Balé Folclórico da Bahia para criarem gestos sobre o que estava sendo esboçado no violão. "Com isso eu descobriria o timbre e o resto", escreveu Caetano. Segundo ele, a batida, a função e o som da música seriam formatados desse modo. Mas aí veio a Covid e nada disso aconteceu. "A pandemia mudou a perspectiva geral. Minha canção não pode ser invulnerável a isso", disse à revista *Carta Capital*.

O primeiro *single*, *Anjos tronchos*, chegou às plataformas de streaming em 16 de setembro de 2021. A intricada letra fala sobre os "anjos tronchos do Vale do Silício", bilionários que comandam as empresas por trás das redes sociais. Ele ainda cita a Primavera Árabe, uma onda revolucionária de manifestações no Oriente Médio organizada através das redes sociais. Jair Bolsonaro, que chegou ao poder em um movimento de extrema direita ligado às redes, também é lembrado no verso "palhaços líderes brotaram macabros". "Toda a campanha de Trump, na qual a do Bolsonaro foi inspirada, teve orientação do Steve Bannon. Isso foi um negócio que causa essa doença social, um aspecto apavorante, horrendo, nesse desenvolvimento da internet e das redes sociais", afirmou Caetano no lançamento do *single*. No fim da canção, ele cita a cantora Billie Eilish como a outra face da moeda. "Miss Eilish faz tudo no quarto com o irmão", ele canta, referindo-se ao fato de a artista norte-americana ter estourado após gravar o seu álbum de estreia apenas acompanhado pelo irmão, o produtor Finneas O'Connell, no porão de sua casa.

Em entrevista ao jornal *O Globo*, Caetano resumiu a letra: "Não faltam razões para que a gente esteja amargo. Acho que essa canção tem um tom sombrio, mas não deixa de observar aspectos luminosos que vieram com essa revolução tecnológica". Musicalmente, a canção tem um quê de experimentalismo, com guitarras graves, sintetizador e uma discreta percussão. "*Anjos tronchos* é toda bandaCê", diz o baterista e percussionista Marcelo Costa, que acompanhou

Caetano durante anos e participou de algumas faixas de *Meu coco*. Ele tem razão. Extremamente denso, o *single* é herdeiro direto da fase *Cê*. Não à toa, Pedro Sá tocou baixo e guitarra na gravação. "*Anjos tronchos* é a música que escolhemos para ter a cara da bandaCê. A gente tinha que ter a representação do Pedro em algum lugar", revela Lucas Nunes, que produziu o álbum ao lado de Caetano.

Ao site UOL, o cantor observou essa relação. "À medida que ia gravando, estava decidido a lançar a canção *Meu coco* antes, como *single*. Depois fiquei inclinado a lançar *Não vou deixar*. Quando a turma da divulgação da Sony propôs *Anjos tronchos* fiquei surpreso e, logo, intrigado, fascinado, querendo ver como soaria essa faixa de sonoridade bandaCê, toda executada por Pedro Sá, no lançamento de um disco que sai quase dez anos depois do *Abraçaço*". Aliás, *Meu coco* marcaria a estreia de Caetano na Sony Music, após uma carreira inteira na Universal Music.

Se na fase *Cê* Caetano contou com a parceria de um amigo de Moreno Veloso, para o disco de 2021 seria a vez de um amigo de um outro filho dar uma mão. Lucas Nunes conheceu Tom Veloso na Escola Parque — a mesma onde Pedro conhecera Moreno. O jovem músico e produtor já sabia o que queria desde criança. Uma repetição de ano foi fundamental para os seus planos. Agora na mesma sala de Tom, ainda conheceu outros amigos, como Zé Ibarra, que, no futuro, montariam com ele a banda Dônica. "Eu nem sabia que ele era filho do Caetano. Só descobri isso quando fui à casa dele", diz. Na verdade, àquela época, o amigo mesmo de Lucas era Zé Ibarra, também muito próximo de Tom. "Aí eu comecei a ter um contato forte com o Tom e viramos melhores amigos", diz o produtor, que foi escolhido para ser padrinho de Benjamim.

Além de conhecer a família Veloso de longa data, Lucas já trabalhava com Caetano. Foi assistente técnico da turnê *Ofertório* e era responsável pelas gravações no estúdio caseiro da Avenida Niemeyer. "Ele é muito musical e também é capaz de comandar uma mesa de gravação", escreveu Caetano no release do álbum. Ou seja, os filhos, assim como acontecera nos trabalhos mais recentes do artista, estavam diretamente ligados a *Meu coco*. "Devo Lucas a meu filho Tom: os dois fazem parte da banda Dônica; devo a atenção a novas perspectivas críticas a meu filho Zeca; devo a intensa beleza da faixa *GilGal* a meu filho Moreno: ele fez a batida de candomblé para eu pôr melodia e letra que já se esboçava mas que só ganhou forma sobre a percussão. E eu a canto com a extraordinariamente talentosa Dora Morelenbaum", refletiu Caetano.

E foi essa parceria com Lucas que permitiu a Caetano colocar em prática suas novas ideias. "São canções que representam como está minha cabeça hoje no sentido da capacidade de produzir canções", explicou. Como a pandemia impossibilitou o início do projeto com o Balé Folclórico da Bahia, os dois começaram a montar uma demo. Foram cerca de quatro semanas trabalhando juntos, até que Lucas perguntou ao parceiro:

— Mas o que estamos fazendo, afinal? Acho que não é mais uma demo...

— Agora a gente está produzindo um álbum juntos — respondeu Caetano.

"Vendo que as coisas estavam sendo criadas e funcionando da maneira que queria, muito rapidamente ele superou a ideia do Balé Folclórico", relembra Lucas que, a partir dali, se mudou para a casa do parceiro — antes, precisava fazer um exame de Covid a cada três dias. "Foi maravilhoso porque eu entrei no ritmo do Caetano. Ele estava compondo muitas músicas naquele momento, porque o álbum não veio pronto. Minha tarefa como produtor é traduzir tudo o que o artista quer em forma de áudio. Morar com ele foi importante para essa tradução ficar do jeito que ele queria", afirma.

Os dois começaram gravando algumas vozes e violões, registraram coros, contrabaixos, misturaram pianos e discutiram caminhos que o trabalho poderia tomar. "No primeiro mês de gravação, tínhamos um esboço bem legal e começamos a pensar em quem chamaríamos para estar com a gente", duz Lucas. A ideia foi convocar músicos que já haviam participado da carreira de Caetano. "Por causa da pandemia, não dava para ter uma banda nova. Então pensamos em fazer um apanhado de misturas, de coisas e pessoas que passaram pela vida artística dele. Todos eles têm uma história".

Além de Pedro Sá, participaram Jaques Morelenbaum, Ivan Sacerdote, Marcelo Costa (Banda Nova), Vinicius Cantuária (A Outra Banda da Terra), Márcio Victor (*Noites do Norte*) e Jorge Helder (*Prenda minha*). Todos músicos que ajudaram a contar a história de Caetano. Os filhos Moreno, Zeca e Tom também disseram presente, assim como artistas talentosos da nova geração, como Zé Ibarra e Dora Morelenbaum. O ritmista Marcelo Costa sintetiza *Meu coco* de forma brilhante: "É um disco cheio de hormônio".

Foram cerca de quatro meses de gravação e muito papo sobre a CPI da Pandemia, além de paparicos a Benjamim. Por conta da Covid, o álbum foi feito de forma bem diferente. Quando Pedro Sá recebeu o convite para gravar *Anjos tronchos*, só existia o primeiro verso da canção. "Depois eu fui montando a música. Pedro fez uma forma, a gente obedeceu a essa forma e eu alterei uma coisa ou outra para caber na letra do Caetano", explica Lucas, que sabia o peso da responsabilidade que carregava. "Isso me incomodava durante o processo. A cada dia eu tinha que entregar uma coisa nova, não podia deixar nada parado. Mas o próprio Caetano me tranquilizava", completa.

Para a música *Cobre*, por exemplo, Caetano mandou a Jaques Morelenbaum uma fita com os seus vocais e, em seguida, o maestro escreveu a estrutura da canção, sugeriu os músicos e depois todos se reuniram em estúdio. Por sua vez, para *Ciclâmen do Líbano*, o baiano lhe mostrou uma base gravada e encomendou uma "orquestra egípcia" de violinos tocando em uníssono misturada a Anton Webern. Em *Pardo*, Caetano pediu a Marcelo Costa que transformasse a bossa eletrônica de Céu em um samba-reggae com arranjos de sopro do maestro Letieres Leite.

Vinicius Cantuária foi ao estúdio quatro vezes para gravar a bateria e a percussão de *Enzo Gabriel* e *Não vou deixar* — esta última, a favorita de Caetano no álbum, é quase um *Apesar de você* revisitado e atualizado, e teve uma célula de base de rap criada no piano por Lucas. "A força da canção popular brasileira, do que o Brasil tem de bonito, se sobrepõe e se sobreporá aos horrores que a gente vem passando. Jamais diria que *Não vou deixar* é dedicada a ele [Bolsonaro], mas aquilo está dito a pessoas como ele, a ela, ao tipo de poder que representa", disse Caetano. Quem também participou da gravação dessa música foi Zé Ibarra, que estava sempre frequentando o estúdio. Ele escutou a parte funkeada e sentiu que faltava algo. Ele e Lucas então pegaram seus violões e gravaram, em poucos minutos, uma frase "bem doida para o contexto", nas palavras de Ibarra.

As orquestras de faixas como *Noite de cristal* (que entrou a pedido de Bethânia) foram todas gravadas à distância. Quando Pretinho da Serrinha perguntou se não tinha um samba no disco para ele tocar, Caetano compôs *Sem samba não dá*, que ainda contou com as participações de Xande de Pilares e do sanfoneiro Mestrinho. Pedro Sá acredita que a fase com a bandaCê tenha ajudado o baiano. "Ele se afirmou muito musicalmente. Caetano tinha uma parcimônia com o lado músico dele. E com a gente exercitou essa falta de medo, a bandaCê deu a ele essa segurança. Em *Meu coco*, eu vejo muito o Caetano como produtor musical. Ele está se bastando", afirma.

O álbum chegou às plataformas de streaming no dia 21 de outubro, com 12 faixas, todas compostas por Caetano, assim como acontecera em *Cê*. Nove eram inéditas, *Autoacalanto* tinha sido executada na segunda live e as outras duas os fãs já conheciam através de outras vozes: *Pardo* (gravada por Céu em 2019 e tocada na *Live, a lenda*) e *Noite de cristal* (Maria Bethânia, 1988, e também interpretada por Caetano no especial de Natal).

A imprensa recebeu muito bem o disco. "*Meu coco*, de certa forma, representa a renovação dessa fé num momento em que o Brasil talvez nunca tenha estado tão distante daquele sonhado no violão de João Gilberto, na modernidade de Brasília, nas escolas de samba, na geral do Maracanã e nas pernas de Garrincha", escreveu Lucas Brêda na *Folha de S.Paulo*. *O Globo* também elogiou, através da resenha do jornalista Silvio Essinger: "Essas muitas vozes, os muitos acontecimentos do país e do mundo, os muitos Caetanos e os muitos músicos que o acompanharam ao longo da carreira estão resumidos e representados numa coleção que ele bem define como sendo de 'quantidade e de intensidade', na qual 'cada faixa tem vida própria'. (...) Um disco feito sem amarras, que sugere incontáveis ligações à medida que nele se avança".

"A canção que dá título ao álbum diz tudo: *Meu coco*. Ou seja, é tudo o que passa na minha cabeça. É uma mirada atual sobre temas recorrentes em meu trabalho: nomes, fantasias que esboçam uma decifração do Brasil, homenagens a meus amores. Curiosamente, tudo isso que pareceria um balanço do que tenho feito ao longo de décadas terminou se revelando um amontoado de novidades, de peças formais e olhares sobre as coisas que são diferentes de tudo o que já fiz", disse Caetano à revista *Elle*. Nas referências do novo álbum, ele vai de Duda Beat a Milton Nascimento, de Gloria Groove a Gal Costa, de Anavitória a Gilberto Gil.

No museu de grandes novidades que é o coco de Caetano, cabe de tudo um pouco. Antena de seu tempo, o passado e o futuro se unem para simbolizar o presente. O tempo de Caetano Veloso. Feliz o artista que não é reconhecido quando passa por você.

depoimentos

Arnaldo Brandão
Arthur Dapieve
Arto Lindsay
Caetano Veloso
Cesinha
Clarice Saliby
Dadi Carvalho
Daniel Carvalho
Davi Moraes
David Byrne
Domenico Lancellotti
Duda Mello
Fernando Young
Gil Fortes
Giovana Chanley
Henrique Alqualo
Inti Scian
Jaques Morelenbaum
Jards Macalé
João Bosco
Jonas Sá

Kassin
Leonardo Moreira (Shogun)
Lucas Nunes
Lucinha Araújo
Marcelo Callado
Marcelo Costa
Márcio Victor
Max Pierre
Melvin
Miguel Lavigne
Moreno Veloso
Pedro Montenegro
Pedro Sá
Ricardo Alexandre
Ricardo Dias Gomes
Ricardo Garcia
Rodrigo Amarante
Vavá Furquim
Vinicius Cantuária
Zé Ibarra
Zé Luis

veículosconsultados

Agence France-Presse (AFP)
Billboard Brasil
Blog Notas Musicais
Boston Globe
Bravo!
Carta Capital
Correio Braziliense
O Dia
Diário do Amazonas
O Estado de S. Paulo
Elle
El Mundo
Entertainment Weekly
Estado de Minas
Fatos & Fotos
Folha de S.Paulo
G1
O Globo
International Magazine
Jornal do Brasil
Jornal do Commercio
La Nación
Le Monde
Los Angeles Daily News
Los Angeles Times
Marie Claire
New York Times
Pasquim
Piauí
Portal Cultura Nordestina
Portal Mídia Ninja
Portal Terra
Portal UOL
Quem
RG Vogue
Rolling Stone Brasil
The Guardian
The New Yorker
The Sunday Times
Trouw
Veja

bibliografia

ALEXANDRE, Ricardo. *Cheguei bem a tempo de ver o palco desabar: 50 causos e memórias do rock brasileiro (1993-2008)*. Porto Alegre: Arquipélago Editorial, 2013.

ARAÚJO, Paulo Cesar de. *O réu e o rei: minha história com Roberto Carlos, em detalhes*. São Paulo: Companhia das Letras, 2014.

BRYAN, Guilherme. *Quem tem um sonho não dança – Cultura jovem brasileira nos anos 80*. Rio de Janeiro: Record, 2004.

COELHO, Fred. *Jards Macalé: eu só faço o que quero*. Rio de Janeiro: Numa, 2020.

DADI. *Meu caminho é chão e céu*. Rio de Janeiro: Record, 2014.

DRUMMOND, Carlos Eduardo; NOLASCO, Marcio. *Caetano: uma biografia: a vida de Caetano Veloso, o mais doce bárbaro dos trópicos*. São Paulo: Seoman, 2017.

FONSECA, Heber. *Caetano, esse cara*. Rio de Janeiro: Revan, 1993.

GUIMARÃES, Maria Juçá. *Circo Voador: A nave*. Rio de Janeiro: Ed. do Autor, 2013.

MOTTA, Nelson. *Noites tropicais: solos, improvisos e memórias musicais*. Rio de Janeiro: Objetiva, 2009.

PANÇO, Leonardo. *Esporro*. Natal (RN): Jovens Escribas, 2011.

PÊRA, Sandra. *As tais Frenéticas: eu tenho uma louca dentro de mim*. São Paulo: Ediouro, 2008.

RIBEIRO, Melvin. *Estrada: mil shows do Melvin*. Rio de Janeiro: M. C. C. Ribeiro, 2019.

VARASSIN, Alexandra. *Processos transmidiáticos de criação: Obra em Progresso, de Caetano Veloso*. São Paulo: PUC-SP, 2016 (dissertação de mestrado).

VELOSO, Caetano. *Verdade tropical*. São Paulo: Companhia das Letras, 2008.

VELOSO, Caetano [organização e apresentação Eucanaã Ferraz]. *Sobre as letras*. São Paulo: Companhia das Letras, 2003.

VELOSO, Caetano [organização e apresentação Eucanaã Ferraz]. *O mundo não é chato*. São Paulo: Companhia das Letras, 2005.

WISNIK, Guilherme. *Caetano Veloso / Guilherme Wisnik*. São Paulo: Publifolha, 2005.

outrasfontes

Blog Obra em Progresso
Canal Multishow (Globosat)
Coleção Caetano Veloso 70 Anos. Editora Innovant. 2011
Gal Total. Box de CDs (Universal Music). 2010
GloboNews
Globoplay
Programa do Jô (Rede Globo)
Roda viva (TV Cultura)
Tantas canções. Depoimentos de Caetano Veloso a Charles Gavin e Luís Pimentel, dentro do projeto *Todo Caetano 2002*, uma produção da Universal Music.

créditosimagens

Capítulo 1 – Reproduções
Capítulo 2 – Reproduções
Capítulo 3 – Reproduções
Capítulo 4 – Arthur Nobre (foto Pedro Sá) e reprodução
Capítulo 5 – Reproduções
Capítulo 6 – Giovana Chanley (fotos Caetano em cima à esquerda e com a bandaCê), Leonardo Moreira (Caetano em cima à direita) e Javier Scian (gravador de rolo)
Capítulo 7 – Leonardo Moreira (fotos Pedro Sá com revista; Dani Carvalho e Moreno Veloso na mesa de som; e Caetano com Milton), Javier Scian (Marcelo com Caetano) e acervo Giovana Chanley (letra O *herói*)
Capítulo 8 – Inti Scian (reunião na casa de Pedro Sá) e acervo Giovana Chanley (praia)
Capítulo 9 – Irene Bosisio (foto Circo Voador) e acervo Marcelo Callado (filipeta)
Capítulo 10 – Inti Scian (foto República Dominicana) e acervo Giovana Chanley (aeroporto)
Capítulo 11 – Fotos de Inti Scian
Capítulo 12 – Acervos Giovana Chanley (*setlist*) e Luiz Felipe Carneiro (ingresso), e reprodução
Capítulo 13 – Reproduções
Capítulo 14 – Acervo Giovana Chanley (programação tour Europa 2010) e reproduções
Capítulo 15 – Acervo Luiz Felipe Carneiro (ingresso) e reproduções
Capítulo 16 – Fernando Young (Caetano com a bandaCê) e reprodução
Capítulo 17 – Acervo Marcelo Callado (credenciais)
Capítulo 18 – Oswaldo Riguetti (Giovana com a bandaCê), acervo Luiz Felipe Carneiro (ingresso) e reprodução

Este livro utilizou as fontes Freight Text e Glober. A primeira edição foi impressa na Gráfica Rotaplan, em papel Pólen Soft 80g, em julho de 2022, um mês antes do aniversário de 80 anos de Caetano Veloso.